学习与探索

江西坚持我国宗教中国化方向研讨文集

江西省宗教文化交流协会 ◎ 编

宗教文化出版社

图书在版编目(ＣＩＰ)数据

学习与探索:江西坚持我国宗教中国化方向研讨文集/江西省宗教文化交流协会编. -- 北京:宗教文化出版社,2021.1

ISBN 978-7-5188-1032-1

Ⅰ.①学… Ⅱ.①江… Ⅲ.①宗教-中国-文集Ⅳ.①B929.2-53

中国版本图书馆 CIP 数据核字(2021)第 012507 号

学习与探索

—— 江西坚持我国宗教中国化方向研讨文集

江西省宗教文化交流协会　编

出版发行： 宗教文化出版社

地　址： 北京市西城区后海北沿 44 号　(100009)

电　话： 64095215(发行部)　64095345(编辑部)

责任编辑： 马嫣含

版式设计： 陶　静

印　刷： 鑫艺佳利(天津)印刷有限公司

版权专有　　不得翻印

版本记录： 880×1230 毫米　16 开本　20.5 印张　300 千字
2021 年 1 月第 1 版　　2021 年 1 月第 1 次印刷

书　号： ISBN 978-7-5188-1032-1

定　价： 120.00 元

本书编委会

主　　编：曹国庆

副 主 编：王希贤　马哲海　左旭生

委　　员（按姓氏笔画为序）：马徽江　兰祥平　庄养谷

　　　　　　　　　　　　　　李云根　李根如　李稣光

　　　　　　　　　　　　　　沈富强　宋春华　张金涛

　　　　　　　　　　　　　　陈　艳　林剑卫　洪跃明

　　　　　　　　　　　　　　姚宝山　程　榕　释纯一

编审人员：李根如　李金庚　田有煌

目　录

序 一

中共江西省委统战部副部长
江西省民族宗教事务局局长　　曹国庆
江西省宗教文化交流协会会长

　　党的十八大以来，以习近平同志为核心的党中央坚持和发展党的宗教工作理论方针政策，充分尊重和保护宗教信仰自由，提升宗教事务管理法治化水平，支持爱国宗教团体加强自身建设，宗教工作不断创新推进。习近平总书记就做好新形势下的宗教工作多次发表重要讲话、作出重要指示批示，深刻阐述了宗教工作中的重大理论和实践问题，形成了关于宗教问题和宗教工作的一系列新思想新理念新要求，为做好新时代宗教工作提供了根本遵循。

　　在 2015 年 5 月召开的中央统战工作会议上，习近平总书记指出，积极引导宗教与社会主义社会相适应，必须坚持中国化方向。在 2016 年 4 月召开的全国宗教工作会议上，习近平总书记进一步强调指出积极引导宗教与社会主义社会相适应，一个重要的任务就是支持我国宗教坚持中国化方向。在 2017 年 10 月召开的中国共产党第十九次全国代表大会上，习近平总书记再次强调，全面贯彻党的宗教工作基本方针，坚持我国宗教的中国化方向，积极引导宗教与社会主义社会相适应。

　　习近平总书记关于坚持我国宗教中国化方向的重要论述，深刻揭示了宗教生存发展的客观规律，丰富了党的宗教工作基本方针的内涵，发展了中国特色社会主义宗教理论，为引导宗教与社会主义社会相适应指明了方向和路径,对正确处理新时代我国宗教问题具有重大的现实意义和深远的历史意义。这一重要论断把马克思主义宗教观基本原理与中国宗教问题客观实际相结合,是对马克思主义宗教观中国化的新发展。这一重大理论和实践课题一经提出,就在宗教界、学术界、实务界等社会各方面引发了广泛讨论和实践探索,成为新时代宗教工作的重要任务和鲜明标志。

江西省认真贯彻落实习近平总书记关于宗教工作的重要论述,在推进坚持我国宗教中国化方向工作方面进行了初步的理论和实践探索,取得了一些成果,《学习与探索——江西坚持我国宗教中国化方向研讨文集》,汇集了江西省民宗局和全省性宗教团体有关人员在坚持我国宗教中国化方向方面的部分研究成果。由于理论水平有限,对一些实践中的问题也还是在探索阶段,因而许多认识还是很肤浅的,甚至是不一定准确的,但我们对坚持我国宗教中国化方向的决心和信心是坚定不移的。

时代是思想之母,实践是理论之源。坚持我国宗教中国化方向是一项复杂艰巨的系统工程,也是一个不断发展和深化的历史过程,需要我们不断在实践创新中总结经验、探索方法、提升认识、推动发展。我们要坚持以习近平新时代中国特色社会主义思想为指导,从增强"四个意识"、坚定"四个自信"、做到"两个维护"的高度,学深悟透习近平总书记关于宗教工作的重要论述,切实增强贯彻中央关于宗教工作各项决策部署的政治自觉、思想自觉和行动自觉,把坚持我国宗教中国化方向继续推向前进,更好地组织和凝聚广大信教群众同全国人民一道,为实现"两个一百年"奋斗目标和中华民族伟大复兴的中国梦而奋斗。

序 二

认真总结江西经验　深入推进宗教中国化

中央民族大学宗教研究院院长
中国宗教学会副会长　青年长江学者　　　　游　斌

　　习近平总书记关于坚持我国宗教中国化方向的重要论述,是中国特色社会主义宗教理论在新时代的重要发展。它为积极引导宗教与我国社会相适应指明了方向,对中国各级政府的宗教工作都具有全局性意义。坚持我国宗教中国化方向这一基本原则,将在我国宗教工作的各个方面、各个层次的深入推进中,焕发出强大的生机与活力。

　　要坚持我国宗教的中国化方向,促使我们思考一个问题:何谓中国?从时间上来说,中国是由上下五千年而形成的一个文明综合体;从空间上来说,中国则是在九百六十万平方公里上由多民族组成的统一国家。在这个时空之内,由各民族、各地域人民所创造的丰富多彩而又极具生命力的地方性优秀传统文化,共同汇聚而成深远悠长的中华文化。故此,宗教中国化的深入推进,需要在社会主义核心价值观的引领下,照顾各地实际,与地方优秀传统文化相结合,接受地方优秀传统文化的浸润,才能行稳而致远,并在内容上充实和助推总体的宗教中国化进程。

　　在这一方面,江西可以做出独特的贡献。江西,在中华文明的发展史上有着重要地位。在广阔的赣鄱大地上,江西形成了具有浓郁地方风格的文化系统,为中华文明的发展做出过重要的贡献。无论是在本土性的儒家、道教方面,还是在外来性的佛教、基督宗教方面,中国各大宗教在江西都有丰富的历史文化资源可以挖掘和阐发。当今,在建设中国特色社会主义的伟大实践中,也形成了一些宗教工作的丰富经验。在江西深入推进和充实发展宗教中国化,其重要内容就是挖掘和阐发江西的优秀传统文化资源、提炼各大宗教在江西的中国化模式、总结地方性宗教工作经验、促进宗教与地方性优秀传统文化的结合。

江西是儒家的中兴之地。儒家在中华文明中扮演着某种主流性的角色,其精神人文主义的特质使它对各种宗教都能采取较为开明、温和的特点,主张"万物并育而不相害,道并行而不相悖"(《中庸》)。在作为统治性的意识形态时,儒家在思想层面坚持"神道设教""祭神如祭在"的理念,在实践层面实行"敬鬼神而远之""多教并奖"的政策。宋明时期,儒家的发展在江西到达顶峰,所谓"新儒家"的代表人物如周敦颐、朱熹等都与江西有密切关联。这些理学大家在进行儒学创新时,对其他宗教采取了开放的深度学习的姿态。他们从道教学习本体论的建构方式,在修养论、工夫论上则学习佛教甚多。可以说,在多元宗教之间跨越边界的深度学习,实际上对儒家的创造性转换起到了重要的助推作用。

江西是道教文化的发源之地。道教祖师张道陵在江西龙虎山建立并完善道教思想与实践体系,建立中国唯一本土宗教道教。元朝统治者授予龙虎山天师府主管天下道教的权力,不仅主领三山符箓,而且江南道教各派宫观的赐额,道官、道职的任命,以及道官封号的赐予等,都要经过天师的首肯。龙虎山天师府成为南方道教的重心。江西还是道教的其他几个重要宗派的发源地,如灵宝派、净明派等。这些本土宗派既有鲜明的地方特点,又在长期的发展历程中与儒家、佛教互动学习,在伦理纲常思想上吸收儒家的理论,在教团创制、礼仪制度方面借鉴佛教的做法。它们深刻地反映出江西宗教既勇于创新,又善于学习借鉴的特点。

江西是禅宗文化的定型之地。佛教传入中国之后,随着它对中国社会和文化特性的了解不断深入,逐渐走上了与中国社会文化相适应的道路。佛教中国化的高峰就是禅宗的出现。对中国佛教影响很大的南禅,主要根据地就是在江西。禅宗五家七宗之中,三家五宗源于江西。这些佛教宗派,在思想上吸收并转化儒家思想,认为道德上的善行可以影响因果报应,并用佛教戒律诠释儒家主张的仁义礼智信等德性。在政教关系,逐渐接受中国君权的尊贵地位,主张僧人对皇帝行叩拜礼,认为一个"明睿好道"的圣上即可称为"当世如来"。在修行思想上,则主张顿悟,不立文字,直指心性,佛性内求。他们适应中国世俗生活气质浓厚的特点,坚持宗教生活与世俗生活之间的和谐关系,主张在世俗的日常生活中体验修行,所谓"担些挑水,无非妙道"。在僧团制度上,确立"农禅并重"的寺院经济制度,系统性的寺院规章"百丈清规"也就是在江西制定出来的。佛教在江西所走过的本土化历程,是一个外来宗教在中国社会文化处境中系统地、深刻地进行中国化的典范,对于今天坚持宗教中国化方向具有重要的参考意义。

江西是基督宗教的转型之地。江西在中国基督宗教历史上有着重要的地位。中国基督宗教历史上最著名的人物利玛窦在江西虽然只度过三年的光阴,但就是在江西,利玛窦换上了儒服,基督教中国化的"利玛窦模式"得以形成和确立。在江西,他写作了他的三部最重要著作,它们基本确定了明末清初的基督宗教中国化的基本方向。他在南昌开始撰写《天主实义》,用以四书五经为代表的中国思想资源来建立基督教神学;他在江西写作的《交友论》,以儒家五伦中的最后一伦即"朋友",来阐述他对建立在基督教信仰上的人伦秩序的理解;他在南昌编撰的《二十五言》,试图在西方文化寻找与中国伦理思想相对应的资源。江西在中国基督宗教历史上的重要意义,对于今天基督宗教中国化的有益启示,仍有待政界、教界和学界努力挖掘和阐发。

江西物华天宝,人杰地灵。江西宗教在历史上为宗教中国化进行了卓绝的努力,在中华文明史上留下了浓墨重彩的印迹。今天,江西的宗教工作管理部门、宗教界、学术界携手努力,坚持我国宗教的中国化方向,引导各种宗教文明互鉴通和,促进宗教在经济社会建设中发挥积极作用,也必将取得灿烂的成绩。

江西坚持宗教中国化方向的实践与思考

中共江西省委统战部副部长
江西省民族宗教事务局局长　　曹国庆
江西省宗教文化交流协会会长

历史上，江西在走我国宗教中国化方向方面就作出了积极贡献。佛教"农禅并重"发源于江西，禅宗史上著名的"马祖建丛林、百丈立清规"发生在江西，禅宗一花开五叶，三叶在江西。天主教传教士利玛窦在南昌传教期间形成"南昌传教模式""利玛窦规矩"，是天主教中国化的历史见证。2016 年以来，江西省认真贯彻落实习近平新时代中国特色社会主义思想、习近平总书记关于宗教工作的新思想新要求，以及全国宗教工作会议精神，在推进坚持我国宗教中国化方向工作方面进行了积极探索。

一、全方位动员　多角度入手探索宗教中国化道路

（一）坚持高位推动部署落实。江西省委、省政府领导高度重视推进坚持我国宗教中国化方向工作。省委书记刘奇在多个全省性会议上讲话强调宗教的意识形态属性及其工作重要性，强调坚持推动我国宗教的中国化方向不动摇，瞄准省内宗教领域突出问题，拿出具体、管用、管长远的举措，推动宗教界在政治上自觉认同、在文化上自觉融合、在社会上自觉适应，引导广大宗教界人士和信教群众坚定在中国共产党的领导下走中国特色社会主义道路，大力弘扬社会主义核心价值观和中华民族优良传

统,自觉遵守国家法律法规,积极参与社会救助、社会公益慈善事业,自觉朝着与社会主义社会相适应的方向前进。省委、省政府分管领导多次深入实地督查、指导推进我国宗教中国化工作。在省委、省政府领导的高位推动下,江西省各地认真贯彻落实中央的决策部署,因地因时因教制宜推进坚持我国宗教中国化方向工作,取得了显著成效。

(二)强化教育引导凝聚共识。广泛的社会认同与思想共识是做好工作的基础。为了深入推进坚持我国宗教中国化方向工作,我们加强了对宗教工作"三支队伍"教育培训。2017年8月22日,举办全省各市县、省属高校党政分管民族宗教工作领导干部专题研讨班,各市县党委、政府,省民族工作领导小组成员,省宗教工作领导小组成员,省属本科院校等相关方面领导干部160人参加研讨班,对推进坚持我国宗教中国化方向工作进行了深入研讨、广泛交流。省民宗局在每年举办的全省宗教工作部门负责同志培训班和全省宗教界骨干教职人员培训班上,对推进坚持我国宗教中国化方向工作进行教育动员。同时,利用每年组织开展宗教政策法规宣传月和综治宣传月机会,通过举办座谈会、研讨会等方式,对推进坚持我国宗教中国化方向工作进行交流探讨。江西省坚持每年举办宗教界人士爱国主义学习班,以坚持我国宗教中国化方向为核心内容,不断用社会主义核心价值观引领教育广大宗教界人士和信教群众,用中华优秀文化浸润他们的思想,提高宗教界坚持我国宗教中国化方向的主动性和自觉性。各地宗教工作部门和宗教界、学术界纷纷行动起来,以不同方式推进这项工作。广泛深入的宣传教育,统一了思想,提高了认识,营造了做好工作的浓厚氛围。

(三)开展主题活动外化于行。一是坚持社会主义先进文化前进方向,切实加强全省宗教界的思想文化建设,唱响爱国爱教的主旋律。在宗教界广泛深入进行形势、政策和法律教育,开展"同心同行"主题教育活动,命名宗教界爱国主义教育基地,不断加强宗教界人士的社会主义、爱国主义教育,引导他们在拥护党的领导、走中国特色社会主义道路、维护民族团结和社会稳定、促进祖国统一等重大问题上形成广泛共识。每逢党的重要会议和重大节庆、纪念日,都要求省级宗教团体召开会议或座谈会进行学习,指导宗教界开展相应的庆祝、祈福、纪念活动。同时,组织宗教界人士参观考察爱国主义教育基地,加强爱国思想的培养。二是支持宗教界开展宗教思想建设,指导宗教界对教规教义作出符合社会发展和时代进步要求的新阐释,反对宗教极端主义,引导各宗教适应社会、融入中华文化。省佛教协会、道教协会每年举办讲经交流会;宜黄县曹山宝积寺提出并积极践行"文禅并重"理念,将我国优秀传统文化和禅文化相结合进行传承和弘扬。省伊斯兰教协会组织全省阿訇开展了"培育和践行社会主义核心价值观"和"坚守中道,远离极端"等方面的卧尔兹演讲和讲经活动。省天主教"一区两会"举办了"利玛窦与南昌:教会中国化暨本地化研讨会",以利玛窦与南昌天主教的活动和交往为基础,深入推进江西省天主教界以史为鉴,主动融合中国文化,积极融入社会,迈向中国化方向;省天主教"一区两会"还在各类培训中宣传把和谐教会建设融入和谐社会建设的神学理念。省基督教"两会"成立基督教中国化工作推进领导小组,制定出台《江西省基督教中国化工作方案》,并与中央民族大学宗教研究院合作,成立专门班子,在江西省基督教神学思想中国化研究和推广上做了大量工作,组织开展了基督教中国化优秀讲章研讨宣讲会,将基督教中国化的理论研讨和神学思想建设创新成果送上讲台、送到基层,为江西省基督教健康有序发展打下坚实思想基础。江西宗教文化底蕴深远,祖庭众多。江西省积极组织开展江西宗教祖庭文化课题研究,通过挖掘整理江西宗教祖庭文化,讲好江西宗教好故事,传播江西传统文化好声音,进一步丰富江西优秀传统文化。三是鼓励和支持宗教界积极开展对外交流合作,发挥宗教界开展民间外交的作用。我们鼓励宗教界在坚持独立自主自办原则基础上,积极开展宗教方面的对外交流和合作,发展同各国人民之间的友谊。佛教界巩固了中日韩佛教黄金交流纽带,开展了与泰国、印度、不丹、尼泊尔、孟加拉国等国的友好交流活动。道教龙虎山嗣汉天师府在海外设立办事处和开坛传度,龙虎山嗣汉天师府、西山万寿宫、葛仙山玉虚观、庐山仙人洞道院等宫观和新加坡、菲律宾、马来西亚宫观互访,举办研讨会,举行盛大法会,开展形式多样的交流活动。江西省天主教、基督教也经常与欧美、澳洲、日韩等国友好交流交往,增进了互信和友谊。四是引导宗教界积极开展慈善活动。鼓励宗教界依法设立慈善组织,引导宗教界依法从事慈善活动。从 2016 年开始,江西省积极组织开展了"扶贫攻坚、五教同行"主题活动,倡议全省宗教界人士和信教群众,共同参与到扶贫开发事业中来,争做脱贫攻坚的参与者、促进者、践行者,将江西省宗教界慈善事业不断引向深入。宗教界积极响应,为广昌县赤水镇回辛村等贫困村捐赠资金 200 多万元。

(四)处置非法行为警示教育。我们在工作中积极强化法治思维,坚持依法管理宗教事务,坚决制止宗教领域"逆中国化""伪中国化"行为。一是狠抓宗教界教风建设。近些年来,每年在宗教界组织开展教风建设活动,解决宗教教职人员信仰淡化、戒律松弛、行为不检、违法违规以及宗教活动场所制度不全、财务不清、关系不顺、纠纷不断等问题,有效整肃了宗教界不良风气,促进宗教活动场所的规范化管理。二是推行"法律明白人"制度。今年开始,将在全省寺观教堂推行"法律明白人"制度,增强宗教界和信教群众法治观念,养成守法习惯,推动形成办事依法、遇事找法、解决问题用法、化解矛盾靠法的良好局面,为推进坚持我国宗教中国化方向工作奠定坚实基础。三是按照国家部署,开展了相关专项工作,如抵御宗教领域渗透、治理基督教私设聚会点、治理佛教道教商业化问题等,坚决制止各种乱象蔓延,取得显著成效。

(五)加强队伍建设固本强基。坚持我国宗教中国化方向,加强队伍建设是关键。一是加强爱国宗教团体建设。认真做好宗教团体换届工作,按照"政治上靠得住、学识上有造诣、品德上能服众、关键时起作用"的标准,将一大批年富力强、想干事、能干事的宗教人才充实到领导岗位;指导爱国宗教团体建立健全联席会议制度、重大事项报告制度、负责人定期谈话交流制度和年度述职考评制度以及人员、组织、财务、会计、安全等内部管理制度,实现自我管理的规范化、制度化和民主化;支持爱国宗教团体改进工作作风和工作方法,加强对教务活动的指导,增强在信教群众中的影响力,增强自我管理能力,发挥桥梁纽带和自律协同作用。二是加强对宗教界代表人士的培育培养。建立健全了省、市、县三级宗教界优秀代表人士档案和资料库,制定培养计划,实施人才工程,有计划、有步骤、有重点地培养爱国爱教的中青年宗教界代表人士,一批中青年宗教人士走上宗教组织负责人岗位,爱国宗教力量青黄不接问题得到基本解决,实现了新老交替。三是重视做好宗教院校工作。江西省历来高度重视宗教院校工作,将宗教院校作为培养爱国宗教后备人才、开展宗教中国化方向研究、正确阐释宗教教义、培训现有宗教教职人员的重要基地。为了加强宗教院校工作,2017 年 10 月,批准设立江西省宗教院校教育服务中心,明确该中心为江西省民宗局所属正处级公益一类事业单位,含事业编制16 名,主要承担指导江西省宗教院校加强思想政治教育,帮助实施爱国主义和政策法规教育,组织开展宗教中国化方向研究,开展宗教教职人员教育培训等职责,为进一步做好宗教院校工作提供了保障。省级财政在每年安排 90 万元支持宗教院校建设的基础上,拟以生均 1.6 万元标准对宗教院校进行支持和补助。目前,江西省制定了《贯彻落实〈我国宗教院校建设五年规划（2016—2020）〉实施意见》,准备以省委省政府名义印发。规划的出台,对于宗教院校坚持中国化办学方向,坚持走中国特色办学道路提供了指导和遵循,必将为推进坚持我国宗教中国化方向工作提供坚强的人才保证。

二、不惧困难　勤于思考推动宗教中国化持续深入

坚持我国宗教中国化方向,在实际工作中也存在一些比较突出的困难和问题。一是对坚持我国宗教中国化方向重要性的认识及其标准和条件的掌握不充分,特别是基层主观能动性不足、宣传力度不够、工作实招不多,影响了坚持我国宗教中国化方向的扎实协调推进。二是由于宗教问题的敏感性、特殊复杂性,在修订地方宗教事务条例的实际操作上,相关部门心存顾虑,立法不敢突破创新,导致坚持我国宗教中国化方向在法

律支撑上的不足。三是宗教团体建设薄弱,相当一部分市、县区域性宗教团体存在"三无"现象(无独立办公场所、无专职工作人员、无具体活动开展),使坚持我国宗教中国化方向基础不牢。四是佛教、道教"被商业化"问题,伊斯兰教泛清真化和过度干预世俗生活问题,天主教、基督教存在的坚持中国化方向自觉性不够和少数人员"去中国化"倾向问题,给坚持我国宗教中国化方向带来重大挑战。

坚持我国宗教中国化方向,既是重点要点工作,又是焦点难点工作,涉及特定人群,涉及思想意识形态领域,具有政治性、敏感性、复杂性。结合江西省工作实际,建议如下:

(一)坚持加强党对宗教工作的领导,加强顶层设计,统筹协调推进。要将此项工作纳入对各地党委政府及其各部门综合考核内容,制定奖惩措施和追责机制,提高地方党委、政府对坚持我国宗教中国化方向重要性的认识,真正把党中央对宗教工作的重大决策部署落到实处,强力保证我国宗教坚持中国化方向。要坚持综合施治,各级党委、政府及其有关部门要相互配合、各负其责。

(二)坚持用法治思维和法治方式做好宗教工作,加强法治建设,依法管理宗教事务。新修订《宗教事务条例》颁布后,江西省高度重视《江西省宗教事务条例》修订工作,结合实际,稳中求进,向省政府报送了送审稿,预计今年下半年将正式出台,其中很多条款旨在保障推进坚持我国宗教中国化方向进程。目前正在抓紧修改、征求各方意见过程中。此外,还应加大对宗教工作"三支队伍"的教育培训力度,保障坚持我国宗教中国化方向工作依法稳步扎实推进。

(三)把坚持我国宗教中国化方向作为宗教工作的核心主题,加强宗教团体建设,引导各宗教自我革新。各级党和政府要帮助宗教团体解决办公、人员、经费问题,指导宗教团体建立健全内部治理结构,明确议事、决策、执行、监督等方面的职责权限,发挥宗教团体的桥梁纽带作用,发挥其在推进我国宗教中国化方面的关键性作用。坚持以社会主义核心价值观融合共进为方向,指导宗教团体大力开展宗教思想建设,引导宗教界加强宗教文化研究。通过挖掘教义教规中有利于社会和谐、时代进步、健康文明的内容，对其中所蕴含的宗教价值理想、价值关切作出符合时代进步要求的新阐释，以宗教自我革新的思想自觉，弘扬我国宗教正能量。

（四）坚持以"导"的理念和方法掌握宗教工作的主导权，做到重点突破，各宗教区别推进。在依法管理宗教事务过程中，既要注意引导各宗教去糟粕化、去商业化和去庸俗化，更要鼓励支持各宗教主动走出去。充分发挥宗教教职人员、宗教界代表人士在坚持我国宗教中国化方向上的积极性主动性，引导他们适应我国国情，适应我国主流思想文化，适应我国传统文化和社会习俗。大力推进宗教教职人员本地化、宗教义理表达本土化、宗教活动场所建设与内部装饰地域化。力戒空喊口号、做表面文章式的工作，扎实推进引导我国宗教健康有序发展。

江西宗教工作访谈

——《中国宗教》杂志专访江西省委统战部副部长、江西省民宗局党组书记、局长曹国庆

【编者按】2019 年 4 月 8 日至 11 日，《中国宗教》杂志社社长刘金光偕《中国宗教》调研组一行，前往江西省进行调研采访。期间，就近年来江西省贯彻落实党和国家关于宗教工作的决策部署等有关问题，对江西省委统战部副部长，江西省民宗局党组书记、局长曹国庆进行了主题专访，以下为专访全文：

《中国宗教》：习近平总书记在党的十九大报告中对新时代宗教工作的重要性、工作方针、目标方向以及重点关注的问题均有重要论述。请问江西省在贯彻落实习近平总书记关于宗教工作重要论述方面有何实际举措？

曹国庆：习近平总书记关于新时代宗教工作的重要论述，为做好新时代宗教工作指明了正确方向、提出了明确要求。我省统战、宗教工作部门坚持把习近平总书记关于宗教工作的重要论述作为根本遵循，坚决在思想上政治上行动上同以习近平同志为核心的党中央保持高度一致，确保我省宗教工作始终保持正确的政治方向。

一、提高政治站位，认真组织学习

真学真懂才能真信真用。党的十九大召开后，江西统战、宗教工作部

门将学习贯彻习总书记重要讲话精神作为当前的首要政治任务和头等大事,制定完善方案,紧密结合实际抓好学习宣传、专题培训等方面工作,切实将总书记的重要讲话精神落实到每一位宗教工作干部以及每一个宗教团体和宗教活动场所。2018年,我省结合本省宗教团体、宗教活动场所实际,在全省范围内组织开展了以"学习"为主题的和谐宗教团体、和谐寺观教堂的创建活动,要求全省宗教界深入学习习近平新时代中国特色社会主义思想和党的十九大精神,特别是习近平总书记关于宗教工作的重要论述和中央关于宗教工作的重大决策部署。各级宗教团体和宗教活动场所纷纷行动起来,通过制作党的十九大会议宣传展板、板报宣传栏、悬挂宣传标语、印制宣传资料,竭力营造学习贯彻的浓厚氛围。为确保我省宗教界切实掌握党的十九大精神实质,各级宗教工作部门指导宗教界制订了学习方案、拟订了学习措施、明确了学习重点。省民宗局组成4个工作小组,分别由局领导带队,赴设区市指导学习活动,宣讲党的十九大精神,解答学习中可能遇到的疑难问题。各级宗教团体以及各宗教活动场所通过组织宗教活动等形式,加强对信教群众的引导,激发学习、贯彻党的十九大精神的内在动力,确保信教群众紧密团结在党中央周围,投身于加快全面建设小康社会的生动实践。

二、严格对标对表,狠抓贯彻落实

(一)强化党对宗教工作的领导。全省各地进一步加强了党对宗教工作的领导,成立宗教工作领导小组,建立并完善了党委统一领导、统战和宗教工作部门综合协调、相关部门各司其职、社会各方共同参与的宗教工作体制;坚持做到宗教工作"四个列入"(宗教工作列入党委、政府工作的重要议事日程;宗教工作经费列入财政预算;维护宗教领域稳定工作列入综治维稳工作考核内容;宗教政策法规列入党委中心组学习和党政干部培训课程),建立健全了"宗教工作三级网络两级责任制"(县、乡、村三级网络,县、乡两级责任制),形成上下联动、分级负责的管理网络和责任体系,保障和推动了宗教工作正常开展。

（二）提高宗教工作法治化水平。增强宗教工作法治思维,把加强宗教工作法治建设作为"法治江西"建设的重要内容,完善宗教事务管理法规规章,提高依法管理宗教事务水平,加强涉及宗教的法治宣传教育,坚持保护合法、制止非法、遏制极端、抵制渗透、打击犯罪的基本原则,进一步规范和改进政府对宗教事务的管理,运用法治思维和法治方式妥善处理宗教领域各种矛盾和问题,确保宗教工作始终在法治的轨道上运行,不断提高宗教工作法治化水平。

（三）坚持我国宗教中国化方向。一是鼓励宗教界通过各种形式对教义教规作出符合时代进步的阐释。推动省佛协每年举办 2 期讲经交流会、省道协每年举办 1 期玄门讲经活动;伊斯兰教做好卧尔兹演讲和讲经活动,自觉抵制极端思想的传播;天主教界在各类培训中宣传把"和谐教会建设融入和谐社会建设"的神学理念;省基督教"两会"成立基督教中国化工作推进领导小组,将基督教中国化创新成果送上讲台、送到基层。二是引导宗教界加强中国化特色优秀文化的挖掘研究和交流,成功举办了以"历史、现实与未来"为主题的首届中国曹洞宗禅学国际研讨会和天主教江西教区"利玛窦与南昌:教会本地化暨中国化"研讨会。三是支持江西佛学院和靖安宝峰禅寺联合打造"宝峰讲堂"、龙虎山道教协会和中国文化书院联合举办"龙吟虎啸·文化道教·名师讲堂",推进宗教中国化,弘扬和传播优秀传统文化。

（四）创新宗教事务管理方法。面对宗教领域出现的新情况、新问题及其给宗教事务管理带来的新挑战,全省各地不断改进和创新宗教事务管理方法,形成许多行之有效的模式,提高了我省宗教事务管理科学化水平。南昌市在全省率先开展佛道教活动场所全面实行只燃三支环保香、禁烧高香大香、禁放烟花爆竹活动,有效推动了文明进香、建设生态寺观活动开展。萍乡市通过实行年度考核制度、宗教活动场所"五簿三册二账",宗教片区管理及宗教财务管理等方式,规范宗教教职人员和宗教活动场所管理。赣州市从"爱国爱教、学法守法、安全整洁、和谐稳定、制度完善、活动有序、教风纯正、服务社会"等 8 个方面入手,开展宗教活动场所规范化管理创建活动,实现宗教活动场所规范化管理。

(五)加强对宗教界教育引导。不断加强对宗教界人士的教育和管理,进一步明确宗教团体职能定位。积极引导宗教界依法从事公益慈善活动,推动宗教界积极捐款捐物,开展扶贫、济困、助残、救灾、养老、助学等方面的公益慈善活动。自 2016 年以来,持续开展"扶贫攻坚、五教同行"主题活动,倡导宗教界参与到扶贫开发中来。充分发挥佛教道教祖庭众多、对台湾佛教道教有重大影响和吸引力的优势,不断加强赣台佛教道教界的互访交流,努力增进两地民众的了解和理解,促进海峡两岸的和平发展。鼓励宗教界在坚持独立自主自办原则基础上,积极开展宗教方面的对外交流和合作,发展同各国人民之间的友谊。

《中国宗教》: 习近平总书记在 2016 年全国宗教工作会议上作长篇讲话,请问江西省在开展宗教工作时是如何贯彻落实习总书记重要讲话精神的?

曹国庆: 全国宗教工作会议召开之后,江西省委、省政府高度重视,把传达学习、贯彻落实全国宗教工作会议精神特别是习近平总书记重要讲话精神作为一项重大政治任务来抓,自觉把思想和行动统一到中央精神和要求上来,并结合我省实际以"7+1"举措推动全国宗教工作会议精神落地生根。

(一)省委常委会专题听取全国宗教工作会议精神汇报。江西省委、省政府高度重视宗教工作,全国宗教工作会议召开后,省委常委会专题听取会议精神汇报,深入学习习近平总书记重要讲话精神,并结合我省实际,研究通过了我省贯彻落实会议精神的"7+1"举措,即做好一次汇报、组织一轮学习、开展一次调研、召开一次会议、出台一份文件、开展一轮宣讲、举办一期培训班及开展祖庭文化课题研究。

(二)迅速掀起学习会议精神热潮。各级党委常委会议及时召开会议,传达学习了全国宗教工作会议精神;省、市、县各级普遍组织开展了对统战、民宗工作部门干部和宗教界人士传达学习会议精神的活动;全省统战、民宗工作系统及时召开相关工作会议,深入学习贯彻会议精神,研究部署了贯彻落实意见,全省上下迅速掀起学习会议精神热潮。其中,萍乡市将学习会议精神纳入县(区)党校培训班内容(4课时),组织学习16个班次,共1200余人参训;抚州市印发全国宗教工作会议精神和有关宗教法律法规等宣传资料3万余册,编发相关手机信息和微信4万多条。

(三)扎实开展宗教工作专题调研。省委统战部、省民宗局牵头组织4个调研组分赴11个设区市和6个省直管县(市),对各地宗教和宗教工作情况进行了专项调研,形成《全省宗教工作调研报告》呈送省主要领导。各地对此次调研活动高度重视,将调研活动作为贯彻落实全国宗教工作会议精神的一个重要内容,进行了精心组织和周密部署,形成20多篇内容翔实、观点鲜明、分析透彻、建议中肯的调研报告,为出台我省宗教工作文件提供了重要参考。

(四)及时召开高规格宗教工作会议。2016年12月12日,我省召开了全省宗教工作会议,时任江西省委书记、省人大主任鹿心社,省长刘奇,省政协主席黄跃金等省主要领导均出席会议。会上鹿心社书记全面总结了我省宗教工作的成绩和经验,科学分析了我省宗教工作面临的新形势、新任务,就深入贯彻落实全国宗教工作会议精神、加强和改进新形势下我省宗教工作做出了全面部署。各设区市以及宗教工作重点县(市、区)相继召开宗教工作会议。

(五)研究出台加强宗教工作文件。结合中央有关文件精神和我省实际,坚持以问题为导向、以省级层面工作整体设计为主线、以构建工作体系为基础等起草原则,出台了相关文件,便于各级、各部门贯彻落实。各地纷纷在中央和省委相关文件的基础上,结合自身实际,研究制定了关于加强宗教工作的文件。

(六)组织开展会议精神宣讲活动。由省委统战部、省民宗局牵头负责组成4个宣讲工作组,赴省内高校及11个设区市宣讲全国、针对全省宗教工作会议精神,重点宣讲习近平总书记重要讲话精神,精确解读中央、省委省政府文件精神,引导全省人民统一思想,凝聚共识,深入学习宣传贯彻会议精神,把两个文件确定的各项决策部署和工作要求落到实处。

(七)举办分管领导干部专题研讨班。2017年8月22日至25日,由江西省委组织部、省委统战部、省民宗局共同举办的全省各设区市、省属高校党政分管宗教工作领导干部专题研讨班在南昌举办。研讨班邀请全国人大民族委员会、中央统战部的专家授课,主要内容包括学习党的宗教工作政策,贯彻全国、对全省宗教工作会议精神,研究分析当前国际国内宗教形势及其对策,交流各地宗教工作经验,部署下一阶段全省宗教工作。全省各设区市、省直管县(市)党委常委、统战部部长,政府分管民族宗教工作的负责同志,省宗教工作领导小组成员,省属本科院校分管领导或统战部长等进行培训,各设区市民宗局长和省直管县(市)民宗局长160多人参加培训,进一步增强其做好宗教工作的责任感和使命感,提高做好宗教工作的能力和水平。

(八)有序推进江西宗教祖庭文化课题研究。在深入挖掘宗教优秀文化资源中重点体现江西地方特色,将江西宗教祖庭文化研究列为省委统战部"同心智库"课题,由省委统战部、省民宗局牵头,联合省社科院、南昌大学、江西师范大学等多家单位,共同深入阐释和探索江西宗教祖庭文化的现实意义及与社会主义社会相适应的实现路径。

《中国宗教》:新修订《宗教事务条例》于2018年2月1日实施。《条例》实施一年来,江西省在宣传解读和贯彻落实方面做了哪些工作?根据法制统一的原则,《江西省宗教事务条例》需要重新修订,江西省对此做了哪些工作?何时修订完成?

曹国庆:新修订《宗教事务条例》颁布实施后,我省围绕新修订《宗教事务条例》的宣传解读和贯彻落实做了一些工作,取得了一些效果。

一是广泛深入开展新修订《宗教事务条例》学习宣传活动。我省将学习贯彻新修订的《宗教事务条例》作为"七五"普法教育和"两学一做"重要任务,精心制订了学习宣传方案,并认真组织实施。在学习宣传工作中,我省坚持针对性和系统性相结合的原则,既突出重点,又兼顾广泛。一方面着重抓好宗教工作"三支队伍"的宣传教育。各地纷纷将新修订《宗教事务条例》纳入各级各部门中心组学习内容,纳入各地干部教育培训内容,分级分类举办了学习新修订《宗教事务条例》培训班、研讨会以及专题讲座,开展了新修订《宗教事务条例》"三进"(进宗教团体、宗教院校、宗教活动场所)活动。另一方面切实抓好社会面的宣传教育。各地纷纷利用广播、电视、报纸、杂志、网络、微信等各类媒体以及悬挂横幅、设置咨询台、宣传展板、发放宣传资料等方式,深入开展新修订《宗教事务条例》宣传报道和解读阐释工作,有效提升了新修订《宗教事务条例》的知晓面和影响力。为了帮助社会各界更好地学习理解新修订《宗教事务条例》,2018 年 6 月,江西省民宗局、江西省普法办联合组织开展了"百万网民学法律——《宗教事务条例》专场"竞赛活动,超 16 万人次参与。一些地方将新修订《宗教事务条例》编写成"三字经""顺口溜",制作成漫画读本,免费向社会各界赠阅,激发社会各界对新修订《宗教事务条例》的学习热情,在社会上引起了强烈反响并获得一致好评。

二是及时处理好新旧《宗教事务条例》实施的衔接问题。一方面,根据新修订《宗教事务条例》的要求,及时做好《江西省宗教事务条例》修订工作。我省启动《江西省宗教事务条例》修订工作较早。2016 年,我省就紧跟国家宗教立法工作步伐,着手开展《江西省宗教事务条例》修订准备工作,有针对性地选择重点课题进行了调查研究和分析论证。2017 年 10 月 12 日,我省成立修订工作领导小组,由省委常委、统战部长陈兴超担任组长,省政府分管副省长担任副组长,省宗教工作领导小组成员单位分管领导为成员。2018 年 2 月,省人大常委会、省政府正式将《江西省宗教事务条例》修订列入 2018 年立法计划。2018 年 5 月,我省完成《江西省宗教事务条例》修订草案,这在全国范围内是最早的。2018 年 7 月,省政府第 7 次常务会议审议并原则通过《江西省宗教事务条例》修订草案,以议案形式提请省人大常委会审议,这也是在全国最先完成的。2018 年 9 月,省第十三届人大常委会第六次会议对《江西省宗教事务条例》修订草案进行第一次审议；2019 年 3 月，省第十三届人大常委会第十二次会议对《江西省宗教事务条例》修订草案进行第二次审议并表决通过，于 2019 年 5 月 1 日正式颁布实施。在《江西省宗教事务条例》修订过程中，我省严格坚持了科学立法、开门立法、民主立法的原则，先后赴 5 省学习考察，并与 11 个省（直辖市）交流经验；共召开各类座谈会、论证会 27 次，集中征求宗教界意见 4 次，征求省直有关部门意见 5 次，征求市、县、乡、村四级意见多次，并通过江西省人大新闻网向社会公开征求意见，《江西省宗教事务条例》先后进行了 32 次修改完善，最终高票获得表决通过。

另一方面，及时对有关宗教工作的规范性文件进行全面清理，凡不符合新修订《宗教事务条例》规定的，抓紧修改或废止；对新修订《宗教事务条例》授权地方制定的政策标准及时研究制定和完善，确保新修订《宗教事务条例》的各项规定、要求落到实处。

此外，及时指导、推动宗教团体、宗教活动场所按照新修订《宗教事务条例》建立健全各项规章制度，进一步加强自身建设。一些宗教团体和宗教活动场所根据新修订《宗教事务条例》的新规定、新要求，进一步健全完善了有关规章制度、加强了自我管理，服务信教群众的能力水平得到进一步提高，桥梁纽带作用进一步增强。

三是大力加强"五型"政府建设。针对新修订《宗教事务条例》调整的行政审批事项，积极清理行政审批事项，及时制定新的权责清单，编制新的执法文书式样，修订自由裁量标准；实施"双随机一公开"监管模式，完善事中事后监管；积极推进"一次不跑""最多跑一次"改革，34 项政务服务事项中，目前已有 12 项承诺实现"一次不跑"，10 项承诺实现"只跑一次"；开展政务服务事项延时服务和预约服务，省民宗局政务服务窗口决定自 2019 年 1 月 1 日起，向广大服务对象提供 7 项行政许可和政务服务事项延时服务和预约服务，工作日中午（12：00—13：30）、国家法定节假日及双休日实行延时服务，工作日、双休日、国家法定节假日都可预约服务，方便办事群众中午能办事、周末能办事、节假日能办事。

《中国宗教》：习近平总书记多次强调要"坚持我国宗教中国化方向"。对于这个问题，今年全国"两会"上，李克强总理和汪洋主席在会议报告中也强调这个问题。请问作为宗教工作大省，江西如何坚持宗教中国化方向？存在的问题与解决举措是什么？

曹国庆：江西是宗教工作大省，历史上，江西宗教在践行我国宗教中国化方向方面做出了积极贡献。2016年以来，我省认真贯彻落实习近平总书记重要讲话精神，在推进坚持我国宗教中国化方向工作方面进行了积极探索，积累了一些有益经验。《中国宗教》2018年第九期刊登了我省坚持我国宗教中国化方向的一些经验做法。坚持我国宗教中国化方向，要在"导"字上下工夫，注重调动宗教界的积极性，推动宗教界和信教群众自觉朝着与社会主义社会相适应的方向前进。一是推动宗教界在政治上自觉认同。引导宗教界人士和广大信教群众坚定在中国共产党的领导下走中国特色社会主义道路，支持他们反对和抵制利用宗教危害安全稳定的非法活动，增强信教群众维护民族团结和社会稳定的自觉性，引导信教群众对中央和省委、省政府各项政策的理解与支持，始终与党和政府同心同德。二是推动宗教界在文化上自觉融合。用社会主义核心价值观引领和教育宗教界人士和信教群众，大力弘扬中华民族优良传统和优秀赣鄱文化，支持各宗教深入挖掘教义教规中有利于社会和谐、时代进步、健康文明的内容，对教义教规作出符合发展进步要求、符合中华优秀传统文化的阐释。三是推动宗教界在社会上自觉适应。引导和教育宗教界遵守国家法律法规，支持法治江西建设。支持宗教界积极参与社会救助、社会公益和慈善事业，助力革命老区脱贫攻坚。鼓励信教群众爱岗敬业、诚实劳动，为促进社会和谐、推动社会发展贡献力量。

目前，我省在推进坚持我国宗教中国化方向方面，还存在一些比较突出的困难和问题。一是协调推进力度不够。有的地方对坚持我国宗教中国化方向，还停留在搞搞宣传、表表态、喊喊口号的应景式阶段，往往雷声大、雨点小，缺乏实际效果；有的地方表面上重视，也开展了一些活动，气氛热烈，声势浩大，但流于或热衷于搞形式，只求短期效应，热闹几天，事过之后，就不再过问；有的地方虽然重视，但对于坚持我国宗教中国化方向，不知该如何下手、在何处着力、以何种方式，拿不出实际举措。二是坚持我国宗教的中国化方向在宗教界没有形成全面共识。一些宗教界人士认为自己信仰的宗教早就实现了中国化，没有必要再强调再推进；一些宗教界人士担心中国化就是"被同化"，对坚持中国化方向表示担心、存在顾虑。三是坚持我国宗教中国化方向力量整合不足。坚持我国宗教中国化方向，既涉及发挥宗教界主体作用，又涉及党和政府的引导推动，还涉及学术界的智力支撑，需要各司其职，各负其责，相互配合、形成合力。但目前各方面相互协调配合方面做得不够，彼此间协调配合机制还不健全。

坚持我国宗教中国化方向是一个渐进的历史过程，既要积极，又要稳妥，要善于引导，不能用强制的方式，不能搞运动，注重调动宗教界的积极性，推动我省宗教界和信教群众自觉朝着与社会主义社会相适应的方向前进。

一是要坚持加强党对宗教工作的领导。坚持加强党对宗教工作的集中统一领导，这是坚持我国宗教中国化方向的前提和基础。要树牢"四个意识"，坚定"四个自信"，坚决做到"两个维护"，把党的领导贯穿到宗教工作全过程、各方面。要严格落实各级党委政府在宗教工作中的主体责任，将坚持我国宗教中国化方向工作纳入对各级党委政府综合考核内容，提高各级党委政府对坚持我国宗教中国化方向重要性的认识，真正把党中央的决策部署落到实处，强力保证我国宗教坚持中国化方向。要教育引导宗教界自觉接受党的领导，拥护社会主义制度。

二是坚持用法治思维和法治方式做好宗教工作。依法管理宗教事务是坚持我国宗教中国化方向的重要保障。要不断强化法治思维，坚持依法管理宗教事务。要抓住宗教活动场所设立审批、宗教教职人员认定备案、宗教活动场所财务监管、宗教活动监管等关键环节，正确引导、综合治理、依法规范，坚决制止宗教领域"逆中国化""伪中国化"行为。要加强对涉及国家利益和社会公共利益的宗教事务的规范管理，加大对利用宗教危害国家安全、宣扬极端主义、进行恐怖活动和破坏民族团结等行为的打击力度。任何组织或者个人不得利用宗教进行危害国家安全的活动，不得宣扬、支持、资助宗教极端主义，不得利用宗教破坏民族团结、分裂国家和进行恐怖活动。

三是坚持引导各宗教自我革新。要充分发挥宗教教职人员、宗教界代表人士在坚持我国宗教中国化方向上的积极性主动性，引导他们适应我国国情，适应我国主流思想文化，适应我国传统文化和社会习俗。要大力推进宗教教职人员本地化、宗教义理表达本土化、宗教活动场所建设与内部装饰地域化。要坚持以社会主义核心价值观融合共进为方向，指导宗教界大力开展宗教思想建设，引导宗教界加强宗教文化研究，对宗教文化进行自我革新。重点是通过挖掘教义教规中有利于社会和谐、时代进步、健康文明的内容，将其中所蕴含的宗教价值理想、价值关切作出符合时代进步要求的新阐释，以宗教自我革新的思想自觉，弘扬我国宗教正能量，进而与社会主义核心价值观相资相益、相辅相成。

四是要支持宗教界加强自身建设。加强宗教界自身建设是坚持我国宗教中国化的关键。要以加强宗教团体建设为主线，以创建和谐寺观教堂活动为平台，指导宗教团体健全完善各项规章制度，改进工作作风和工作方法，增强自我教育、自我管理、自我调整、自我提高的能力，树立在信教群众中的威信，鼓励他们在坚持我国宗教中国化方向中发挥主体作用。要按照"政治上靠得住、宗教上有造诣、品德上能服众、关键时起作用"的要求，造就一支爱国爱教的宗教教职人员队伍，为坚持我国宗教中国化方向提供人才保障。

《中国宗教》：机构改革大大加强了党对宗教工作的集中统一领导。在大统战格局下，如何把宗教工作做得更好，各地都在积极探索。请问江西在这方面有什么经验？

曹国庆：做好新形势下的宗教工作，关键是要加强和改进党对宗教工作的领导。

一是要落实宗教工作领导责任。各级党委要强化领导责任、政治责任,把宗教工作纳入重要议事日程,及时研究解决宗教领域的重大问题,在制定政策措施时充分考虑宗教因素,加强对宗教工作的监督检查,推动宗教工作决策部署贯彻落实。要关心宗教工作干部队伍建设,配好力量,优化结构,加强交流。要加大对宗教工作支持力度,为其正常履职提供保障。各级党政干部要严守政策法规红线,不得支持参与"宗教搭台、经济唱戏",不得以发展经济和繁荣文化名义助长宗教热,不得违规干涉宗教内部事务、参与经营活动,带头自觉遵守宗教工作各项规定。

二是要提高处理宗教问题的能力。宗教工作政治性、政策性、复杂性、敏感性都很强。各级领导干部要加强对马克思主义关于宗教基本观点的学习,加强对中国特色社会主义宗教理论和有关政策及法律法规的学习,加强对宗教基本知识的学习,不断提高政治把关能力、依法治理能力、处理复杂问题能力、团结信教群众能力,增强做好新形势下宗教工作的本领。要把党关于宗教问题的理论和方针政策纳入党委中心组学习内容,纳入各级党校、行政学院、干部学院和社会主义学院教学内容,使各级干部尽可能多地掌握。特别强调,共产党员要严守党章规定,坚定理想信念,牢记党的宗旨,不能信仰宗教,更不得传播和发展宗教,要做坚定的马克思主义无神论者。

三是要夯实宗教工作基层基础。信教群众在基层,宗教工作重心也在基层。要推动各类宗教工作资源向基层倾斜,工作力量向基层集中,确保宗教工作有人管、有人做。要健全完善县(市、区)、乡(镇、街道)、村(社区)三级宗教工作网络,严格落实乡(镇、街道)、村(社区)两级宗教工作责任制,形成主体在县、延伸到乡、落实到村、规范到点的工作格局。要进一步加强党的基层组织建设,整顿软弱涣散基层党组织,配齐配强村"两委"班子,组织和支持他们积极发展生产、改善生活、勤劳致富,充分发挥基层党组织的战斗堡垒作用。

四是要形成宗教工作整体合力。各市、县要建立健全宗教工作领导小组,加强对宗教工作的引领、规划、指导、督查。统战部门要切实承担牵头协调职责,宗教工作部门要负起依法管理责任,公安、国安、民政、民族、财税、国土、住建、旅游、文物、消防等部门及工会、共青团、妇联、科协等人民团体要主动作为、密切配合,切实形成党委统一领导、党政齐抓共管、部门各负其责的工作格局。要广泛宣传党关于宗教问题的理论方针政策和法律法规,形成全社会了解宗教、认识宗教的良好局面,为全省改革发展凝聚力量。

基督教在近代中国传播过程中的
文化冲突及启示

江西省民宗局党组成员、副局长　王希贤

一、条约与近代在华基督教

在进入正题之前,我们有必要对基督教在中国传播的历程进行回顾(本文的基督教指广义上的,含天主教、基督教、东正教),尤其关注 1840 年之后的条约框架。基督教在中国的传播大致可分为四个阶段:唐朝之景教、元代教廷使节进入中国——即也里可温教、明末清初耶稣会士在中国的活动以及近代基督新教在中国大量传入。唐贞观九年(635),大秦(时东罗马帝国)传教士阿罗本到达长安,是为景教传入中国。此后,景教得到最高统治者、上层权贵的支持,呈现出蓬勃发展的趋势,时有"法流十道,寺满百城"之语。至武宗会昌五年(845),随着灭佛运动进入高潮,西教遭到严禁,景教亦受波及,此后渐趋消亡,直至销声匿迹。元朝建立后,基督教再度传入中国,即元代文献中所称之"也里可温教"。在兼容并蓄的宗教政策之下,也里可温教在元代得到发展,至惠宗时期,朝廷甚至遣使远赴罗马教廷。元朝末年,元廷式微,政局不稳,传教士启程归国。随着元朝的灭亡,也里可温教亦一并沉寂。明嘉靖三十一年(1552),教士沙勿略到达广东,但随即病逝。明万历十一年(1583),意大利传教士利玛窦由澳门至肇庆,其后在南昌、南京、苏州等地进行传教活动。至万历二十九年,利玛窦到达北京,并受到万历皇帝接见。在传教的过程中,利玛窦着儒服,结交士大夫,注重基督教教义与儒学之间的融会贯通,因而不仅获得以士大夫为代表的精英人士支持,且得以深入宫廷。利玛窦之后,有汤若望、南怀仁等著名西方传教士来到中国。明清之际,以利玛窦为代表的耶稣会士实际上开启了西方文化与中国文化交流互动的先河,除了将西方科学文化(数学、地理、天文历法等)引入中国之外,他们亦热衷于将中国的文化介绍到欧洲。明末清初的几十年间,基督教在中国广泛传播,可以说是一个黄金时期。但好景不长,随着"礼仪之争"①的出现,这一过程被迫中断。清康熙五十九年(1720),鉴于罗马教廷粗暴干涉,坚持禁止中国教徒祀孔祭祖,康熙帝下诏禁止传教,驱逐教士,查封教堂。此为清朝禁教之发端。但是康熙年间的禁教政策并未严格执行,康熙帝本人亦对传教士在传播西方科技文化方面所做的工作十分欣赏。雍正二年(1724),雍正帝颁布上谕,严厉禁教,除留京任职于钦天监的传教士之外,其余全部遣送澳门,教堂或没收或拆毁或移作他用。此后历经乾隆、嘉庆、道光诸朝,教禁一直延续并愈加严厉。百年教禁的情况在鸦片战争之后出现改变。

道光二十年(1840)鸦片战争爆发之后,清廷奉行一百二十余年的禁教政策开始逐步弛禁。道光二十四年,中美签订《五口贸易章程》(《望厦条约》),在华基督教问题首次出现在条约中:"合众国民人在五港口贸易,或久居,或暂住,均准其租赁民房,或租地自行建楼,并设立医馆、礼拜堂及殡葬之处"②。从条约内容来看,实际上并无明确允许或禁止传教,而建立礼拜堂的原意很有可能是出于对便利外国人做礼拜的考量,绝非为了支持传教活动。但礼拜堂既然可以作为外国人进行宗教活动的场所,那自然也能成为其向中国人布道之处。同年九月,清政府与法国签订《五口贸易章程》(《黄埔条约》),其中第二十二款规定"凡佛兰西人按照第二款至五口地方居住……佛兰西人亦一体可以建造礼拜堂、医人院、周

---

① 关于"礼仪之争",可参见杨森富编著:《中国基督教史》,台北:台湾商务印书馆,1984 年,第126-146 页。

② 王铁崖编:《中国旧约章汇编》(第一册),北京:生活·读书·新知三联书店,1957 年,第 54 页。

急院、学房、坟地各项"①。此款内容与前揭中美之间的条约并无实质不同。随着中美、中法之间签订条约,基督教在中国传播似乎取得了一定的合法性,但传教的范围仅限于中英《南京条约》中开放的广州、厦门、福州、宁波、上海五个通商口岸。道光二十六年正月二十五日(1846 年 2 月 20 日),道光帝发布上谕:

> 前据耆英等奏,学习天主教为善之人,请免治罪。其设立供奉处所,会同礼拜供十字架图像,诵经讲说,毋庸查禁。均已依议行矣。天主教既系劝人为善,与别项邪教迥不相同,业已准免查禁……所有康熙年间各省旧建之天主教堂,除改为庙宇、民居者毋庸查办外,其原旧房尚存者,如勘明确实,准其给还该处奉教之人。②

这条上谕明确解除了一百多年的教禁,在清廷治下进行传教活动正式取得其合法性。需要指出的是传教仍限于五口,即"外国人概不准赴内地传教,以示区别"③。这种地域限制在第二次鸦片战争之后被突破。

咸丰八年(1858),清政府与俄、美、英、法诸国分别签订《天津条约》。中俄《天津条约》第八条规定:"天主教原为行善,嗣后中国于安分传教之人,当一体矜恤保护,不可欺侮凌虐,亦不可于安分之人禁其传习。若俄国人有由通商处所进内地传教者,领事官与内地沿边地方官按照定额,查验执照,果系良民,即行画押放行,以便稽查。"④

由此看来,传教活动已不仅仅限于五个通商口岸,传教士允许进入内地传教,且本国的领事官获得了查验执照之权。类似的条款也出现在中

---

① 王铁崖编:《中国旧约章汇编》(第一册),北京:生活·读书·新知三联书店,1957 年,第 62 页。

② 中国第一历史档案馆编:《嘉庆道光两朝上谕档》(第五十一册),桂林:广西师范大学出版社,第 25 页上栏。

③ 中国第一历史档案馆编:《嘉庆道光两朝上谕档》(第五十一册),桂林:广西师范大学出版社,第 25 页下栏。

④ 王铁崖编:《中国旧约章汇编》(第一册),北京:生活·读书·新知三联书店,1957 年,第 88 页。

美、中英、中法所订立的条约中,如中美《天津条约》第二十九款"嗣后所有安分习教之人,当一体矜恤保护,不可欺侮凌虐。凡有遵照教规安分习教者,他人毋得骚扰";中英《天津条约》第八款"自后凡有传授习学者,一体保护,其安分无过,中国官毫不得刻待禁阻";中法《天津条约》第十三款"凡按第八款备有盖印执照安然入内地传教之人,地方官务必厚待保护"①。此类条款皆强调传教自由,且重申地方官员应当给予便利,加以厚待。如果说此时还有一定限制的话,那就是仅保护安分传授习学之人,至咸丰十年(1860),这一限制亦被取消。中法《北京条约》②第六款"晓示天下黎民,任各处军民人等传习天主教、会合讲道、建堂礼拜",且允许"法国传教士在各省租买田地,建造自便"③。

可见,第一次鸦片战争后,传教逐渐取得合法性。至十九世纪六十年代,在中国进行传教活动已无法律、制度层面的桎梏,西方传教士获得了自由传教的权利。基于《天津条约》《北京条约》中相关条款之规定,传教的地域限制被打破,传教势力由沿海地区渗透到广大的中国内陆。因而,近代以来基督教在中国取得了长足的发展,表现为传播范围更广、教会数量、教徒人数规模更大。

与历史上其他三次基督教进入中国相比,近代基督教在中国的传播已不可同日而语。至少可见以下几个不同之处:其一,近代基督教进入中国在一系列不平等条约的保护下进行,其合法性来源于国际条约,由于其得到了条约支撑,所以自然带有一种强势与优越感;其二,往昔基督教或弛或禁,皆属中国内政,他人无权干涉,而在国际条约框架之下其性质已经完全改变,俨然上升到中外交涉的层面;复次,作为在中国进行传教活动的外国人,传教士因拥有本国国民身份而得以享受领事裁判权、治外法

---

① 分别参见王铁崖编:《中国旧约章汇编》(第一册),北京:生活·读书·新知三联书店,1957年,第95、97、107页。

② 原称中法《续增条约》,因在北京签订,通常称为《北京条约》。参见王铁崖编:《中国旧约章汇编》(第一册),北京:生活·读书·新知三联书店,1957年,第146、148页。

③ 王铁崖编:《中国旧约章汇编》(第一册),北京:生活·读书·新知三联书店,1957年,第147页。

权,可以说是一种特权阶层;最后,传教方向由之前的"上层路线",即主要在高层与官绅之间传播,逐步转变为向平民阶层宣教,近代以来基督教在乡村社会广为传播即其明证。基于这种背景性的概述,我们才能更好地理解之后出现的各种矛盾与冲突。

二、近代中国基督教传播中的文化冲突

近代基督教入华基于《望厦条约》《黄埔条约》《天津条约》《北京条约》等一系列不平等条约确立特权,因而它本身的活动亦与列强之侵华行为有着千丝万缕的关系。具体到传教士而言,由于所属国家在战争中的胜利,他们多半带有一种民族与文化优越感,对中国文化缺乏了解与尊重。这一倾向使得近代基督教与中国社会之间的调适与融合变得颇为困难,出现种种矛盾,以致酿成教案。不同文化的冲突是近代教案发生的一个重要原因,从文化层面去理解近代中国人与基督教的对抗有其现实意义。

中国传统社会是一种多元结构,包含了公、私两个系统,公的系统代表着垂直的国家政权体系,乡族势力代表着私的系统。乡绅阶层则在公和私两大系统之间发挥重要作用。乡绅一方面代表着国家控制基层社会,以完成高度中央集权政权无法直接承担的各种社会责任;另一方面,其又作为乡族利益的代表,与政府斡旋,并协调基层社会的各项活动。① 进一步而言,士绅极具重要性,官员需要倚赖士绅从而达到对地方社会和民众的治理,回避制度使得地方官实际上对自己任职所在地的实际情况并不十分了解,因而他们就需要地方士绅的协助。而士绅也可以自由见官,且并不需要像平民百姓那样下跪行礼。此外士绅在着装与称呼,参加官方的文庙祭典,刑罚和法律程序以及徭役等方面也享有与平民不同的特权,这些特权不仅为法律所承认,也被社会所接受。作为一个享有诸多

---

① 傅衣凌:《中国传统社会:多元的结构》,《中国社会经济史研究》,1988 年第 3 期。

特权的社会集团,士绅在享有特权的同时也承担了若干社会职责。在地方公共工程(水利、桥梁、津渡)的兴修,地方公益事业的创建(育婴堂、赈济、义葬),调解纠纷,推行教化,兴建书院以维护儒学道统等方面,都可见士绅参与其中。由此可见,地方上众多本应是政府职责范围内的事情,实际上都是由士绅完成的,因为地方官并没有足够的办事人员和经费来处理所有的地方事务。更为重要的是,士绅还是政府与百姓之间的中介,代表本地利益与官方进行沟通。张仲礼认为"绅士在其本地区的各种事物中发挥了十分积极的作用。作为地方领袖,他们与政府结成联盟,自然政府机构本身也由绅士构成。他们在本地承担许多职责,他们担任官员与当地百姓之间的中介,就地方事务为官员们出谋划策,同时在官吏面前又代表了地方利益"①。总之,士绅阶层是传统中国地方基层社会管理权力的核心。传教士进入中国后,僭用官员仪仗、服饰,利用自身治外法权的优势包揽词讼,干预司法,帮助他人诉讼,意欲借此吸引民众入教。此外,教士在地方社会进行办学、赈济、施药、育婴等诸多社会公共事务。凡此种种,原为士绅之特权与义务。传教士的此类行为毫无疑问对士绅的领导权构成了直接威胁,中国基层社会原本的权力体系遭到挑战,势必不能为士绅阶层所容忍。所以晚清与基督教有关的骚乱往往都由士绅煽动,在对抗基督教的过程中,士绅阶层成为实际上的领导者。

作为中国固有的文化与历史传统,尊祖敬宗是中国人所推崇的伦理与礼仪规范,是谓"亲亲故尊祖,尊祖故敬宗,敬宗故收族"②。基督教强调对上帝的信仰,反对祖先祭祀与崇拜,这是对中国文化核心的挑战。基督教无法容纳中国人对祖先的崇祀,排斥其报本追源之心,在当时的中国人眼中,这是一种颠倒纲常、败灭伦常的行为。此外,与经文宗教、或者说制度化宗教相比,在广大乡村地区,民间信仰占据主导地位。对于中国民众的信仰,美国学者韩森的研究认为民众选择自己的信奉对象时参照的

---

① 张仲礼:《中国绅士》,李荣昌译,上海:上海社会科学院出版社,2002年,第73页。
② 清·孙希旦撰:《礼记集解》卷三十四《大传》,沈啸寰、王星贤点校,北京:中华书局,1989年,第917页。

是一种实用主义原则:惟"灵"是从。中国世俗民众的宗教信仰是多变的,他们很容易从对某一神祇的崇拜,转向另一据说是更为灵验的神祇。① 亦有学者将之概括为神、鬼、祖先。② 中国多种宗教并存,神祇体系多元,民间信仰种类极其繁杂,既有被敕封的官方祀典之神,又有"淫祀"。而作为一神教的基督教只信上帝,这对惟"灵"是从的中国民众而言难以理解。教士为宣扬基督教而干涉一系列具有历史传统的民间宗教仪式与活动(迎神赛会、演戏酬神等),则更加引起中国民众的不满。

由于文化之间的隔阂,基督教的一些行为方式被中国人误解、猜疑。如传教士应用现代医术,由教堂抚养的婴儿夭折演变成谣言——传教士剜目剖心,杀害婴儿,拐卖幼童。社会上也盛传"檄""呈""启""揭帖"一类的文字,这类作品的主要内容便制造一种异端、邪术的印象。在这些反基督教作品中,除前文所揭"采生折割"之内容外,还认为宗教建筑破坏风水,基督教与自然灾害的发生密切相关。这些非理性言论带有强烈的情感色彩。"檄""揭帖"等主要张贴于市井通衢,或大量翻印散发,广为流传,恐惧与敌意因此深化。

三、启 示

前文简略回顾了基督教在中国传播的历史,关注基于条约特权的近代传教行为及其与中国社会文化的冲突。这对我们理解与思考基督教问题当有所裨益。

近代以来基督教在中国传播的制度保障即是以《天津条约》《北京条约》为代表的不平等条约。传教条款之规定使西方传教士获得了完全的传教自由,且因治外法权而成为一特权阶层,不受中国法律约束。传教行

---

① [美]韩森:《变迁之神——南宋时期的民间信仰》,包伟民译,上海:中西书局,2016年。可参见该书第二章《民众的选择》中的论述。

② [美]武雅士:《神、鬼和祖先》,《中国社会中的宗教与仪式》,彭泽安、邵铁峰译,郭潇威校,南京:江苏人民出版社,2014年,第137—185页。

为已不属中国内政问题,并非最高统治者的政令所能左右。当时的中国门户洞开,主权不断沦丧,最终完全沦为半殖民地半封建社会,自然没有没有能力对基督教的活动加以管控与引导。如此看来,要牢牢掌握宗教工作的主动权,坚持独立自主自办的原则。新中国建立后,西方敌对势力一直利用基督教对我国进行渗透活动。例如向中国输入大量资产阶级自由、民主、人权等价值观念,培养亲西方的宗教人才,将高校中的师生发展成为传播基督教的骨干力量,发展地下教会等。这类渗透活动的最终目的乃是颠覆政权与中国共产党的领导。因此,对境外敌对势力利用基督教所进行的系列渗透活动要严防死守,坚决抵制,这亦是我国基督教工作中的重中之重。对国内的信众则需加以团结,加强我国主流意识形态的建设与教育。

在抵制渗透的同时,亦应积极引导基督教与社会主义社会相适应,深入推进基督教中国化进程。从历史上来看,基督教中国化的探索由来已久,典型代表即明清之际西方传教士在中国所进行的传教活动。利玛窦在中国的传教活动尤为注重中国的文化传统,取径于基督教义与儒家学说之间的贯通,中国传统的伦理与礼仪规范得以与基督礼仪并行。这种适应中国国情的传教方式得到最高统治者、士大夫等精英人士的广泛认可,促进了中西文化之间的交流互鉴。反观之,康熙、雍正年间,基督教极力坚持自身教义与宗教仪式,反对教徒遵从其原有的文化传统与礼仪,不注重与中国文化的调适融合,这种“礼仪之争”最终导致清朝的百年禁教。十九世纪中叶,官方弛禁,外国传教士凭借条约赋予的权利进行广泛的传教活动,但引发了众多中西之间的文化冲突,最终演变成教案。明清之际、康熙末年以及近代在华基督教的历史所折射出来的经验教训——基督教在中国的发展,须自觉融入中国社会,适应中国的国情。随着社会的进步,晚清那种中西之间的文化伦理冲突在今日已然淡化,或者说已经消逝。因而在引导基督教与中国社会相适应的过程中,应以一种包容的心态,吸收其中的合理内核。与此同时,要引导文化上的自觉融合。实际上,中国文化中的精髓与基督教的教义、信仰精神都有很多契合之处,这可以说是我国宗教坚持中国化方向的重要思想来源,应认真吸收。而基督教中的教义中亦包含有促进社会和谐、时代进步和健康文明的内容,可以加以挖掘,努力将宗教教义与中华文化融合。概言之,只有自觉与中国文化交融,基督教才能在中国健康发展。

基督教的中国化就是自身不断调节以适应中国社会的过程。外来宗教要在中国顺利发展,就必须经历一个本土化历程,即走中国化道路,适应中国国情与历史潮流。近代基督教在华传播的历史为今日基督教中国化提供了借鉴。在掌握主动权,坚持独立自主自办的前提下,推动基督教与中国固有文化之间的交融,是推进基督教中国化的有利探索与有效途径之一。

中国基督教的发展轨迹及其中国化历程

前　言

　　至少在唐代之前,基督教就已传入中国①,但相比同是外来的佛教,基督教在中国古代很长一段时间里并未获得太大的发展,甚至出现过几次中断。佛教传入中国早于基督教,佛教传入中国不久,就已成为我国主流宗教之一,并将其稳定的地位延续至今,而基督教在中国古代却长期处于十分边缘的位置。究其原因,其中最重要的一点在于当时佛教徒根据中国的实际情况对佛教的教义、教规进行适当改良,使其能够与中国的传统文化相互融合。而基督教在中国古代传播发展的失败,在于它没有克服自身的外来性,即没有很好地解决中国本土文化与基督教文化的冲突,没有对教义、教规做出符合当时中国国情的阐释,进而形成中国化基督教的信仰表达方式。但自 20 世纪 50 年代发起"三自爱国运动"后,中国基督教实现了组织、经济上的自主,20 世纪 90 年代发起神学建设之后,中国基督教的发展较为迅速。

　　基督教在中国古代发展缓慢,并出现多次中断。近代以来,西方传教士挟西方列强之势将基督教文化强行植入中国本土,此后基督教获得了快速发展。基督教的一些教义、教规对当代人们的生活具有一定的帮助

---

　　① 　杨森富说:"基督教信仰之传入中国,当以唐时景教为其嚆矢。"他认为虽然有些传说称基督教在东汉永平十三年已传入中国,但缺乏可靠的史料支撑,"只能以传疑置之"。参见杨森富:《中国基督教史》,台北:台湾商务印书馆,1984 年,第 8 页。

和指导作用。"三自"爱国运动与基督教神学思想建设使基督教文化与中国传统文化的融合加速,两种不同的文化互相学习、借鉴,从而使基督教的教义、教规适应了当代中国社会的实际需求,基督教因此获得了空前的发展。

基督教的中国化是一个漫长的过程,它在中国传播的过程中,不仅应该结合中国国情,适当融合中国的传统文化,还应该有所扬弃,调适中西方的文化差异,实现求同存异。世界上没有完美的文化,也没有完全理想化的宗教。从逻辑上来讲,宗教只有实现中国化,才能与社会发展相适应。当前各个主流宗教的教义在本质上并没有高低优劣之分,但在传播过程中都要做出符合地域和时代的调整,从而使之服务于社会的发展。

一、中国古代基督教的发展轨迹

中国古代基督教的主要传播历程,大致可以分为四个阶段:第一个时期是基督教的传入时期。基督教何时传入中国,中外学术界有不同的看法,不过可以肯定基督教在唐代以前就已传入中国,并出现了不少唐代以前有关基督教的传说①,但基督教在唐代以前基本处于默默无闻的状态。

第二个时期是唐代。唐贞观九年(635),波斯人阿罗本不远万里携带经书、圣象等物抵达长安,受到唐太宗的礼遇。阿罗本在长安翻译经书时,所用神阶词语有不少是借用佛教。贞观十二年(638),唐太宗认为景教(基督教的一个支派)的教旨"济物利人,宜行天下",于是下令在长安义宁坊建寺以供阿罗本传教之用②。其后,唐高宗即位后,尊封阿罗本为镇国大法王。当时传教士传教,主要采用翻译经书、为人治病的方法,此外有的传教士为了获得统治者的支持,制造"奇器异巧"取悦皇室。在此期间,景教获得了一定发展,据称景教极盛时期有"法流十道""寺满百

---

① 王治心:《中国基督教史纲》,上海:上海古籍出版社,2004年,第22—26页。
② 王溥:《唐会要》卷49《大秦寺》,上海:上海古籍出版社,2006年,第1012页。

城"的说法,但与当时在中国立足已久的佛教、道教相比,景教则显得相形见绌。从《大秦景教流行中国碑》来看,景教在中国的传播不是一帆风顺,但大多数时候受到了皇家的礼遇。董丛林认为唐德宗以后景教的情况虽然未见碑文记载,但直到唐文宗时期,皇室对景教的态度仍然较为优容,因此从唐太宗到唐文宗时期,景教可以说是被"'天姿泛彩'的幸运色彩所辉映"①。唐武宗即位后,向全国发布"灭佛"诏谕,基督教也因此遭到沉重打击,此后长期处于沉寂的状态。

第三个时期是元朝时期。早在蒙古统一中原之前,蒙古人就与天主教有所接触,蒙古大汗贵由和蒙哥都曾接见过来自欧洲的传教士。随着蒙古入主中原,罗马天主教会陆续派遣传教士前往中国,在元朝政府的支持下,来华传教士开始在中国各地建立教堂从事传教活动。基督教在元代被称为"也里可温",据文献记载,当时很多府州县都建立了教堂,信徒数量众多,史学家陈垣说:"也里可温人数之遍于各路,备极一时之盛也。"②随着中国境内也里可温的增多,元朝专门设立了崇福司,专门用来管理也里可温的行政机构,这也从侧面反映了也里可温分布广泛、人数众多的事实。直到元朝末年,仍然有一批西方传教士逗留在中国境内。元代也里可温的兴盛,主要得益于元朝的开放以及宗教政策的宽松。元朝灭亡后,基督教在中国的传播再次中断。

第四个时期为明、清鸦片战争前。自元朝灭亡以后,基督教在中国长期处于绝迹的状态。在嘉靖年间,就有西方传教士试图在中国内地传教,但没有获得成功。葡萄牙占据澳门以后,有部分传教士在此地传教。自明末以来,西方耶稣会士陆续来华,一些传教士如利玛窦、汤若望等人均受到当局的礼遇,利玛窦等人传教主要以学术和科学技术为媒介,结交的重点对象是中国官员、士大夫等社会名流。利玛窦在中国传教时,允许中国信徒祭祖祀孔,利玛窦去世后,多明我会、方各济会的传教士对这种

---

① 董丛林:《龙与上帝:基督教与中国传统文化》,北京:生活·读书·新知三联书店,1992 年,第 11-12 页。

② 陈垣:《也里可温教考》,《陈垣史学论著选》,上海:上海人民出版社,1981 年,第 10 页。

"中国化"的传教方式不以为然，认为这有悖于传教的初衷。针对这场礼仪之争，罗马教廷在康熙年间曾多次派人前往中国重申禁止教徒祭祖祀孔的命令，原来的礼仪之争很快上升为政治问题，罗马教廷的要求自然遭到康熙帝的抵制，教皇所派遣的使者也被清政府驱逐出境。雍正年间，清廷严厉禁止基督教的传教活动，中国基督教再次陷入沉寂之中，这种局面一直到鸦片战争以后才有所改观。实际上，在西方传教士没有获得在华传教的特权以前，基督教在中国的影响力始终有限。

二、近代基督教的中国化

在鸦片战争以前，在华传教士为了扩大基督教在中国的影响，在传教过程中就采取了一些中国化的策略，如唐代的景教在语言方面借助于佛教、道教的语言，而景教世俗化、伦理化的倾向则表现出浓重的儒家意味①。明末清初传教士利玛窦、汤若望等人来华后，长期受到中国传统文化的熏陶，他们在传教过程中主动调和中西方的文化差异，利玛窦在与中国士大夫交往时经常身穿儒服，表现出强烈的中国化倾向。但总体而言，近代以前基督教的中国化程度并不是很高。

20 世纪以前，就曾有基督徒主张独立自主，自办教会，并出现了一些自立的教会组织，但鉴于当时中国的环境，此类组织规模不大，存在的时间也不长。民国时期，因我国长期受到列强的欺压，在"反帝运动"高涨之时，基督教文化与中国传统文化的矛盾日益凸显。20 世纪 20 年代初期，中国民族主义情绪高涨，爆发了反基督教运动，在国民党的介入下，反基督教运动持续高涨，对中国基督教事业的发展打击很大。在此背景下，基督教徒为谋求基督教的持续发展，纷纷提出基督教中国化的主张，教会中国化（本色化）之声弥漫整个基督教界，20 世纪 20 年代中期，"'本色教

①　董丛林：《龙与上帝：基督教与中国传统文化》，北京：生活·读书·新知三联书店，1992 年，第 19—20 页。

会'之声,洋溢乎我国基督教界,成为口号,奉为金科玉律",当时的有识之士已经察觉到基督教中国化是必然的趋势,谢扶雅在上海与著名学者胡适交谈时,胡适以历史的眼光"推论基督教在华之必变",而谢扶雅自己也说:"吾同道中有识之士,固亦早决基督教在华之必变,且宜为中国化。"①不仅如此,就连当时基督教中的领袖也认为基督教中国化是刻不容缓的事情,时人卢道胜说:"不论在什么地方,凡有基督教设立的,都可以听见这中国化基督教,和自立、自养、自传等声浪。教中的领袖们,都以为这个问题,是急应提倡而刻不容缓的。"②

在当时的人眼里,教会如果不能实现自治、自给,就等于没有在中国"生根",《真光》杂志的编者说:"除了大城市有几间能自给自治的教会和少数的教会机关外,百分之九十五以上均仍须靠赖差会财力、人力之扶助……就是佛教传来中国,也并没有什么差会在后台支持这么长久的时间,或用许多财力、人力的帮助,但是佛教却能在中国生了根。中国各地基督教的教会或教会机关不能自给自治,就显明基督教在中国并没有生根。"③正式基于这样的理念,许多中国的基督徒和外国传教士都在思考如何促成基督教的中国化,希望可以使基督教文化与中国传统文化协调、融合,多找出一些共同点加以利用,对基督教的教义进行改造,最终实现教会的自给、自治。比如有人提出教会应该允许信徒祭拜祖先,也有的人提出折中的办法,即允许教徒敬祖,但敬祖的形式又与以往不同,"于指定时期,合全体教友前诸茔地,举行纪念礼拜",诚静怡认为"此种折中办法,既不与基督教义有何抵触,而一方面适合国人心理,民教携手,日渐亲近,将必于此举增若干机遇"④。广东的一些教徒在清明节前后举行"复生纪念",在节日当天上山省墓,在重阳节举行"思亲日",这都是基督教文化与中国传统文化融合的表现。对于中国的丧葬礼节,有人认为如果与基督教的根本教理没有多

① 谢扶雅:《本色教会问题与基督教在中国之前途》,《中华基督教文社》月刊 1926 年第 1 卷第 4 期。

② 卢道胜:《基督教应当中国化吗?》,《神召会》月刊 1927 年第 2 卷第 1 期。

③ 《真光杂志》编者:《如何促进中国教会之自给自治》,《真光杂志》1941 年第 40 卷第 11 号。

④ 诚静怡:《本色教会之商榷》,《中华基督教文社》月刊 1925 年第 1 卷第 1 期。

大抵触,不妨继续沿用。很多基督徒不仅对一些形式上的问题进行了思考,还认为基督教有一些主张值得学习、借鉴,如提倡一夫一妻制、反对纳妾,禁止赌博、吸毒等,均有利于社会风气的改良。

自立、自养是实现基督教获得长足发展的前提,也是实现中国化的基础,贾玉铭认为:"一旦教会自立、自养,纯为中国教会,绝无外国性质,将种种之妨碍、阻难,一概消除,而教会是发达奋兴,岂有限量邪?"①鉴于西方势力长期借助基督教对中国文化进行渗透,加上中国基督教长期受西方差会的"养育",这在当时的人看来是奇耻大辱,1941 年就有人指出:"中国教会,自更正教传入中国,迄今一百三十余年,仍然不能自给自治(完全自立),这是中国教会的奇辱,是中国教会的危机,是绝不应有的怪现象。"②鉴于此,不少中国人呼吁要尽量减少基督教会的西方性质,要让中国教会独立自主发展,所谓的独立自主,实际上是让基督教走中国化的路线。招观海认为"本色化"的基督教不仅应该实现中国俗尚与基督教"仪文之同化",还应该强调中国人对基督教的贡献以及对教会事工的责任。他认为基督教中国化的关键在于实现教会自立,若教会实现自立,"所有的种种本色问题,都迎刃而解了"③。

不过当时也有人对基督教中国化的主张感到疑虑甚至恐慌,1925 年诚静怡撰文指出:"尚有人对于本色教会大起恐慌,以为中国人提倡本色教会,将抛弃基督教二千年来所得之经验,化合中国习俗而成为一种非驴非马之宗教,基督教之大本妙义,摇动堪虞,抱此杞忧,不为无故,所以有若干中西信徒,一闻本色教会,以为洪水猛兽,谈虎色变。"④从诚静怡的话中可以知道,当时反对基督教本色化的人有不少,这是当时阻碍基督教中国化进程的一大障碍。当时固然有不少人反对基督教的中国化,但基督教中国化毕竟已成为一种趋势。

---

① 贾玉铭:《中国教会之自立问题》,张西平、卓新平:《本色之探:20 世纪中国基督教文化学术论集》,北京:中国广播电视出版社,1999 年,第 367 页。

② 《真光杂志》编者:《如何促进中国教会之自给自治》,《真光杂志》1941 年第 40 卷第 11 号。

③ 招观海:《中国本色基督教会与教会自立》,《中华基督教文社月刊》1925 年第 1 卷第 1 期。

④ 诚静怡:《本色教会之商榷》,《中华基督教文社月刊》1925 年第 1 卷第 1 期。

南京国民政府成立后,基督教的"本色化运动"有所削弱,这与当时国内民族主义情绪的低落以及外部的排斥有很大关系,此外还与教会团体自身的问题有关,如组织松散、人才匮乏、经费短缺等。① 尽管如此,中国基督教徒并未放弃基督教中国化的努力。在整个民国时期,围绕基督教是否要中国化、如何中国化,时人展开了长期的争论,一些基督教界人士也为基督教的中国化进行了尝试和努力。

三、新中国成立以后的"三自"爱国运动
与基督教的中国化

新中国成立之后,由于政治因素,中国基督教逐渐断绝了与外国教会的宗教、经济联系,并形成了大规模的"三自爱国运动"("三自"即自养、自治、自传),开始走上了独立发展的道路。

1950 年 7 月,在吴耀宗、邓裕志等人的倡议下,中国基督教界联合发表了宣言,认为自从新教传入中国后,基督教同帝国主义"在有意无意、有形无形之中发生了关系",主张中国基督教会及团体自力更生,脱离西方宗教组织的控制,摆脱中国教会与外国的经济联系,按照自己的方式传教,达到革新中国基督教的目的,"促成一个为中国人自己所主持的中国教会"。此外,宣言还号召中国基督教徒"为建设一个独立、民主、和平、统一和富强的新中国而奋斗"②。宣言发表后,在各地基督教徒中引起了巨大反响,1950 年 10 月 18 日,中华全国基督教协进会在上海举办第十四届年会,这届年会是新中国成立后全国各地基督教会领袖和代表性人物的首次集会,与会代表一致拥护吴耀宗等人发表的宣言,同时号召全国各地的基督徒踊跃地在宣言上签名,各地教会机关、团体争取在五年之内完成自治、自养、自传的目标,这次年会的召开标志着"三自爱国运动"进入

---

① 王美秀:《基督教的中国化及其难点》,《世界宗教研究》1996 年第 1 期。

② 吴耀宗等:《中国基督教在新中国建设中努力的途径》,张同乐主编:《20 世纪中国经世文编》第 6 册,北京:中国和平出版社,1998 年,第 594-597 页。

了一个新的发展阶段。[①] 广西梧州基督教联合会梁元惠读了宣言后,认为:"教会同道发表宣言,对于基督教地位及前途有重大意义。我于梧州解放后,照常主持梧州基联会务;本市两届人民代表会议,亦均蒙政府邀为宗教代表出席会议,可见今日人民政府对于连系各界,施行共同纲领政策,至为彻底。本市各教会工作亦均照常举办。在各项市政工作上亦均能与政府合作。此次全国基督教徒发表宣言,甚为拥护。"[②]宣言发表后不久,主要发起人之一吴耀宗,平均每天收到 100 人的签名信,签名者包括察哈尔、绥远、西康、云南、贵州、海南岛等地的基督教信徒。截至 1950 年 12 月 7 日,签名拥护宣言的基督教徒已有 26727 人。1952 年 12 月,政务院发布了《关于处理接受美国津贴的文化教育救济机关及宗教团体的方针的决定》,马上得到中国基督教界的拥护,各教会、团体的代表联合发表宣言,号召同道"要最后地、彻底地、永远地、全部地割断与美国差会及其他差会的一切关系,实现中国基督教的自治、自养、自传"[③]。朝鲜战争爆发后不久,美国政府宣布冻结中国在美国的公私财产,对中国基督教的发展造成了严重影响,中国教会团体、机关实现"三自"的愿望更加强烈。在这种背景下,华北基督教联合会总干事王梓仲号召基督教徒"努力自治、自养、自传,扩大三自运动,实现自立本色的教会"[④]。上海、北京、南京、九江、广州、海口、太原、兰州、杭州、长沙、芜湖、绥远等地的基督教会,相继发表了爱国宣言,宣布拥护全国人民抗美援朝的正义行为,"号召教徒加倍警惕帝国主义利用宗教进行侵略的阴谋"[⑤]。在政府的支持下,全国各地教会的组织和团体先后制定了教会自立计划,希望最终实现"三自"的目标。

1951 年,基督教各派联合成立了一个委员会,使教会的"三自爱国运

---

① 《中华基督教协进会在沪举行十四届年会,号召全国教徒在革新宣言上签名》,《人民日报》1950 年 11 月 2 日,第 3 版。

② 《各地基督教徒热诚拥护三自运动》,《人民日报》1950 年 10 月 22 日,第 3 版。

③ 《中国基督教各教会各团体代表联合宣言》,《人民日报》1951 年 4 月 25 日,第 5 版。

④ 《抗美援朝——保家卫国》,《人民日报》1950 年 12 月 20 日,第 5 版。

⑤ 《中国基督教、天主教人士的爱国运动》,《人民日报》1950 年 12 月 20 日,第 5 版。

动"达到高潮。1954 年 8 月,中国基督教界召开了中国基督教全国会议,总结了四年以来中国基督教自治、自养、自传的成就,"认为今后中国基督教会所有教派应在反帝爱国运动的旗帜下进一步团结起来,继续开展和深入反帝爱国三自运动"①。为了进一步深入开展"三自爱国运动",与会代表决定成立"中国基督教三自爱国运动委员会",并通过了四项决议:"(一)在反帝、爱国、爱教的共同目标下,促成基督教各教会所有信徒的大团结,进一步开展基督教三自爱国运动。对各教会在信仰上、制度上、仪节上所存在的差别,采取互相尊重的原则。(二)拥护中华人民共和国宪法草案,与祖国人民一同为建设社会主义社会而努力,珍视宪法草案所规定的宗教信仰自由的权利,保证不滥用这个权利,来进行违反人民利益的活动,并提倡爱国守法,履行公民应尽的义务。(三)号召全国基督徒,积极参加保卫世界和平运动,坚决反对美帝国主义侵占我国领土台湾。(四)鼓励全国基督徒,继续认真进行爱国主义学习,肃清帝国主义残余影响,明辨是非,分清善恶,纯洁教会。"②从此,中国基督教各派完全断绝了与外国差会的联系,走上了自立发展的道路,其中国化程度加深。20 世纪 50 年代初的"三自爱国运动"带有强烈的民族主义色彩,它在谋求"三自"的同时,也承担了"反帝、反封建"的任务。这一运动的开展不仅实现了基督教"三自"的目标,也为基督教的中国化奠定了基础,结束了中国长期以来基督教宗派林立的局面。当然,在"三自爱国运动"开展过程中,也不可避免地存在一些问题,如教会和政府主管部门在教务、宗教政策等方面上时有分歧,"但基本融合是政教关系的主流"③。

2000 年,中国基督教界人士在北京举行"三自爱国运动"发起 50 周年的庆祝活动,对 50 年以来"三自爱国运动"进行了总结与反思,与会代表说:"总结 50 年来的经验,我们更清楚地认识到,只有'三自'——自治、自养、自传才是中国基督教正确的办教方向和原则。"针对"三自"过

---

① 《中国基督教全国会议圆满闭幕》,《人民日报》1954 年 8 月 13 日,第 1 版。
② 《中国基督教全国会议四项决议》,《人民日报》1954 年 8 月 13 日,第 3 版。
③ 莫法有:《基督教的中国化:历史与现实》,《复旦学报》1999 年第 3 期。

程中的不足,曹圣洁认为:"我们在实现'自治''自养''自传'的过程中,还有许多需要努力之处。我们必须在三自原则指引下加强自身建设,特别在神学思想建设方面要多下工夫,才能引导信徒在思想上真正与社会主义社会相适应。"[①]

结　语

宗教发展到一定的阶段,往往会与社会发生冲突,而最后往往都是宗教适应当时社会,在经过一次次的适应之后,宗教才能适应现行的社会。佛教传入中国之初,即开始走中国化的路径,从而在短时间内即获得立足之地,经过一千多年的融合、调适,佛教成功地融入中华文化之中。基督教传入中国的时间相对较晚,传播期间又出现过多次中断。近代以来,基督教在中国的传播越来越广泛,与此同时,基督教中国化的进程也在明显加快。从新中国建立以来,中国共产党对宗教问题一直都非常重视,坚持宗教中国化是党的一贯政策。进入新时期以后,党多次强调宗教要坚持中国化方向。2016年4月22日,习近平总书记在全国宗教工作会议上提出,要积极引导宗教与社会主义社会相适应,坚持我国宗教向中国化方向发展。2018年11月28至30日,全国政协主席汪洋在会见中国基督教第十次代表会议代表时,对与会代表提出了四点希望,其中一点就涉及基督教中国化问题,汪洋要求"坚持我国基督教中国化方向,深化神学思想建设,对教规教义作出符合当代中国发展进步要求、符合中华优秀传统文化的阐释"[②]。总体而言,基督教文化与中国传统文化固然出现了互相交融的趋势,但仍然存在不少与传统文化相冲突的地方(例如丧葬礼俗)。因此,如何与中国现行的文化习俗相调适,仍然是以后基督教中国化道路上面临的重要问题。

---

① 《中国基督教三自爱国运动委员会和中国基督教协会举行记者招待会》,《人民日报》2000年9月22日,第4版。
② 《汪洋会见中国基督教第十次代表会议代表》,《人民日报》2018年12月1日,第4版。

从洪州禅的创立观照佛教中国化的方向

江西省政协常委、中国佛教协会副会长
江西省佛教协会会长　　　　　　纯　一

禅宗是佛教传入中国以后,由达摩所传的佛陀心法与中国本土文化结合形成的中国化佛教中最丰硕的成果。六祖惠能以直指顿教为达摩禅的中国化开辟了祖师禅的通路,马祖道一汲取了儒家重视现实而不尚玄虚的思想以及道家"道"在万物的理论,以"平常心是道""即心即佛"和"非心非佛"将禅的实践融合到日常生活当中,导致了禅学理念、教学方法、禅修范围、禅居方式等方面的生活化、通俗化、平民化(大众化),在思想、制度、生活上实现了佛教彻底的中国化,进而形成了真正的中国禅宗。而这种在唐和五代时期形成的中国禅,后来成为宋明的程朱理学和陆王心学的重要资源,影响并反哺了中国的传统文化。本文试图在文献和前贤时俊研究成果的基础之上,梳理马祖道一的参学、弘法经历以及洪州宗的创立、成长历程,厘清马祖道一及洪州禅的理念和禅法,以阐明马祖道一及其创立的洪州禅在禅宗递嬗演变的历史路径中独具特色的重要作用,进而观照佛教中国化在不同的时代应赋予的相应内涵。

一、时代赋予马祖道一的机缘

马祖道一，俗姓马，弟子们称他为"马师""马大师"，禅林尊称为"马祖"。唐代汉州什邡（今四川什邡市）人①，其出生地为今什邡市西北 15 公里处的被称作"马祖村"的村庄，村口有现正在重建、古已有之的佛寺"马祖庙"。生于唐景龙三年（709），卒于唐贞元四年（788）二月一日。② 唐元和八年（813），唐宪宗令江西观察使裴休重修马祖塔，赐名"大庄严"，追谥"大寂禅师"。

产生于古代印度的佛教，在传入中国两千多年的历史岁月中，始终与中国本土文化尤其是儒家和道教处在相互冲突、调适、融合的复杂关系之中，在冲突中融合，在融合中发展。到马祖出生时，以儒家为主体、辅之以佛道思想文化已经形成，且大体稳定下来。杜继文先生指出，儒道释三家这时虽还有很多纷争且有时甚至波及全国，但三家在维护君主专制国家方面绝对没有分歧；佛道都在积极吸收儒家的政治伦理思想，作为自己的教义和戒条。而佛教凭借本身多种精细的哲学体系，以其遥遥领先的理论，几乎控制了所有思想领域，深刻地渗透并改造着儒家的思维模式。佛教的多神崇拜，又使它向民间空前普及，大大限制了其他外来宗教的活动领域。③ 隋唐时期国家的统一和富强，文化的空前繁荣，皇帝和士大夫对佛教的态度以及由此而颁布的佛教政策，使佛教界内部将南北朝分治而形成的不同风格得以融会贯通，为由组织构成相对松散、理论呈现多元化但具备相近思想趣向与相似价值关怀维度的"学派佛教"，走向独具特点的法脉传承、教义体系以及修行方法、仪轨制度的"宗派佛教"提供了坚

---

① 唐·权德舆《唐故洪州开元寺石门道一禅师塔铭并序》载："大师法讳道一，代居德阳。"（《全唐文》卷五〇一）据《旧唐书》卷二十一〈地理志四〉，唐垂拱二年（686）置汉州，天宝元年（742）改为德阳郡；《新唐书》卷四十六〈地理志六〉统称"汉州德阳郡"，辖有五县：洛、德阳、什邡、绵竹、金堂，可见前面引文中的"汉州""德阳"所指的是马祖籍贯什邡县所归属的州郡。

② 陈垣：《释氏疑年录》，北京：中华书局，1964 年 3 月版，第 126 页。

③ 杜继文：《佛教史》，南京：江苏人民出版社，2008 年，第 222-223 页。

实的政治基础、经济基础和文化基础;而诸位佛教大师以及广大佛教信徒的佛教信仰热忱,直接成就了八大佛教宗派——唯识宗、三论宗、天台宗、华严宗、禅宗、净土宗、律宗和密宗的形成,开启了佛教宗派化的过程。其中,中国禅宗无疑是佛教中国化中最为彻底的一个。

相传,释迦牟尼在灵山会上拈花示众,"是时众皆默然,唯迦叶尊者破颜微笑。世尊曰:'吾有正法眼藏,涅槃妙心,实相无相,微妙法门,不立文字,教外别传,付嘱摩诃迦叶。'世尊至多子塔前,命摩诃迦叶分座令坐,以僧伽梨围之。遂告曰:'吾以正法眼藏密付于汝,汝当护持,传付将来。'"①这段禅门流布最广的拈花微笑的公案,当为禅宗之滥觞,迦叶也因之成为禅宗的西天初祖。所谓"正法眼藏",即指人心、不立文字、教外别传的心法。当禅宗传到第二十七祖般若多罗,将"正法眼藏"及衣钵传给菩提达摩,成为西天二十八祖。南朝刘宋(420—478)年间,达摩遵师嘱从西方印度经海路来到南越(今广州),后于魏孝文帝太和年间北渡至魏,并"游历嵩洛",②随其行止,以禅法教人,故被称为东土初祖。因其禅法不受时人重视,乃入少林寺安心壁观,以"二入四行"禅法教导弟子慧可、道育等。慧可从达摩六年,达摩授以《楞伽经》四卷。后隐居于舒州皖公山(今安徽潜山东北),传法于僧璨。僧璨受法后又隐于舒州司空山(今安徽太湖北),萧然静坐,不出文记,秘不传法。唯有道信侍璨九年,得其衣法。后至吉州(治所在今江西吉安)传法,尝劝道俗依《文殊说般若经》一行三昧,可见其除依《楞伽经》外,还以《般若经》为依据。后住湖北黄梅双峰山三十多年,主张"坐禅守一",并传法于弘忍。其另一弟子法融在金陵(今江苏南京)牛头山传牛头禅。弘忍得法后即至双峰山东冯茂山(一作冯墓山)另建道场,名东山寺,时称其禅学为"东山法门"。其"萧然静坐,不出文记,口说玄理,默授与人"的作风,开中国佛教特有的禅风,对后来禅宗发展影响甚大。著名弟子有神秀、惠能、惠安、智诜等。相传弘忍为选嗣法弟子,命大家各作一偈,时神秀作偈:"身是菩提

---

① 见宋·释普济《五灯会元·七佛·释迦牟尼佛》卷一。
② 见纯一《祖师西来意:对禅宗中国化和中国化禅宗的考察》。

树,心如明镜台;时时勤拂拭,勿使惹尘埃。"弘忍认为"未见本性"。惠能也作一偈:"菩提本无树,明镜亦非台;本来无一物,何处惹尘埃。"弘忍认可,并秘密传以衣法,为第六代祖。惠能得法后连夜离开东山寺而南归,大约三年的时间流亡在广州的新州、四会和怀集三县之间,经常与山间的猎人在一起,过着隐遁的生活。唐上元三年(675)初,惠能来到广州的法性寺,正遇印宗法师讲涅槃经,时有二僧正论风动或幡动,惠能谓不是风动,不是幡动,乃仁者心动,这就是所谓的心生种种发生,心灭种种法灭。印宗听后赞叹不已。惠能此后依印宗剃发,受具足戒。次年春,惠能去曹溪山宝林寺(今南华禅寺),"印宗法师与缁白送者千余人"。在曹溪住持宝林寺期间,在当地官僚僧尼道俗的支持下,他扩建寺院,广收门徒,大力弘传"直指人心,见性成佛"的顿悟禅,在南方造成了相当的影响。后应请在韶州大梵寺说摩诃般若波罗蜜法,并传授无相戒。嗣法弟子有行思、怀让、神会、玄觉、慧忠、法海等四十余人。法海集其言行为《六祖坛经》,是为南宗。神秀于弘忍寂后至荆州当阳山玉泉寺弘禅,二十余年中门人云集,是为北宗。神会先后在南阳、洛阳大弘禅法,南宗遂成禅宗正统,惠能宗风独尊于天下。神秀北宗则门庭寂寞,传不数代即衰亡。据《坛经》载,慧能门徒很多,弟子"三五千人,说不可尽",直接受法者有"十弟子"。《景德传灯录》录其有名的法嗣四十三人,立传者十九人。实际后来最为知名的是青原行思、南岳怀让、菏泽神会、南阳慧忠、永嘉玄觉、曹溪法海等。他们得法后,大多各化一方,其中以青原行思、南岳怀让二家弘传最盛。南岳一系的代表人物是怀让的弟子马祖道一和道一的弟子百丈怀海,被宗密称为"江西一支",即禅宗史上著名的"洪州禅",由此衍化出临济、沩仰二家。青原一系的代表人物是行思的弟子石头希迁,发展为曹洞、云门、法眼三家,即禅宗五家法流。最后,南宗禅以"当下现实之心"为众生本体的心性论由到马祖创立的洪州宗最终完成。

二、马祖道一参学、弘法经历以及洪州宗的创立

马祖道一的一生,都是在参学、受法、弘法中度过的,其足迹所至,除

故乡四川外,还有湖北、湖南、福建、江西,遍及当时南中国的大部分地区,其中在江西生活的时间最长。学者邢东风指出,因文献中对马祖道一的生平记载寥寥且分歧异说纷出,还应当借助于马祖遗迹的实地考察。①

(一)剑南参学时期:悟前渐修

马祖幼年时,在本邑罗汉寺出家②。罗汉寺位于什邡市区北侧,始建于唐景龙三年(709),历代都有修葺,中有相传为马祖当年遗迹的古井一口。有人推测应为寓居寺内带发修行的少年行者。③

马祖落发及受具足戒的地点,据和马祖同时代且和马祖本人及其弟子有着直接接触的权德舆在《唐故洪州开元寺石门道一禅师塔铭并序》中记载,马祖"初落发于资中,进具于巴西"④,可惜对早年的师承语焉不详。而后出于宋代的《景德传灯录》则说"幼年依资州唐和尚落发,受具于渝州圆律师"⑤,《宋高僧传》亦说"削发于资州唐和尚,受具于渝州圆律师"⑥。其中落发提及的地点资州是指州名,资中是其治所县的新旧名称,资州北周时治所在资阳县(今四川资阳市),唐时移治盘石县(汉朝称资中县,今为四川省资中市)。而受戒所提及的是两个不同的地点巴西和渝州。经查,唐代叫作巴西的地点有二两郡一县,两郡即隆中巴西郡和

---

① 参见邢东风《马祖四川行迹考——关于马祖早期经历若干问题的检讨》(《马祖语录》,郑州:中州古籍出版社,2008年1月版,第244-246页)及《马祖综论——关于马祖的经历、遗迹、禅学、时代及语录》(北京:中国社会科学出版社,2011年5月版,第341-352页)。

② 见唐·释静、筠《祖堂集》卷十四。徐文明在指出:"《祖堂集》之说实是出自《宝林传》,《宝林传》借那连耶舍之口述祖偈谶语,有一首是专门说道一的:'震旦虽阔无别路,要假蛦孙脚下行。金鸡解衔一颗米,供养十方罗汉僧。'十方、罗汉皆是一语双关,借谐音暗指马祖家乡及出家寺院;如果般若多罗祖师果有此预言,那肯定是不会错的,假如后人作此预言,也肯定不会错,因此马祖最早出家于本乡罗汉寺应当是没有问题。然而《塔铭》和僧传、灯录都没有提到罗汉寺,这可能是马祖虽然幼年即到罗汉寺,但尚未正式出家,亦或在此时间不长,未遇名师,故略而不言,当然也不能完全排除后世依此偈语在马祖家乡特意修建一座罗汉寺以应之的可能,不过即便如此,至少在五代时就已经有罗汉寺了。"(《马祖道一生平的几个问题》,http://read.goodweb.cn/news/news_view.asp? newsid =51288)

③ 见邢东风《马祖综论——关于马祖的经历、遗迹、禅学、时代及语录》,北京:中国社会科学出版社,2011年,第342页。

④ 见《全唐文》卷五〇一权德舆《唐故洪州开元寺石门道一禅师塔铭并序》。

⑤ 见宋·释道原《景德传灯录》卷六。

⑥ 见宋·释赞宁《宋高僧传》卷十。

绵州巴西郡,前者相当于今四川阆中一带,后者相当于今四川绵阳一带,一县即绵州巴西郡的治所巴西县(今四川绵阳市);唐代的渝州治巴县,即今重庆,与巴西可谓风马牛不相及。因此,马祖受戒的地点应当在权德舆所指的这两个巴西郡的范围之内。

为马祖剃发的"资州唐和尚",即早期禅宗史书《历代法宝记》所载的处寂禅师(648—734),俗姓唐,人称"唐和尚",绵州浮城(今绵阳市涪城县)人,长期跟随五祖弘忍十大弟子之一的资州智诜禅师。智诜为五祖弘忍的十大弟子之一,武则天仰慕他的德行,诏请赴京内道场供养,赐其摩纳九条衣,并要他留京供职,他却一再婉辞,依旧回到资州德纯寺弘阐东山禅法,"涉四十年足不到聚落"。而给马祖授具足戒的"渝州圆律师",情况不明。据宗密记载,马祖还曾一度投唐和尚的弟子金和尚座下参学。① 金和尚,是唐代新罗国(今韩国)圣德王金兴光之第三子,因敬佩其妹断俗出家修道而效法之在该国郡南寺出家。唐玄宗开元十六年(728),他"浮海西渡"到长安后又辗转来四川,拜于处寂禅师门下学习禅法,处寂给他取名无相。《景德传灯录》卷六亦云,马祖道一幼岁依资州唐和尚落发,后至益州(治所在今成都市)净众寺师事金和尚,是为智诜禅师法孙或法曾孙。② 据考,金和尚受益州长史章仇兼琼邀请到达成都的开元二十七年(739),其时马祖道一早已出川。

青年时代的马祖还曾在剑南各地漂泊游历,游访参学,受到这一地区蓬勃发展的佛教的充分熏陶,尤其是发源于五祖弘忍门下的智诜——处寂——无相这一净众(一说净泉)—保唐禅系的影响。净众—保唐禅系宣扬息心念佛,以无忆、无念、无妄统一戒定慧三学,许弟子有胜师之义,这些新观念、新思想对青年道一影响很大,为他以后思想的转变发展奠定了基础。

---

① 见唐·释宗密《中华传心地禅门师资世系图》。而他的另一部著作《圆觉经大疏抄》又载,无相门下有四位弟子,其中一位是"长松山马"。柳田胜男提出此人是马祖,而西口芳男则予以反对。(参见柳田胜男《初期禅宗史書の研究——中国初期禅宗史料成立の考察》,禅文化研究所研究报告1,第283、338页;西口芳男《馬祖の伝記》,《禅学研究》63号,1984年,第118–120页)

② 见宋·释道原《景德传灯录》卷六。

（二）南岳时期的受法：顿悟心源

后来，道一离开四川，有过"四方头陀，随处坐禅"和"久住荆南明月山"的经历。[①] 唐开元年间（713—741），马祖获悉六祖释惠能大师的高足怀让和尚，在南岳衡山（在今湖南省衡阳市）居山修道，即前往参学。怀让"本不开法，但居山修道"，只因为来了一个"剑南沙门道一"[②]（以上宗密语），于是便有了一个"磨砖岂能成镜，坐禅焉得成佛"的千古名训。于是以"磨砖既不能成镜，坐禅岂能成佛"的机语点拨，道一"闻斯示诲，豁然开悟"。

《景德传灯录》《五灯会元》《指月录》等禅史名著中，均记载有马祖道一的这段悟道因缘：

道一初登南岳观音台，入住传法院，结庵坐禅，栖心佛理，凡有来访者都不顾。道一容貌奇异，牛行虎视，引舌过鼻，足下有二轮。南岳般若寺的住持怀让，看出马祖是可造的法器，便去问马祖："请问你学坐禅，是为了什么？"

马祖回答："要成佛。"

于是怀让便拿了一块砖头在马祖的庵前磨，马祖不禁好奇地问："请问你磨砖作什么？"

"磨砖作镜呀！"

马祖不禁诧异地说："磨砖怎么能作镜呢？"

怀让反驳说："磨砖既然不能作镜，那么你坐禅又岂能成佛？"

马祖便问："那要怎样才能成佛呢？"

怀让回答："这道理正像牛拉着车子，如果车子不动了，请问你是打车子呢，还是打牛？"马祖被问得无话可对。于是怀让接着说："请问你是

---

① 宗密关于马祖到南岳之前的经历记载有二，一个见于《中华传心地禅门师资承袭图》："（道一）先是剑南金和尚弟子也。高节至道，游方头陀，随处坐禅，乃至南岳。"另一个见于《圆觉经大疏钞》卷三之下："有剑南沙门道一，俗姓马，是金和上弟子，高节至道，随处坐禅，久住荆南明月山，后因巡礼圣迹，至让和上处。"

② 见唐·释宗密《圆觉经大疏释义钞》卷三之下。

学坐禅,或是学坐佛?如果学坐禅,但禅并不在于坐卧,如果学坐佛,但佛并没有一定的状态。法是无住的,因此我们求法也不应有取舍的执着。你如果学坐佛,就等于扼杀了佛,你如果执着于坐相,便永远不见大道。"马祖听了这番话后,心中好像饮了醍醐般的舒服极了,便向怀让礼拜,并问:"如何用心,才能达到无相三昧的境界。"

怀让回答:"你学心地法门,像播种子,而我讲解法要,像天降雨露,只要因缘和合,你便可以见道。"

马祖又问:"道没有形色,怎么能见呢?"

怀让回答:"你内在的法眼能见道,因此也能见无相三昧。"

马祖又问:"道是否有成坏呢?"

怀让回答:"如果以成坏聚散的现象来看道,便不是真的见道。请听我的偈子:'心地含诸种,遇泽悉皆萌;三昧华无相,何坏复何成'。"

与道一同参者还有常浩、智达、坦然、神照、严峻等九人,成为怀让和尚座下的嗣法弟子,但密受心印的只有道一一人。[1] 南岳衡山迄今仍保留有磨镜台和马祖坐禅的遗址。

怀让是六祖惠能的法乳,他曾以"说似一物即不中""修证则不无,污染即不得"等语,得到六祖惠能的印证。道一侍奉怀让约十年,心地超然,禅法日益深奥,[2]接续上了曹溪法脉,为后来的大光南禅门庭,做好了思想准备。

(三) 法筵初开时期:佛迹岭和西里山

道一在南岳度过了青年时代,也是他的学生时代。三十三岁时前往福建和江西,开始了他以后大半生开堂说法,蔚为大宗的"祖师"生涯。

唐天宝元年(742),马祖道一云游至建州建阳(今福建省南平市建阳区)佛迹岭。在此住下之后,树茅立庵,自创法堂,开始说法弘教,并收道

---

① 见宋·释赞宁《景德传灯录》卷六:"同参九人,唯师密受心印。"

② 《古尊宿语录》云:"一蒙开悟,心地超然,侍奉十秋,日益深奥。"

通、志贤、明觉等为徒。①

　　大约在天宝二年(744),马祖道一离开福建,率徒众来到栖止建阳近邻的"抚之西里山"②,立寺修持。抚,即抚州。考有唐一代,武德五年(622)设抚州,天宝元年(742)改为临川郡,乾元元年(758)复为抚州,辖境大致相当于今江西临川以南抚河流域,治所在今江西抚州市临川区。③西里山,当地人亦称犀牛山,坐落于今抚州市临川区文昌桥东北方向,离抚州市中心不远。其山不高,形似犀牛,前方有两口池塘分列两侧,人们喻之为犀牛之双目,故名。据《正觉寺简介》,犀牛山于清代咸丰六年(1856)被"移土筑堤",今已不存。④唐开元十五年(750)前后,马祖来此诛茅盖篷修行数载。由此开始,马祖道一与江西结下了不解之缘。马祖道一不仅在这里度过了大的大半生,他弘法的主要地区也在这里。他在江西高振法鼓,僧俗向慕,天下归心。就连节镇大帅、郡县长官也对他屈尊枉驾,恭勤咨询。因此历史上常常把称他"江西马祖道一禅师"。

　　在抚州弘法期间,先后吸收超岸、慧藏、智藏等弟子。超岸于天宝二年在抚州石巩寺投马祖道一。除西里山投奔的弟子外,再加上从福建建阳跟随而去的道通等,马祖道一的法席应当比建阳佛迹岭时有所扩大,但数量毕竟少了些,这可能也是马祖后来下决心南下龚公山的原因之一。

(四)丛林初创时期:虔州龚公山

　　龚公山,今名宝华山,位于今赣县田村镇东山村。史料中称之为"虔

---

　　① 宋·释赞宁《宋高僧传·明觉传》载:"释明觉,……祖为官岭南,后徙居为建阳人也。……宿怀道性,闻道一禅师于佛迹岭行禅法,往造焉,遂依投剃染。"《志贤传》载:"释志贤,姓江,建阳人也。……天宝元年,于本州佛迹岩承事道一禅师。"《道通传》载:"释道通……诵经合格,敕度之,当天宝初载也。时道一禅师肇化建阳佛迹岩聚徒,通往焉。"
　　② 唐·权德舆(759—818)作于贞元七年(791)的《洪州开元寺石门道一禅师塔碑铭并序》云:"尝禅诵于抚之西里山,又南至于虔之龚公山。"
　　③ 见《旧唐书》卷四十《地理志》。
　　④ 参见邢东风《马祖综论——关于马祖的经历、遗迹、禅学、时代及语录》,《中国禅学》第5卷,北京:中国社会科学出版社,2011年。

之龚公山"①或"南康龚公山"②。"虔"指虔州,唐代虔州设于武德五年(622),辖境与今包括十八个县市的赣州市大体相当,治所在赣县。南康在隋为郡、县,在唐仅为县置。南康郡最早设于西晋太康三年(282),隋开皇九年(589)废止,改为虔州,大业三年(607)复设南康郡,唐武德五年(622)再废,复为虔州,治所均在赣县。③ 相传,龚公山昔为隐士龚亮栖所。马祖道一向龚氏求施一衣之田一烟之山,龚氏满口应求。马祖道一施禅法,解袈裟抛向空中,正好蔽日,又燃一香,缓缓将烟送至全山,至此龚氏的田和山全部给马祖道一,此即龚公山的由来。马祖道一在此建立宝华寺,从756年到773年开堂说法近二十年。④

马祖道一在龚公山建立"清净梵场"的行化活动,受到当地官员的重视。权德舆《塔铭》载:"刺史今河南尹裴公,久于禀奉,多所信向,由此定惠,发其明诚。"又僧传本传载:"郡守河东裴公家奉正信,躬勤谘禀。降英明简贵之重,穷智术慧解之能。每至海霞敛空,山月凝照,心与境寂。道随悟深。自明者在乎周物,博施者期乎济众。居无何,裴公移典庐江、寿春二牧,于其进修惟勤,率化不坠。"上述二则引文中的"河东裴公""河南尹裴公",即裴谞(719—793),大历二年(767)出任虔州刺史,到大历五年尚在任。⑤ 裴谞家族世代簪缨,崇奉佛法,是当时东都洛阳的显贵。他的父亲裴宽(681—755),在唐玄宗当政的40余年间曾任兵部侍郎、蒲州刺史、河南尹、范阳节度使、户部尚书、礼部尚书等职,其"弟兄多宦达,子侄亦有名称"⑥。另一方面,裴谞的家族在江西根基也非常深厚,他的祖父裴无晦曾任袁州刺史,辖区大致相当于今江西省宜春市;从弟裴胄

---

① 见唐·权德舆《洪州开元寺石门道一禅师塔碑铭并序》。
② 见宋·释道原《景德传灯录》"马祖道一传":"始自建阳佛迹岭,迁至临川,次至南康龚公山。"
③ 见《旧唐书》卷四十《地理志》。
④ 见邱环《马祖道一禅法思想研究》,成都:巴蜀书社,2007年,第61页。
⑤ 见王荣国《马祖道一弘法历程考论》,《宗教学研究》2006年第2期。
⑥ 见《旧唐书·裴宽传》。

（729—803）担任过洪州刺史、江西观察使①，从弟的好友权德舆早年从江西按察使李兼为判官，也是马祖道一《碑铭》的作者。在裴谞这样背景深厚的地方官大力支持下，马祖道一的弘法比以往有了较大的发展，其影响也越来越大。正如权德舆《碑铭》所云："攫搏者驯，悍戾者仁，瞻其仪相，自用丕变。"前来皈依者日多，"学侣蚁慕"，此时的龚公山已是一派门庭隆盛景象。从现有的史料来看，马祖道一的许多弟子，如百丈怀海、伏牛自在、鄂州无等、盐官齐安等是在这一道场参学悟道的。

　　在马祖道一在龚公山弘法的同时，唐王朝也正经历一场给社会造成空前浩劫的"安史之乱"（755—763）。整个北方都陷入战乱中，被祸最剧的黄淮流域正如《旧唐书·郭子仪传》载："宫室焚烧，十不存一，百曹荒废，曾无尺椽。中间畿内，不满千户，井邑榛荆，豺狼所号。既乏军储，又鲜人力。东至郑、汴，达于徐方，北自覃、怀经于相土，为人烟断绝，千里萧条。"南方相对安定的环境，引发北方人民纷纷举家南迁躲避战乱，而江西正是北民南迁的要道；战乱也使流向佛门的人数大增，而走入寺院的流民大多数"出家离俗，只为衣食"②；战乱也使大量的北方寺院遭到了毁灭，致使僧尼逃窜，"寄食无地"③。马祖道一以龚公山为中心弘法利生，向四周不断创建丛林、开辟道场，建立集体劳动、共同禅修的丛林制度，使南徙的流民信众和游走禅僧得以安顿下来，这也在一定程度上缓解了当政者颇为头疼的游民问题。吕澂先生指出，马祖"与当地官吏结识"，是因为"当时新兴的禅宗在民众中很受信仰，一般政令难以发动的地方，往往借禅师的说服轻而易举，所以当时学禅的人常为官吏所欢迎"④。因此，当地官吏对马祖禅系的支持，除信仰层面的原因外，还有利用佛教义理、名僧声望以稳定社会、安抚流民的政治动机。⑤

---

① 《旧唐书·德宗纪下》："（贞元七年正月）庚辰，以湖南观察使裴谞为洪州刺史、江西观察使。……（八年二月）丙子……以江西观察使裴谞为江陵尹、荆南节度使。"
② 见唐·释道宣《续高僧传》卷二十五"智则传"。
③ 见唐·释道宣《续高僧传》卷二十四"昙选传"。
④ 见吕澂《中国佛教源流略讲》，北京：中华书局，1979 年，第 234 页。
⑤ 见温金玉《马祖道一丛林建设的现代启示》，《中国禅学》第 5 卷，北京：中国社会科学出版社，2011 年。

(五)丛林大化时期:洪州宗的确立

因马祖道一弘法声名远播,影响日益扩大,大历七年(772)洪州刺史路嗣恭慕名延请至洪州(南昌)①,驻锡钟陵开元寺,从此就以洪州为中心广泛开展活动,直至圆寂,所谓"洪州宗"即正式成立于这一时期。洪州,隋开皇九年(589)置,因州治内有洪崖井得名。治豫章县(唐宝应初改为钟陵县,贞元中改名南昌县,即今江西南昌市)。大业三年(607)改为豫章郡,唐武德五年(622)复为洪州。辖境相当今江西省修水、锦江、潦水等流域和赣江、抚河下游地。天宝元年(742)复改豫章郡,乾元元年(758)仍为洪州。州境水陆四通,沃野垦辟,有鱼稻之饶,唐时有东南都会之誉。初唐四杰王勃(649—676)在《滕王阁序》里赞叹说:"南昌故郡,洪州新府。星分翼轸,地接衡庐,襟三江而带五湖,控蛮荆而引瓯越。物华天宝,龙光射牛斗之墟;人杰地灵,徐孺下陈蕃之榻。雄州雾列,俊彩星驰。"江南西道观察使、镇南军节度使先后治此。治所即在洪州城(今南昌)。② 洪州城亦即钟陵。③ 唐朝在都城和诸州治敕建并供养的寺院为官寺,其主要功能在于为国祈福和宣扬皇帝威德,日本学者塚本善隆大致为我们梳理了唐代先后四次设立官寺的基本史实:高宗乾封元年(666)诏令天下诸州各立观、寺一所;武则天天授元年(690)制令天下诸州各立大云寺一所;中宗神龙元年(705)诏令天下诸州各立中兴寺、观一所,神龙三年(707)改为龙兴寺、观;玄宗开元二十六年(738)诏令天下在诸州各

---

① 马祖道一驻锡开元寺的年代,宇井伯寿假设在大历元年(766),何明栋认为是大历四年(769),而权德舆《碑铭》和其他史料明确说路嗣恭延请马祖道一到"理所"洪州弘法的。《旧唐书·代宗纪》载:"(大历)七年春正月……庚子(十八日),以检校户部尚书路嗣恭为洪州刺史、兼御史大夫、江西观察使。"又,《旧唐书·代宗纪》载:大历八年"冬十月……乙丑(二十三日),以江西观察使路嗣恭为广州刺史,充岭南节度使,封翼国公。"据此,王荣国考证马祖道一驻锡开元寺的时间当在大历七年结夏(七月十五日)之后至大历八年九月之间。(《马祖道一弘法历程考论》,《宗教学研究》2006 年第 2 期)

② 见《旧唐书·地理志》。

③ 据《方舆纪要》载:唐武德八年(625),"改钟陵县为进贤镇,归豫章郡,属洪州都督府"。唐宝应元年(762),代宗李豫即位。为避代宗讳,该年六月将豫章县改为钟陵县,治所设南昌。

立开元观、寺一所。① 洪州开元寺为其中之一,由梁代所建大佛寺更名而来。因地处钟陵(今南昌),故称钟陵开元寺(今南昌佑民寺)。马祖道一对一切人自性和人格的尊重,生动明快的传法语言,简便易行的修行方法,不仅对有儒道修养的士大夫、普通的读书人有吸收力,对手握军政大权镇守一方的官僚和士大夫也是有吸引力的。他被请到开元寺这座官寺升座说法,课徒诲众,就意味着他的禅法和僧团得到了江西地区最高官府的护持。而这种政策在后来的江西地方政府中又有相当的连贯性,从而影响着周边省区和皇室,这是洪州宗得以迅速扩大并终于成为中唐最大的禅系。

这种政治保障起作用最大的当属邀请马祖道一驻锡开元寺的路嗣恭。路嗣恭(710—780),历任郡县,有能名。累官至工部尚书、检校刑部尚书。大历七年(772)以检校户部尚出为洪州刺史、江南西道都团练观察使,"在官恭恪,善理财赋"。大历八年,兼任广州刺史、岭南节度使,封翼国公,因起用"流人"、招募"义勇"而平定岭南哥舒晃之乱。大历十三年(778)入京任兵部尚书。② 权德舆《碑铭》载,身为连帅的路嗣恭于公事之暇,经常请马祖道一到他的官署去讲法。③ 继路嗣恭之后,洪州先后有鲍防、李兼、权德舆等地方官员,都成为马祖道一的信奉者和支持者。鲍防(722—790),襄阳人。少孤寒。天宝十二载(753)登进士第,授太子正字。大历年间累官至河东节度使、太原尹、御史大夫。建中元年至三年(780—782)年间任江西观察使,贞元元年(785)策贤良方正,贞元年间,累官礼部侍郎,以工部尚书致仕。④ 唐德宗"建中中有诏,僧如所隶,将归旧壤",按规定马祖应被遣返原籍所隶属的地方寺院。但鲍防这位"元戎鲍公密留不遣",从而使马祖与其弟子得以继续开元寺传法。⑤ 李兼或曰

---

① 塚本善隆:《国分寺と隋唐の仏教政策並びに官寺》,《塚本善隆著作集》第 2 卷《日中仏教交涉史研究》,东京:大东出版社,1974 年,第 3—50 页。

② 见《旧唐书》《新唐书》"路嗣恭传",参见"代宗纪"。

③ 权德舆《洪州开元寺石门道一禅师塔碑铭并序》云:"大历中,尚书路冀(翼)公之为连帅也,舟车旁午,请居理所。"

④ 见《旧唐书》《新唐书》之"鲍防传""代宗纪"和"德宗纪"。

⑤ 见宋·释赞宁《宋高僧传》卷六"道一传"。

李谦,陇右成纪(今甘肃秦安北)人,官兼御史大夫,元贞元年(785)四月由鄂岳观察使为洪州刺史、江西都团练观察使,①至贞元四年犹在任上②。塔铭说他"勤护法之诚,承最后之说",《宋高僧传》也说他对马祖"素所钦承"。

马祖道一拥有镇帅这样的护法檀越的鼎力相助,又居处一个有东南都会之誉的政治文化中心,对他在洪州弘法事业的持续发展与兴盛起了重大作用。一如灯录所云,因路嗣恭"聆风慕景,亲受宗旨。由是四方学者云集座下"③。而马祖道一自然适意、不假修证的禅门修行主张满足了当时文人士大夫既要求经邦济世,又不放弃自我的独立人格的要求,使他们得以在仕途失意或救国抱负难以实现自我价值时的苦闷彷徨之际,将这种获得精神上的慰藉的生活方式作为个人生活情趣,以调剂儒家治世思想给文人士大夫带来的精神缺陷。在南昌,仅就李兼门下所网络的文人士大夫就有权德舆,即道一塔铭的作者;柳镇,即柳宗元的父亲,其时柳宗元亦随他在洪州;杨凭,即李兼门婿,其女杨氏后来是柳宗元的夫人。而他们无不和马祖道一相互交往,思想交流也相当活跃,这也对马祖禅法起到弘扬光大的较大作用。

不过,马祖能够"踏杀天下人"④的根本原因并不仅仅在此种种外缘,而主要在他悟理圆彻、解行相应,得到了与诸佛菩萨无二无别的大总持印。到唐德宗建中年间,马祖道一在开元寺"居仅十祀,日临扶桑,高山先照;云起肤寸,大雨均霜。"其时洪州有"选佛场"之称。如《宋高僧传》卷十一"太毓传"所说:"于时天下佛法,极盛无过洪府,座下贤圣比肩,得道者其数颇众。"据记载可知,灵默、如会、神凑、普愿、怀晖、太毓、惟宽、智常、智坚、智藏(京兆)、无业、道行、神鉴、宁贲、庞居士、大义等都是在

---

① 见《旧唐书·德宗纪》。
② 宋·王钦若《册府元龟》卷三九八载:"李兼德宗贞元四年为江西都团练使,奏:'建中四年,臣任鄂州刺史,逆贼李希烈之将童侍召率众袭鄂州。'"又据1966年在地宫中挖出来马祖的舍利石函上的题记亦云:"维唐贞元七年岁次辛未七月庚申朔十七日景子,故大师道一和尚黄金舍利塔于此地。大师贞元四年二月一日入灭。时洪州刺史李兼、建昌县令李启、石门法林寺门人等记。"
③ 见宋·释道原《景德传灯录》卷六。
④ 见宋·释普济《五灯会元》卷三"南岳怀让禅师"。

洪州参问马祖后来成为名僧的。当时洪州城内其他佛教宗派的僧人也有改换门庭,皈依道一法座。道一门下聚众达"八百余人",因此时人称马祖道一"大化南昌"。《景德传灯录》载马祖道一的"入室弟子一百三十九人,各为一方宗主,转化无穷。"《祖堂集》又说"大师下亲承弟子八十八人,出现于世及隐遁者,莫知其数",合《景德传灯录》《宋高僧传》二书,得有记载的弟子近八十人。而往来参学者也日众。马祖道一的开元寺与南岳衡山石头希迁的石台寺,成为当时倾慕南宗的僧俗信徒往来参学的两大禅学中心。唐宪宗时国子博士刘轲在应请为希迁写的碑铭中说:"江西主大寂,湖南主石头,往来憧憧,不见二大士为无知矣。"①

马祖道一在以钟陵开元寺为重心的同时,也相机随缘,率徒众外出弘法传教。在此前后的数十年中,马祖道一禅师率徒众跋涉于赣江两岸,南抵赣县以至大庚(今称大余)岭北,北到都昌、湖口,甚至于安徽天柱山。东至贵溪、安仁(今余江),东南则越过武夷山脉进入福建、浙江等地,西达万载、铜鼓,有数十县之广。马祖道一禅师驻锡今宜黄县时,结庵于义泉寺、石门寺、石寺,达化至东岩寺(今属金溪县)。中晚年移居钟陵开元寺后,马祖道一禅师在率徒众外出弘法的数十年中,先后肇建或中兴海慧寺(今属丰城市),新开寺、禅山寺、佛兴寺(今属都昌县),大唐寺、开阳院(今属安义县),真寂禅院(今属南昌市郊),白水寺(今属金溪县),大果寺(今属永修县)等数十座寺院。马祖道一禅师在万载峰顶庵与新建禅悟院独居习禅很长一段时间。马祖道一禅师在庐山也曾驻锡多年至今留有凌霄崖院(今属星子县)、马祖洞、马祖寺、马祖石(均在庐山)等遗迹。马祖道一禅师弘法步履屡至新吴(今江西奉新),说法于宝云寺等地。转至靖安县,主持创建暇僧寺,书堂庵,并曾修复重建了六祖惠能大师弘法之地——曹溪寺。至今犹有"马祖(释道一俗姓马,故称)在江西建有48座道场"之说。

德宗贞元四年正月,马祖道一年届八十高龄,来建昌石门山(今江西

---

① 见宋·释道原《景德传灯录》卷六"马祖传"。

靖安县)的泐潭寺弘法,他对侍者说:"我入灭后,当归骨到这里。"说完就回开元寺去了,过几天马祖就病了,行将去世。弟子问"和尚近日尊候如何?"他答道:"日面佛,月面佛。"他在开元寺入灭后,弟子遵其遗嘱将遗体火化,将灵骨舍利护送到泐潭寺,在寺后的宝珠峰下,开了一座地宫,用于藏灵骨之用,地宫上建了一座石塔,一直修到贞元七年七月,费时三年才竣工。在护送马祖灵骨来泐潭时,场面非常隆重,洪州刺史李兼和建昌县令李启率众用释子的幢盖开路,烛火通明,来寺里供斋、施财的人络绎不绝。据说,这次葬礼是继华严宗创始人法藏归真嵩山、净土宗创始人善导瘗塔秦岭后,马祖是佛门的第三次盛大葬礼。此后该山因之禅院栉比,梵宫盛极一时。时隔六十余年,宪宗元和中谥"大寂禅师"。

纵观马祖道一一生的传法活动,建阳佛迹岭与临川西里山两地弘法虽有影响,但属于弘法的初步开拓时期。虔州龚公山"清净梵场"的建立,则标志着道一的弘法事业进入发展时期。道一移锡洪州,"隶名于开元精舍",并确立以洪州城为弘法中心,其弘法事业进入的繁盛时期,正是在这一繁盛时期最终形成了洪州禅。

三、洪州禅法:回归平常心,日用中修证

六祖惠能主张"顿悟""见性""无念""定慧等学",把佛性归结为清净自性,把实现佛性归结为发现自己,这就泯合了佛与众生、圣与凡的界限,并否定了佛教传统的"六度"和"十地"的修持方式,从而把成佛成圣的宗教变成了明心见性的宗教。但在早期的南宗禅看来,在现实的人身上,妄心和净心仍存在着根本的差别。即是说,未见性的众生还是有妄心,转妄成净还要经"见性"的过程,禅行主要还须当下的心行,所谓任运仍然是任心自运。

马祖道一将六祖惠能的当下进一步从自心自性的全体大用上加以发挥,认为众生的一切表现就是清净真性的体现,人们不需要转妄成净就可以悟得自身本具的佛性,因为妄净一如,人性即佛性;由"心"到"人",强

调从当下的一举一动、一言一行去证悟自己本来就是佛，佛就是自然自在的自身之全体，任运即是任身心自运，人生践履即是禅行。马祖或言"即心即佛"，或言"非心非佛"，或言"平常心是道"，既可以将之视为洪州禅的宗旨，也可视为修行的三种境界，还可以说是指示学人的三种方法。

（一）即心即佛

"即心即佛"的说法在早期的弘扬往生弥陀净土的经典就已出现，如支娄迦谶译的《般若三昧经》中说："我所念即见心作佛，心自见，心是佛，心是祖萨阿竭，心是我身，心见佛。"此中的"心是佛"亦即"即心即佛"。在畺良耶舍译的《观无量寿佛经》的第八观也说："是故汝等心想佛时，是心即是三十二相八十随形好，是心作佛，是心是佛，诸佛正遍知海从心想生。"这两部经典所说的"即心即佛"实际上是指观想念佛。

自禅宗在中国出现后，也有很多禅师也对这方面的论述。在禅师看来，"即心即佛"是中国禅宗的根本命题，亦是禅宗的根本求证，——也是佛陀在菩提树下向世人宣告的根本真理——心佛众生三无差别——大地众生皆有……重点在突出"心"与"佛"的直接关系，指出心性与佛性的平等。释迦牟尼拈花微笑意如此，达摩西来亦为此事。到六祖惠能时，"即心即佛"已成为南宗一致的核心问题。这在《祖堂集》《景德传灯录》和宗宝本《坛经》中均有记载六祖。如《祖堂集》载："汝等诸人自心是佛，更莫狐疑，外无一物而能建立，皆是本心生万种法。故经云：心生即种种法生，心灭即种种法灭。"宗宝本《坛经》："僧法海，韶州曲江人也。初参祖师，问曰：'即心即佛，愿垂指谕。'师曰：'前念不生即心，后念不灭即佛；成一切相即心，离一切相即佛。'"六祖在去世前开示弟子："后代世人，若欲觅佛，但识众生，即能识佛。佛即缘有众生，离众生无佛心。迷即佛众生，悟即众生佛。……我心自有佛，自佛是真佛。自若无佛心，向何处求佛。"[①]六祖的许多弟子如菏泽神会、南岳怀让、南阳慧忠、司空山本净、青原行思等，也有即心即佛的说法，并作了灵活的运用和发挥，使"即心即佛"成为

---

① 见《六祖坛经》。

南宗禅最为普遍的思想。其中,怀让继承了惠能"心含万法""心生万法"的思想,突出了心的重要地位。他曾对六位入室弟子开示时说:"一切法皆从心生。心无所生,法无能住。若达心地,所作无碍。"马祖的禅法深受其师父怀让的影响。试看"马祖盐醋"这段公案:

"马大师阐化于江西,师(怀让)问众曰:'道一为众说法否?'众曰:'已为众说法。'师曰:'总未见人持个消息来。'众无对,因遣一僧去,云:'待伊上堂时,但问作么生。伊道底言语记将来。'僧去,一如师旨。回谓师曰:'马师云,自从胡乱后,三十年不曾阙盐酱。'师然之。"①(盐酱,生活中有禅,菜中有盐。)

"胡乱"为禅林用语,指苟且参究,马祖以此自谦。关于他讲的"三十年不曾阙盐酱",(一切现成,一切具足……)有人认为是悟后起修的保任工夫。张中行《禅外说禅》则认为,"究竟马祖心的实况是什么,怀让也只能猜猜而已。"(门外人当然不知。)

马祖道一经常以"即心即佛"接引和启发弟子,对"心"的阐发和修行方式的创新,都赋予"即心即佛"以新意。所以后世禅宗一般将其看作是马祖独有的命题。例如,延寿《宗镜录》即把"马祖即心是佛"作为其禅法宗旨。

《祖堂集》记述了马祖堂上的开示:

"汝等诸人各信自心是佛,此心即是佛心。达摩大师从南天竺国来,躬至中华,传上乘一心之法,令汝等开悟,又引《楞伽经》文,以印众生心地,恐汝颠倒不自信,此心之法各各有之,故《楞伽》云:佛语心为宗,无门为法门。又云:夫求法者应无所求,心外无别佛,佛外无别心。不取善不舍恶,净秽两边俱不依怙。达罪性空,念念不可得,无自性故。故三界唯心,森罗万像一法之所印,凡所见色皆是见心。"②

马祖谆谆教诲大众,"汝等诸人各信自心是佛,此心即是佛心",要树立起"自心是佛"的信心,——并且要确定"心外无别佛,佛外无别心"的

---

① 见宋·释道原《景德传灯录》卷六"江西道一禅师"。

② 见唐·释静、筠《祖堂集》卷十四。

理念。他认为，达摩大师来华所传"上乘一心之法"，照实而说，实无一法可传，不过是启发人们自悟自心而已。心本即佛，是人人本有的，不是达摩传给的，只是人们著于事相未曾得悟而已。因恐怕人们不相信"自心是佛"，执着于"凡圣相对，心佛二元"的颠倒妄想，达摩又引用《楞伽经》，以印证众生心即是佛心的道理，说明每个众生都具有佛性。他认为，所谓的求法，就是要从自己的心地下手，心外没有另有一个佛可求；佛就是心，佛外没有另外的一个心。若向心外求佛，便是抛弃家业的愚痴之人。因此，"即心即佛"就成了马祖洪州禅的基础和出发点。这涉及佛教思想彼此关联的三个问题：一是佛性问题即人的自性究竟如何，二是成佛途径问题即修行方式究竟如何，三是佛陀境界即真正解脱的境界究竟如何。且看下面两桩公案：

大珠慧海初次参马祖时，马祖问他："从什么地方来？"他回答："从越州大云寺来。"马祖又问："来这里做什么？"大珠回答"来求佛法。"马祖便说："我这里一物也没有，求什么佛法？你不顾自家的宝藏，抛家散走有何意义！"大珠便问："什么是慧海的宝藏呢？"马祖又说："现在问我者，就是你的宝藏。一切具足，更无欠缺，使用自在，何需外求？"听了这话后，大珠不用思考和推理，便立刻洞见自性，遂拜马祖为师，并侍奉师傅六年。①

马祖肯定自家宝藏的圆满具足，反对"抛尽自家无尽藏"，这就破除了对外在权威、偶像、经卷、知识、名言、持戒、修证、仪轨的执著，打通"佛"与"我"之间的时空阻隔，把世界与我融为一体，当下体验佛的境界。与孟子"万物皆备于我""反身而诚"②的意旨相同，马祖所说我具备了一切，不是指外在的事物、功名，而是说道德的根据在自己，元无少欠，一切具备。在道德精神的层面上，探求的对象存在于我本身之内。与庄子"天地与我并生，而万物与我为一"③"独与天地精神往来"④的境界一样，

---

① 见宋·释道原《景德传灯录》卷六。
② 见《孟子·尽心上》。
③ 见《庄子·齐物论》。
④ 见《庄子·养生主》。

马祖要化解物形,得到精神的超脱放达,而这种精神自由,是以对最高本体的冥悟契会为前提的。

另外,汾州无业也是以同样的方法悟道的。无业本来专研律宗,深通经藏。在他第一次见马祖时,马祖看到他那伟岸的身材,响亮的音调,便说:"外形巍巍堂堂,里面却没有佛。"无业很恭敬地跪下来说:"我粗研三乘之学,稍有心得,可是对于禅宗的即心是佛之说却始终不能了解。"马祖说:"这个不能了解的心就是佛,并没有其他的了。"无业仍然未悟而问:"这样说来,那什么是祖师西来所传的秘密法印呢?"马祖又说:"你这位大德现在正糊涂得很,且先回去,等下再来。"无业正要离开时,马祖便在他背后喊着:"大德。"无业转过头来,马祖便问:"是什么?"听了这问话,无业便立刻大悟。①

"行住坐卧,应机接物"即是我们所过的人生本身,我们原本就是"法界"的住人——我们只要领会这个事实,跟自己的人生打成一片即可具足。马祖在与无业的一问一答之中,让无业做了"回首"这个在平常不过的日常性行为,用语言促使无业悟到这个事实。

马祖开示大珠、无业的禅机,彻底地打破了"佛"与"心"的距离。宋代永明延寿禅师解释说:"即心即佛是其表诠,直表示其事,令证自心,了了见性。"②意思是,"即心即佛"重在对禅者正面的开示,强调不假外求,回归自心,寻求自家的内在宝藏。人们以为"我在此土,佛在彼岸",是置自家宝贝于不顾,离家乱走向外驰求,可谓南辕北辙,愈求愈空。而寻求自家内在宝藏的关键是"即心而证""触境皆如"。

权德舆碑文载道一最后之说:"大抵去三就一,舍权以趋实,示不迁不染之性,无差别次第之门。尝曰:佛不远人,即心而证;法无所着,触境皆如,岂在多歧以泥学者?故夸父吃垢,求之愈疏,而金刚醍醐,正在方寸。"

马祖道一在继承达摩以来明心见性的思想的基础上,将多门佛教更

---

① 见宋·释道原《景德传灯录》卷八。
② 见宋·释延寿《宗镜录》卷二十五。

加自觉地简化到心学一途上来,更加肯定自心证得"方寸"中的"金刚醍醐",佛就离人不远;于法无所执着,所见的一切境界皆是真如。因此,真如无需别求,唯在自心和自境,"不迁不染之性,无差别次第之门"①,"不取善不舍恶,净秽两边俱不依怙"②的自性即佛性;"不修不坐,即是如来清净禅"③。

在一次阐述这个问题时,马祖还曾以镜喻心:"心真如者,喻如明镜照像。镜喻于心。像喻于法。若心取法。即涉外因。即是生灭义。不取于法。即是真如义。"④明镜喻心体,镜像喻法相,镜体与镜像,一体本不二,如如一性体。法相即如幻,本来无实体。因此,自性清净,犹如明镜,实即"含相而清净",而非"避相而清净"。如果把镜中之相当作尘埃时时擦拭,正是认幻当真;假如把心中法相当做污垢来消除,则是将虚作实。"凡所见色,皆是见心;心不自心,因色故有""于心所生,即名为色。知色空故,生即不生"⑤,因此所见色相,只能是自心的显现。有什么样的认识,必有什么样的色相。色相依识而转。道一正是从色由心生的角度上判定色无自性,故曰色即是空,生等于无生;而"心"之所以能够表现为存在,又全在于有色的生起。循此观念,"即色""即心"。这样,道一就把心、佛、色、空统一起来,成为可以互相渗透、互相替代的概念,所谓"触境皆如",则成了其中最重要的观念:任何"境"相都不外是心的产物,自性为空,故名为"如"。当人们识得自家心体,"但于善恶事上不滞,唤作修道人"⑥,马祖开示大众说:"取善舍恶,观空入定,即属造作。更若向外驰求,转疏转远。但尽三界心量,一念妄想,即是三界生死根本。但无一念,即除生死根本,即得法王无上珍宝。无量劫来,凡夫妄想,谄曲邪伪,我慢贡高,合为一体。故经云:但以众法,合成此身。起时唯法起,灭时唯法

---

① 见权德舆《洪州开元寺石门道一禅师塔碑铭并序》。
② 见宋·释道原《景德传灯录》卷六"江西道一禅师"。
③ 见宋·李遵勖《天圣广灯录》卷七。
④ 见宋·李遵勖《天圣广灯录》卷七。
⑤ 见唐·释静、筠《祖堂集》卷十四。
⑥ 见宋·李遵勖《天圣广灯录》卷七。

灭。"①作取舍,起妄念,皆属著相。本于真实的心体,随缘任用,不落两边,无取无舍而又非去非舍,即真即妄而又不真不妄,即凡即圣而又非凡非圣,领悟到自心是佛而回归自己的本性,就像脱胎换骨似的进入解脱的境界。此可谓之成佛之途径,修行之方式。

(二)非心非佛

马祖上面虽然谈到"即心即佛",肯定了众生心性于佛心没有差异,要在自心上下大工夫,不要心外求佛。但丛林禅客口耳相传,皆言"即心即佛",以至于烂熟于心头,却未曾识得心与佛的空性平等性,执着有一个实在的心和实在的佛,在"即心即佛"的名相上胡思乱想,吐丝自缠,所以马祖重新提出个"非心非佛",用以破除人们对"即心即佛"的执着。

有一次,学生问马祖:"和尚为什么说即心即佛?"马祖回答:"为止小儿啼。"学生接着又问:"啼止时如何?"马祖回答:"非心非佛。"学生再问:"除此二种人来如何指示?"马祖回答:"向伊道不是物。"学生最后问:"忽遇其中人来时如何?"马祖回答:"且教伊体会大道。"②

公案所云"止小儿啼"是"空拳黄叶止啼"的节略语,"空拳"一语见《大宝积经》卷九十:"若以空拳诱小儿,亦言有物令欢喜,开手空拳无所见,小儿于此复号啼。""黄叶"一语见北本《大涅槃经》卷二十:"如此婴儿啼哭之时,父母即以杨树黄叶耳语之言:'莫啼莫啼,我于汝金。'婴儿见已,生真金想,便止不啼,然此杨叶实非金也。"经文中空拳黄叶都是作为使小儿止哭的权宜做法,禅僧通常用这样的譬喻来说明一切佛教祖说只是权说。南泉普愿禅师有一段话可看作对这个公案的诠释:"江西和尚说'即心即佛',且是一时间语,是止向外驰求,空拳黄叶止啼之词。"③认为"即心即佛"一语不过是当下对机时的权宜之语。当学人向外求佛,以为有佛可得,所以,马祖用一句"即心即佛"断其外求之心。而小儿止啼

---

① 见宋·李遵勖《天圣广灯录》卷七。
② 见宋·释道原《景德传灯录》卷六"马祖传"。
③ 见唐·释静、筠《祖堂集》卷十六。

之时,不再外求,却有学人执着于"即心即佛"的名相上,所以马祖说"非心非佛"。而既不执着于"即心即佛",也不执着于"非心非佛",此人已离"即非两端",然而,却执着于"一切不执"的"法执"上。那么,一切言说,皆非实际;一切有相,皆非"实相",不但"即心即佛"不当此理,"非心非佛"也不能尽表此意,所以只能向他说"不是物"。但忽然遇上已悟"实相"者,只能叫他体会大道。大道者,超言绝待,一切言说皆不能及,所谓"三世诸佛,只可自知;历代祖师,全不提起"①。更言何言堪当此事?若是个中人,自会"二六时中,绵密保护",故曰"体会大道"。

这桩公案,马祖有时用肯定法,有时用否定法。在表面上,这两种方法好像是矛盾的,但当我们了解他是对学识和智慧不同的人说法,他是为了使对方超越现况时,这种矛盾便不成其为矛盾了。当然这两种方法并不适用已经开悟的人,对于这种人,马祖只是要他们继续体验当前的悟境而已。

这使我们想起了大梅法常初参马祖的一段很有趣的公案:当大梅第一次见马祖时便问:"什么是佛?"马祖回答:"即心即佛。"大梅言下便悟。后来,他住在山下,马祖派了一个徒弟去考验他,这徒弟问大梅说:"你在马祖门下,学到些什么?"大梅回答:"马祖教我;即心即佛。"这个和尚又说:"现在马祖已改变他的教法而说;非心非佛。"大梅便说:"这个老和尚,作弄人家,没有了期,管他说什么非心非佛,我只管即心即佛。"当这个和尚回去把经过情形告诉马祖后,马祖便说:"梅子熟了!"②

这里的梅子就是大梅两字的双关语。显然大梅已经开悟,而且是运用马祖的肯定法,他知道自己该做什么,也许他的学生像小儿啼一样需要哄一哄。总之大梅所表现的特立独行精神赢得了马祖的赞许。假如他因马祖改变了新教法,而信念动摇,盲目地跟从,那么马祖将会说"梅子还未熟呢。"唐末五代僧人灵云志勤禅师因感桃花而顿悟,题写了一首无题诗:

---

① 见宋·佛果圆悟禅师《碧岩录》卷一。
② 见唐·释静、筠《祖堂集》卷十五"大梅和尚传"。

三十年来寻剑客,几回落叶又抽枝。

自从一见桃花后,直至如今更不疑。①

如果说"即心即佛"是为了破除学人在修行时向外觅求而鼓励其自信自立的一种方便法门,那么,"非心非佛"则是为了进一步破除学人在修行时的知解执着的另一种方便法门。正如《宗镜录》卷二十五所说:"若非心非佛,是其遮诠,即护过遮非,去疑破执。"对于"即心即佛",不可执为一成不变的修行方式。禅宗的意旨,毕竟不在"即心即佛"或"非心非佛"的语句理路上,语句理路毕竟是个假名,而非"无形无相"的实相。若识得这个实相,向人道"即心即佛"亦对,道"非心非佛"亦对。对与不对,不在语句上,唯在当机能为人解粘去缚。破除疑惑执着,才是"啼止时",也就是禅宗中的明心见性。马祖的目的就是要为学人指明修行的方向,使学人在实际修行和生活实践中体悟、契合"即心即佛"和"非心非佛"的大道,不偏执于祖师的言行,以避免后来像马祖弟子普愿所批评的"唤心作佛"认心作佛的弊病。②

(三)平常心是道

马祖所谓"即心即佛"一语中的"心"就是平常心,而"非心非佛"一语并不是否定"即心即佛"的实义语,而是否定学人"执实即心即佛"这一"妄念"的解缚语。因此,马祖蒙怀让禅师接引所见只有一句话——"即心即佛"或"平常心是道"。

所谓"平常心是道",即中国传统"极高明而道中庸"③思想的蜕变。不刻意追求外在超越的理念,而是将其纳入日用常行之中。这是在自心做工夫的"即心是佛"之论的发展与补充。这里的"平常"乃是平等常恒义而非平凡庸常义,平常心并非颠倒众生日常生活中妄念纷飞之心,而是

---

① 见宋·释道原《景德传灯录》卷十"灵云志勤"。

② 见宋·释颐藏《古尊宿语录》卷十二"南泉普愿语录":"是心是佛,是心作佛,情计所有。斯皆想成佛,是智人心,是采集生……大德,莫认心认佛。设认得是境,被他唤作所知愚。"

③ 见《中庸》。

其不生不灭、不垢不净、不增不减的本心。这是人心深处佛性的自然呈现,是人在穿衣吃饭、担水运柴、待人接物、日常生活之中明了禅理,提升意境。这就把禅推进到大众生活之中! 如果说"即心是佛"使成佛的理念向内转到自心的话;那么,"平常心是道"则使成佛的道路由记诵佛经、坐禅修行转向世俗日常生命活动。我们且看他自己如何描述此平常心:

"何谓平常心? 无造作,无是非,无取舍,无断常,无凡无圣。《经》云:非凡夫行,非圣贤行,是菩萨行。只如今行住坐卧、应机接物尽是道,道即是法界,乃至河沙妙用不出法界。"①

马祖弟子庞蕴居士说得好:"日用事无别,惟吾自偶谐,头头非取舍,处处没张乖,朱紫谁为号,邱山绝尘埃,神通并妙用,运水及搬柴。"②

马祖有三位和他最亲近的学生,即南泉普愿、西堂智藏和百丈怀海。一次,马祖、西堂、百丈、南泉师徒四人同出赏月。马祖说:"这等月朗风清的时分,最好干点什么呢?"西堂回答说:"正好供养佛陀。"百丈回答说:"正好坐禅修行。"唯有南泉轻挥衣袖,快步而去。马祖于是感叹说:"经入西堂,禅归百丈。唯有普愿(南泉)独自超然物外。"③

有人如是说,在马祖的法统中,南泉的地位正像颜回在孔子眼中的地位一样。而在传法上,百丈是马祖的继承者,正像孔门中的曾参一样。在这个公案中,从马祖的语气上看是深许普愿。百丈与西堂,都是开悟的禅师,所答的"正好供养"和"正好修行",直接呈现他们的平实面,所以马祖才许以"经入藏,禅归海"。不过,赏月时讲供养谈修行,着实有些煞风景。南泉的人、法二空,正是把向上提升,使之成为本然的道体;此时此境乃常乐我净,任何言说、造作,已是多余。故马祖云:"本有今有,不假修道坐禅;不修不坐,即是如来清净禅。"④

最有趣的是马祖训练百丈的一段故事:某次,师徒两人出外散步,看到一群野鸭子飞过去,马祖问:"那是什么?"百丈回答:"是野鸭子。"马祖

---

① 见宋·释道原《景德传灯录》卷二十八。
② 见宋·释赜藏《古尊宿语录》卷二十八。
③ 见宋·释道原《景德传灯录》卷六。
④ 见宋·释道原《景德传灯录卷》第二十八卷。

又问:"到那里去。"百丈回答:"飞过去了。"就在这时,马祖把百丈的鼻子用力一扭,扭得百丈大声叫痛,马祖便问:"你说,难道又飞过去了吗?"听了这话,百丈似有所悟。后来回到宿舍中,却大声地哭泣,朋友便问他是否因想家,或受人责骂而哭,他都加以否认。朋友一再地问他究竟为了什么?他只得说:"因为我的鼻子被大师扭得非常的痛。"朋友们问:"是做错了什么事情吗?"百丈说:"你们去问老师吧"!当他们去问马祖时,马祖说:"他自己知道,你们去问他吧"!朋友们又回去问他,他却呵呵大笑,朋友们好笑又奇怪地问:"你以前哭,现在为什么又要笑呢?"百丈回答说:"我就是以前哭,现在笑。"大家都被他弄得不知所以。第二天,马祖升堂说法,僧众们刚刚集合在一起,百丈怀海就卷起了席子,马祖一言不发地下了座。百丈跟随马祖到了方丈室。马祖说:"我刚才一句话都没有说,你为什么就把席子卷了起来?"百丈说:"我的鼻子昨天被你扭得很痛。"马祖说:"那你昨天把心用在哪儿呢?"百丈说:"我的鼻头今天又不痛了。"马祖说:"你彻底把昨天的事情搞明白了。"①

野鸭子飞过,本是寻常景致。当马祖见野鸭子飞过,问百丈"是什么"时,实际是在勘验百丈体认大道的禅境,而百丈没有体察马祖的深意,而答以"野鸭子"。马祖又问:"到什么地方去了?"百丈还是没有向自性上用心,只是依循着马祖的语意而回答道:"飞过去了"。因为禅者的心境时时都是活泼的,但又时时不被外境所牵引。百丈所答,正是随着"野鸭子"而去了。马祖捏住百丈的鼻子,问"何曾飞去",以启发百丈觉悟自性,体悟无来去生灭的本心。百丈以"适来哭,如今笑",不正面回答师兄弟们的问题,意在不执着于外境。最后,百丈又以"卷却席"的动作和答非所问来回应马祖,马祖即知他已悟道。

一色一香,一草一木,无不是修习成道的助缘,所以马祖随处拈来野鸭子来启发百丈禅师顿悟得道。洪州禅就是要在生活中参禅,在参禅中生活。马祖说:"若了此心,乃可随时着衣吃饭,长养圣胎,任运过时,更

---

① 见宋·释普济《五灯会元》卷三"怀海"。

有何事?"①百丈禅师此心已了,便可随处任真体味佛法了。"随时着衣吃饭,长养圣胎",就是他"触境皆如""随处任真"命题的具体体现。"行住坐卧,皆是禅定"②,"担水砍柴,无非妙道"③。有源律师问马祖弟子大珠慧海禅师:"和尚修道还用功否?"慧海说:"用功"。源律师问:"如何用功?"慧海回答说:"饥来吃饭,困来即眠。"源律师又问:"一切人总如此,同师用功否?"慧海说:"不同"。源律师问:"如何不同?"慧海说:"他吃饭时,不肯吃饭,百般须索;睡时不肯睡,千般计较,所以不同也"。④ 平常人吃饭挑肥拣瘦,睡觉胡思乱想,自是有所取舍、执着,不得解脱。而得道之人"要眠即眠""爱坐即坐","热即取凉","寒即向火",与平常人自非一般境界。"平常心是道心",在平常心之外再无什么"道心",在平常生活之外再不须有什么特殊的生活,如有此觉悟,内在的平常心即可成为超越的"道心",平常的生活就是佛境界的生活,所以马祖弟子庞居士偈云:"神通并妙用,担水及砍柴。"可见,佛法在世间不离世间觉,解脱和菩萨的修行道路就体现于日常的生活之中。禅宗的皈依自性,不离世间的佛法根本,都在生活禅中得到了体现。正是从这个意义上,当年洪州禅因为契合了唐代社会的精神风貌,所以会有一马踏杀天下。

四、丛林建设对教团组织分布广泛和法脉持久的保证

在赣弘法的数十年中,马祖道一禅师于光大南宗禅风的同时,慈悲度众,接引后学,建树卓著。对于学人弟子,马祖道一禅师要求他们恪守"平常心是道"之信条,"一切施为,尽是法身",自然运用,随缘而行。"取善舍恶,观空入定,即属造作。更若向外驰求,转疏转远,但尽三界心

---

① 见宋·释道原《景德传灯录》卷六。
② 见《坛经·坐禅品第五》。
③ 见宋·释道原《景德传灯录》卷八。
④ 见宋·释道原《景德传灯录》卷六。

量。"①马祖道一禅师进而强调"妄想既不生,即是无生法忍。本有今有,不假修道坐禅。不修不坐,即是如来清净禅"。与此同时,马祖道一禅师立足于培养弟子学人的大机大用,注意因人施教。对前来求学者,把握其"命根",然后根据"为病不同,药亦不同"的原则施教。在此之中,马祖道一禅师创立"机锋"施教之法,除在语言上采用深沉、灵转、幽默、反诘的方式外,甚至还有世人难以理解的非逻辑语言相逼迫处,还惯以打、画地、竖拂、棒喝、拧鼻子、踏胸等多种作略,结合日常生活中的场景,随时随地发挥,因而留下了许许多多令人深思或参究的"公案"。

唐贞元四年(788)正月,马祖道一禅师登建昌石门山(即今江西靖安县宝峰禅寺附近)于林中径行,"见洞壑平坦处,谓侍者曰'吾之朽质,当于来月归兹地矣!'"②随后回到开元寺(今佑民寺),不数日,马祖道一禅师示微疾于2月4日(二月初一)溘然圆寂,塔葬泐潭寺后山宝珠峰下。泐潭寺自马祖归骨后,他的入室门生怀海结茅守灵三年,法嗣道通、常兴、法会、怀建诸禅师入主泐潭,相国权德舆撰塔铭,名重朝野,唐宪宗元和八年(813年)赐马祖谥号为"大寂禅师",敕其塔名"大肃静之塔",即"大庄严塔"。清雍正十三年(1735),又获加封"普照大寂禅师"之号。马祖道一禅师的开示、法语在其身后,由弟子辑为《马祖道一禅师语录》《马祖道一禅师广录》各一卷,收入《大藏经》中,流传至今。

正是这样,马祖道一禅师在弘法历程中,广纳法嗣,精施钳锤,座下有"八十八位善知识"之称,"入室弟子一百三十九人,各为一方宗主,转化无穷"③。在此之中,百丈怀海、西堂智藏、南泉普愿、大梅法常等为突出者,有门下三大士或四大士之称。而且,继马祖道一禅师之后,众弟子们以洪州为中心,广为弘法传教,形成别具一格的宗风,人称洪州禅或"洪州宗"。其中有惟宽禅师(755—827)、怀晖、鹅湖大义等先后应朝廷之召,在京城弘法,大彰师承的"即心即佛"之修行宗旨,名扬内宫。大珠慧

---

① 见宋·释赜藏《古尊宿语录》。
② 见宋·释道原《景德传灯录》卷六。
③ 见宋·释道原《景德传灯录》卷六。

海则在师承马祖道一禅师教导的基础上,对洪州宗风加以理论的阐述与发挥,提出"心为根本"的禅修观点,并引经据典指出"心为根本"的原因:"《楞伽经》云:'心生即种种法生,心灭即种种法灭。'《维摩经》云:'欲得净土,当净其心;随其心净,即佛土净。'《遗教经》云:'但制心一处,无事不办。'经云:'圣人求心不求佛,愚人求佛不求心;智人调心不调身,愚人调身不调心。'《佛名经》云:'罪从心生,还从心灭;故知善恶一切,皆由自心,所以心为根本也。若求解脱者,先须识根本;若不达此理,虚费功劳,于外相求,无有是处。'《禅门经》云:'于外相求,虽经劫数,终不能成;于内觉观,如一念顷,即证菩提'",从而在理论上使洪州宗的禅学与宗风更加系统与丰富。① 百丈怀海在守灵并继主泐潭寺法席数载后,应请迁锡新吴百丈山(今属宜昌市奉新县)。在此,百丈怀海禅师在继承恩师马祖道一禅师"平常心即是道"的教导,又进一步强调禅人要"(汝等)先歇诸缘,休息万事,善与不善,世出世间,一切诸法莫记忆,莫缘念,放舍身心,令其自在;心如木石,无所辨别,心无所行,心地若空"②。结合平日禅修实践,百丈怀海禅师恪守师尊所教在行住坐卧中、在运水搬柴中皆有禅的教慰,要求学人徒嗣"常以三身无住,万行皆空,邪正并捐,源流齐泯"为圭旨,百丈怀海禅师还将禅林劳作与修行相结合,强调"坐做并重","行同于众,故门人力役必等其艰劳",在马祖道一禅师建立的禅门丛林的基础上,制定"丛林清规",创立别立禅居,不立佛殿,唯树法堂,特别是倡导僧众普请,均力出坡的"农禅并重"修行家风,更加拓宽了禅门修行的普遍性,同时通过劳动为丛林提供经济物资方面的保障,改善与增进了禅林的生活环境,有力地增进了禅宗在中国的扎根并推动其进一步传播,在中国乃至世界佛教史上发挥了极其重要的作用,并有着不可替代的影响力。这点在后来的"会昌法难"之时,也得到了证明,禅师被迫离开禅林,散居于林野。不久,此风一过,禅师们又回到丛林之中,恢复原有的"农禅并重"生活,从而使生活有了来源,禅修得以保障。而当时中国佛教其他宗

---

① 见唐·释大珠慧海《顿悟入道要门论》。
② 见《百丈怀海禅师广录》。

派遭难之后,则由于生活来源难保等因素,造成难于恢复之窘局,有的甚至就此消失。由此可见,马祖道一禅师及其洪州宗宗风,对于中国佛教特别是禅宗一脉的保存与恢复发展产生了极大的作用,因而在中国乃至世界佛教史上有着特殊的地位,写下了光辉的一页。

五、马祖洪州禅的中国化意义

2016 年 4 月 22 日,全国宗教工作会议在京召开,对于宗教中国化提出了鲜明方向。历史证明,佛教是域外宗教和文化中国化的典范,而禅宗则是佛教与中国文化交融互鉴中发展壮大的巨大成果,其中马祖及其洪州禅更进一步使印度佛教在中华大地扎根、开花、结果,成为佛教中国化的标杆,在中国佛教史上,留下了"马祖建丛林,百丈立清规"的美誉。自汉明帝遣使西域访求佛法以来,印度佛教在中国与中华文明相互碰撞交融,最终发展成以汉语系为主、三大语系并存、交相辉映的中国佛教,成为中华文明的重要组成部分,这即是"中国化佛教"。历史上,佛教中国化最明显的标志就是八大宗派的出现;"马祖建丛林、百丈立清规";近代太虚大师"人间佛教"理念的提出,以及赵朴老率领全国佛教徒进一步阐发、一直践行至今的人间佛教思想,这些都是在爱国爱教的旗帜下,与我国社会各个时期相适应的必然选择和被事实证明是完全正确的优秀成果和优良传统。在佛教化中国的同时,佛教也受到了中华民族大家庭多元文化的碰撞、交融、互鉴与调适,在保持特有的思想品格的同时,印度佛教较早地完成了佛教的中国化,足以证明中华民族文化的博大与包容,如春风化雨,融化了佛教这一异质文明,赋予了佛教更加强大的活力和生命力,最终形成了独具特色不可分割的中国佛教文明。如果要比较马祖洪州禅与"人间佛教"的思想,我们不难看出,马祖的洪州禅就是人间佛教思想的本质,而且更加超越。

东晋高僧道安法师提出出家众应该统一姓氏,那就是既为佛子,当依佛姓,从此,天下佛子都姓释,接着,他又提出"不依国主,则法事难立"的理念,使佛法既保持自己的独立品格与特色,又适应中国本土的政治与民俗特色,这一佛教中国化的标志性元素,已经成为佛教界朴素爱国爱教思想的基本原则和操守,至今成为佛教界的共识。同时,这一原则为佛法在中国的发扬光大奠定了坚实基础。马祖洪州禅既继承了达摩以来的如来禅思想,又发扬了六祖慧能、南岳怀让的顿悟祖师禅家风,既提出了"即心即佛",又指出"非心非佛",晚期又倡导"平常心是道"——无造作,无是非,无取舍,无断常,无凡无圣,一切率性、一切现成、一切任运、一切自在,建立共修禅林,树立法幢;建立制度,确保持久;化经典用语为百姓用语,化艰深义理为行为语言,化道在天边为立足当下(道无处不在,道不用修,"触类即道而任心"),化道在神奇为平常心即是,化固化传法为活泼善巧,等等,可以说,佛教或禅宗在马祖时代已经真正的中国化了,真正成为中国独具特色的禅宗。无怪乎胡适先生说,马祖道一是中国禅宗实际的创宗人。此言真实不虚!

所谓佛教中国化,就是佛教要适应中国国情而适度加以创造性的转化,融化在中华文明大家庭中,上契诸佛之理,下化众生之机。值此新的大好因缘,作为传统文化三大支柱文明之一的佛教,当前,我们要更加深刻地理解和坚持中国化方向,不断提高佛教与社会主义社会相适应的广度和深度。马祖的上述思想和作略对于当今的社会来说,仍然具有深远的意义,特别是佛教的促进大众化、社会化、网络化、伦理化、生态化方面有着不可估量的潜在价值,特别是在弘扬社会主义核心价值观方面,佛教的基本教义如五戒十善等伦理思想,与社会主义核心价值观的弘扬,有许多相通之处(此处不一一展开),要积极弘扬。要把涉及国家、社会、公民的价值要求融为一体,既体现社会主义本质要求,继承洪州禅的优秀传统成果,又要吸收世界文明的有益成果,体现时代精神。佛教要充分发挥"人间佛教"的精髓,以菩萨道坚守和践行社会主义核心价值观,主动投身于中华文明创造性转化与创新性发展的历史洪流之中。

因此,佛教中国化、洪州禅是历史上印度佛教中国化的主线,而如何全面继承、弘扬与发展佛教尤其是中国化大乘佛教暨洪州禅的思想精华、道德精髓和人生智慧,使之圆融和服务于社会主义核心价值观,不仅是当代佛教徒应尽的弘法义务,也是当代中国佛教适应新时代发展的基本要求,更重要的是,要开启当代佛教走出一条继承传统、适应当代、面向未来、契理契机的健康发展之路。

"西游记"的另一个版本:1600年前法显大师西行印度取译佛经"戒律"故事

——论法显大师对佛教中国化在戒律方面的历史贡献

江西省政协常委、中国佛教协会副会长

江西省佛教协会会长　　　纯　一

公元399年,法显大师鉴于中国律典不全,遂下定决心赴印度和斯里兰卡求法,由是开启了佛教中国化波澜壮阔的征程。

当时,法显大师已年逾六旬,在平均寿命只有三十岁左右的时代,六十岁已是颐养天年的高寿了。但大师为了把律典全本带回中国,以舍我其谁的使命感和为法忘躯的奉献及勇气,毅然与同道慧景、慧应、慧嵬、道整等法师,踏上了西行求法之途。

筚路蓝缕,以启山林。在西出敦煌,走进沙漠之际,"上无飞鸟,下无走兽。遍望极目,欲求度处,则莫知所拟。唯以死人枯骨为标志耳",他克服了现代人无法想象的种种艰难险阻,终于到达印度。在巡礼印度各地的圣迹之后,他于公元411年到达斯里兰卡(当时称师子国),并在那里生活了两年。

公元413年,大师携带经卷从海路回到中国。出国之时,与他一同西行的10人中,或半途折返,或病死异国,或久留不还,只有法显一人,不忘初心,坚韧不拔,百折不挠,完成夙愿。

一、法显大师作为一位求法高僧，
为中国佛教戒律学所做的是拓荒性贡献

在西行求法史上，法显早于玄奘 230 年，开中国人求法印度和斯里兰卡的先河，被誉为中外文化交流的友好使者。史评"自大教东流，未有忘身求法如显之比"，义净也曾赞誉说"观夫自古神州之地，轻生殉法之宾，显法师则创辟荒途"，梁启超先生更盛赞法显为"西行取经的拓荒者"。

作为一名新时代的佛教徒，我们无限感怀法显大师在弘扬佛法，特别是在弘扬佛教戒律方面做出的历史性贡献。众所周知，佛教虽然早在汉代就传入中国，但直到五胡十六国时代（304—439），才有了汉族人的出家制度，出现了中国佛教界的僧团。在戒律的传译方面，道安法师于公元 379 年—382 年，曾在长安译出了《比丘大戒》《比丘尼戒本》及《鼻奈耶》等中国较早翻译的戒本。但这些翻译都属于萨婆多部《十诵律》系统，并不代表律藏的全部。法显大师正是为了访求更多、更具权威性的戒本，才发愿西行求法。在北印度，由于戒律是口口相传，没有行诸文字，所以得不到任何文本。到中印度，法显大师才得到《摩诃僧祇律》和萨婆多部的《十诵律》。为了学习这些律典，法显在中印度学习梵文达三年之久。与法显大师同行的法师们，深为印度佛教戒律谨严而钦佩，面对印度僧团过着如法如律的清净生活，心生羡慕，终生留在印度修行。但法显大师始终没有忘记回国弘法的使命，毅然孑身一人踏上继续求法之路。在斯里兰卡，法显大师又寻得《弥沙塞律》藏本，并将其与在斯里兰卡觅得的《长阿含经》《杂阿含经》和一部《杂藏》带回了中国。

回国之后，法显大师于义熙十四年（418）与佛陀跋陀罗共同译出《摩诃僧祇律》四十卷，此律为印度佛教大众部所传的广律。刘宋时代（420—479），大师从斯里兰卡带回的《弥沙塞部律》由佛陀什、竺道生共同翻译成汉语，即现在收录于大藏经的《五分律》。《弥沙塞部律》系佛入灭后三百年顷，自上座部系统分出之化地部（弥沙塞部）所传之戒律。如此一来,在五世纪上半叶,《十诵律》《四分律》《五分律》《摩诃僧祇律》皆被翻译出来,中国佛教从此具备了较为系统的戒律体系。在上述诸部律典中,《十诵律》《五分律》《摩诃僧祇律》的东传皆与法显大师的西行求法密切相关。

佛陀在临涅槃时曾留下"以戒为师"的遗教,在佛教的"戒、定、慧"三学中,戒学是三学之首。没有戒学的修持,就不可能证得无上菩提、获得究竟涅槃。法显等高僧大德之所以发大宏愿,西行求法,其精神动因就在于此。当我们为今天的中国佛教再次强调"以戒为师",整肃毗尼,优化丛林道风,重塑僧团品格,如法如律过丛林生活而感到骄傲时,我们要永远铭记法显大师等大德高僧当年为戒律的传译所付出的艰辛和努力。可以说,没有这些高僧以生命为代价带回中国的戒律宝典,就没有中国佛教绵延二千余年的历史进程。

走进新时代,我们要继承先贤的遗志,以戒律庄严我们的身心,在弘法利生的事业中,将先贤的精神发扬光大。唯其如此,才是对法显大师及历代先哲最好的怀念。

二、法显大师在开拓"陆上丝绸之路"和 "海上丝绸之路"上居功至伟

众所周知,在中国历史上,法显、玄奘和义净法师是三大求法高僧和翻译家。其中,玄奘大师是沿着陆上丝绸之路西行求法的高僧,义净大师则是沿着海上丝绸之路前往印度求法的高僧,而法显大师则是先沿着陆上丝绸之路西行,后又沿着海上丝绸之路东归的一代高僧。法显大师既体验了漫漫黄沙、雪山火海,又遭遇了惊涛骇浪、盗贼出没等种种危难,因此,法显大师既是陆上丝绸之路最早的奠基者,也是海上丝绸之路最早的开拓者,可谓前所未有。

正是由于有像法显大师这样一批又一批在陆上和海上冒着生命危险前赴后继求法的高僧们,把当时域外先进的佛教文化移植、弘传到了中华

大地，并结合中国本土文化，创造性地形成了有别于印度、独具特色的中国化佛教，给中国文化注入了新的元素和活力，极大地拓展了中国人的文化视野，丰富了中国传统文化的内涵。所以，今天，当我们提到中国传统文化时，往往以儒、释、道来概括，其中，儒家、道家是中国本土原生文化，而佛教则是从印度传入中国而又和中国文化相融合的文化形态。法显等求法高僧不仅传播了印度佛教文化，更重要的是他们形塑了中国传统文化的内涵和格局。

世界文明在交流中进步，各国文化在互鉴中繁荣。中国佛教文化吸收印度和斯里兰卡佛教文化而获得了长足的发展就是最好的例证。在当今全球一体化的大背景下，如何推动各大文明之间的交流互鉴，是摆在各国政治家和宗教家面前的庄严课题。

2013年以来，中国领导人先后提出了建设"丝绸之路经济带"和"21世纪海上丝绸之路"两个伟大构想，希望通过促进古代丝绸之路和海上丝绸之路沿线国家的经济合作，构建更加紧密的命运共同体，促进沿线国家民众的伦理思想基础与永久福祉。2014年9月，中国国家主席习近平访问斯里兰卡，与印度和斯里兰卡领导人围绕建设"21世纪海上丝绸之路"达成了多项共识和合作计划。2019年10月，中国国家主席习近平率代表团访问印度。访问期间，在回顾中印、中斯两国源远流长的友好历史时，习主席首先提到"高僧法显开启的千年佛缘"。正是有着像法显大师这样的先哲在一千六百年前播下了友谊的种子，我们才在今天看到合作共赢的灿烂之花。

三、继承和发扬法显大师追求真理、勇于探索、不畏艰险、不忘初心的精神品格，创造中印、中斯三国佛教交流合作的新时代

为此，我谨代表中国佛教界发表以下几点建议和希望：一是进一步加

强中国、印度、斯里兰卡三国佛教界之间各层面的交流。中国佛教界和印度、斯里兰卡佛教界不仅有着千年佛缘，而且近几十年来交流频繁，硕果累累。中国有句谚语说得好，"亲戚是走出来的"，也就是说，即便在有血缘关系的亲属之间，也需要多来往、多交流。通过在交流互动中培植相互认同、相互尊重、相互支持的感情基础，促进三国佛教界的合作更顺利、更持续地展开。二是推进佛教人才的合作培养。我们欣喜地看到，近几十年来，有数量众多的中国年轻僧人选择到印度、斯里兰卡留学，主要是修习佛教专业，不少法师获得了硕士或博士学位。回国之后，他们在我国的寺院和学术机构发挥了积极作用。也有印度、斯里兰卡的留学僧在中国的大学留学。留学僧的培养也是促进三国文化交流与进一步扩大共识的重要举措。目前的留学活动大多是个人层面的主动选择，而不是组织性的派遣行为。三国佛教界可就互派留学僧的事宜展开协商和合作，让更多的学僧实现留学梦。三是扩大佛教学术交流。客观地说，中国大陆的佛教研究偏重于汉传佛教的研究，对南传上座部佛教的研究无论是数量上还是质量上都远远不够。这种状况也影响到中国佛教学术界与印度和斯里兰卡佛教学术界之间的交流。随着越来越多的留学僧回国服务，我觉得三国佛教学术交流的机缘已经慢慢成熟。三国佛教界的当务之急是与学术界联姻，共同搭建佛教学术交流的良好平台，如定期召开由三国法师和学者共同参与的中印斯佛学国际论坛等。

中国和印度、斯里兰卡的交往，始于高僧法显开启的千年佛缘，自此薪火相传。郑和七次远洋航海的历史纽带，患难见真情的米胶协定，三国人民在印度洋海啸和汶川地震中守望相助……一个个历史的瞬间，凝聚成三国人民的共同的记忆，鉴往知来，心手相连，携手未来。

令人记忆犹新的是，进入新时代，习近平主席在访问印度和斯里兰卡时曾高度评价"中印、中斯关系正处于历史最好时期，面临新的发展机遇。""我们要对接发展战略，做同舟共济的逐梦伙伴。"旨哉斯言！三国人民和佛教界人士，在全球一体化、世界多元化的今天，唯有继承先贤遗志，同舟共济，方能行稳致远。

1600 年来，中印和中斯佛教一直保持着友好交流的优良传统，尤其是近几十年来，三国佛教领袖率团互访、举办佛教活动与留学僧互派等积极举措，都极大地推进了双方对彼此佛教传统和现状的认识，影响深远。

2007 年 8 月，以中国佛教协会一诚会长为团长的中国佛教代表团赴斯参加康提佛牙节，两国佛教界进一步互通有无，增进法谊，共宣佛旨。

时代在变，世界在变。诚如斯里兰卡的格言所说："世界上没有一成不变的东西，只有'任何事物都是在不断变化的'这条真理。"同样，佛教也在越来越深刻地影响并改变着世界，在喧嚣浮躁的当下，带给人们安宁，守护精神家园。

"河海不择细流，故能就其深"，习近平主席在会见出席第二届"一带一路"国际合作高峰论坛部分国家领导人时指出："历经 70 年艰苦奋斗，中国人民立足本国国情，在实践中不断探索前进方向，开辟了中国特色社会主义道路。今天的中国，已经站在新的历史起点上……我们将继续沿着中国特色社会主义道路大步向前，坚持全面深化改革，坚持高质量发展，坚持扩大对外开放，坚持走和平发展道路，推动构建人类命运共同体。"

志合者，不以山海为远。在千帆竞发、百舸争流的新时代，让佛弟子携起手来，共同缅怀先哲的丰功伟绩，追随高僧的足迹，即使远隔万水千山，也一定能够走出一条为佛法昌盛、为中印斯三国民族复兴而共同精进的康庄大道！

从历史、文献、法派的角度
思考道教在宗教中国化进程中的使命与担当

——以华盖山为中心

江西省道教协会秘书长　　陈雅岚

前　言

　　道教是中华民族本土的宗教,道教是吸取中华民族文化营养成长起来的宗教。道教作为中华民族的文化基因的重要组成部分,已经深深融入中华民族的血脉。以老子所讲的"道"为其最高信仰,以"道"为核心思想形成了庞大而独特的多神信仰体系、丰富多彩的文化体系、形式多样的仪式体系,也因此,道教文化的多样性还为外来宗教中国化提供了文化的借鉴,道教之所以能生生不息、成为中华民族传统文化之一并传承不断,最主要就是与每个时代相适应、相促进,能够担当时代赋予的使命。

　　江西地方道教名山多、道观多、高道多,而具备这"三多"且历史悠久的华盖山是其中之一。根据《华盖山志》记载:华盖山又名大华山,大华盖山,在江西抚州府,崇仁县,五十二都,现归属乐安县,与宁都县、宜黄县为邻,素有"江南绝顶三峰"之称。汉元帝时王、郭二仙师事浮邱公,同于是山修道,白日上升。华盖山自西晋元康二年(292)开始修建道观,隋朝有玉亭、南真、仙林、桥仙等四座道观,唐代颜真卿有《桥仙观碑记》,宋朝诏改"桥仙观"为"崇仙观",宋代饶洞天在华盖山创立天心正法派,元代建立雷坛,明朝敕赐"崇仙观",清朝修订《华盖山志》、民国重印《华盖山志》。若以浮丘公在华盖山修道开始，华盖山道教经历了汉魏两晋南北朝、隋唐、宋、元、明、清、民国，有两千多年的历史，所以，可见这座山道教文化历史之悠久、内容之丰富、价值之深厚。

近年来，政府在道教的作用发挥上，多关注道教的文化性；学术界在道教的研究上，多注意道教宫观、道派之研究价值和贡献；道教界在道教的传承上，多注意道教法事活动，但对于道教与政治、社会、生态的关系以及道教对于外来宗教的包容性与影响力及其道教吸收外来宗教自我改造和道教文化思想在中华文明中的地位作用等综合研究比较少。本文通过对华盖山道教的历史梳理、文献分析、道派传承，我们可以复现一座山的具体活动、宗教生活以及与社会的关系。本文试图通过从汉唐至民国保留下来的华盖山的志书、碑刻、科仪、文学等文献，来重建这座最古老道教名山的历史变迁及其蕴含的思想价值。根据搜集资料所得，现今留存下来的华盖山的文献有：1.明清版的《华盖山志》；2.唐代颜真卿的《桥仙观碑记》、元代吴澄的《雷坛碑》、明代吴道南的《重建山门记》等 11 通碑刻；3.《天心正法》《大华盖山三仙真君解冤灭罪度人心经》《天心三元关魂科文》《老君棕扇记》《证上无道》等 47 本科仪经书；4.唐代朝廷对华盖山遣使投简、宋代朝廷对浮丘公郭三仙的敕封、明代朝廷赍降御香等 9 篇牒文诏书；5.宋代高道白玉蟾的《谒华盖山青词》、明代抚州知府古之贤的《请仙祈雨青词》等 8 篇青词；6.唐代至民国的乐史、虞集、揭奚斯、张宇初、汤显祖、罗洪先、朱多炡等 161 位贤达的《登华盖山》或《谒华盖山》等 183 首诗词。

一、华盖山道教历史概略

（一）汉魏两晋南北朝（前 206—581）。东汉时期，由于社会危机严重，黄老道教的思潮在社会上逐渐流行，道教徒张鲁在汉中割据政权，后归顺曹操，统治者与道教双方开始发生相互适应的良性互动，由此开始，道教活动的重点转向了养生导引，服食辟谷等方面。魏晋南北朝政治腐败，社会动乱，在此期间，许多有识之士隐居江西龙虎山、阁皂山、玉笥山、庐山、华盖山修神仙养生之道，至今这些山得益于"有仙则灵"而名扬天下，大量的道教科仪经书和神仙炼养方法盛行于世，华盖山缘于三仙信仰而绵延不断、香火长盛，《华盖山志·胜迹志》①述及：汉元帝（前48—33）时，王、郭二仙师事浮邱公，同于是山修道，白日上升，立上升坛、浮丘坛；《华盖山志·仙真志》引用白玉蟾赋云："彼浮邱之为仙也，生于商，仕于周，隐于汉，化于晋，知隋开皇时尚在巴陵华盖。之如也，可谓死而不亡者。"魏景帝元年（260）七月七日，浮邱公调琴于山北玉亭馆；西晋元康元年（291）二月一日，王郭二真人于玉亭冲举上升，事闻于朝，诏命二真人经行之地，并立观宇，崇奉香火；西晋元康二年（292）二月一日，华盖山兴建道观。

（二）隋唐（581—960）。隋王朝的建立，结束了我国三百余年的南北分裂局面，国家重新获得了统一，道教在杨坚所建立的新政权中占有重要地位②；唐代，在统治者的扶持下，道教得到了大发展，奉老子《道德经》为上经，兴建道观，高道辈出，道教学术成果颇丰，经过道教学者的阐发，还建立了一套相当系统化的道教哲学体系③。隋唐也是华盖山道教发展的旺盛时期，开元十三年（725），唐玄宗遣使臣孙志良赍简投奉浮邱石室，以为金马驿传；颜真卿的《桥仙观碑记》④述及：隋开皇五年（585），道士李子真于坏碑上再录出文，则知王、郭二真，仙不显名，王则方平之从侄，郭乃王之族弟也。

（三）宋代（北宋960—1127，南宋1127—1279）。道教的发展在宋朝达到鼎盛，宋真宗、宋徽宗多次下诏令天下郡县搜道经、访道士、编《道藏》、设立道学制度和道学博士等⑤，如：江西高道王仔昔、王文卿、张继先被召问和敕封，华盖山天心正法派创立。宋代华盖山不仅创立了天心正

---

① 清同治《华盖山志》，刻印本。
② 卿希泰：《简明中国道教史》，北京：中华书局，2013年，第50页。
③ 卿希泰：《简明中国道教史》，北京：中华书局，2013年，第103页。
④ 明嘉靖三十三年《抚州府志·艺文记》卷三十五，第2806页。
⑤ 卿希泰：《简明中国道教史》，北京：中华书局，2013年，第86—97页。

法派,其道观、道长得到了历史上朝廷最多的敕封,对三仙的敕封多达五次,即:熙宁七年(1074)十一月二十五日,据玉笥山道士沈廷瑞实录,随状奏闻王、郭二真人事迹,朝廷赐以爵号,载于祀典;熙宁八年(1075)七月加封王真人冲应真君、郭真人诚应真君;元符三年(1100)八月八日敕封浮邱公为超应真人;政和七年(1117),敕封浮邱公为超应真君;嘉熙元年(1237),加封三仙为三佑真君,特封孚佑浮丘真君、正佑王仙真君、显佑郭仙真君;庆元年间(1195—1200),华盖山大兴土木,历时10年,新建三仙殿、玉皇阁、三官阁、宾仙阁、憩霞轩、眠云轩、御香亭、圆光亭等。淳化中,县吏饶洞天入华盖山修道,有饶公庵祀之;熙宁中,武夷山道士谭太初来华盖山修道;熙宁八年(1075),特赐改"桥仙观"为"崇仙观";开禧元年(1205),裴省中倡导兴建三庐殿。

(四)元朝(1271—1368)。元王朝的建立,结束了南北对峙的局面,中国又恢复了统一。元代统治者对道教十分尊重,如:成吉思汗问道丘处机以及朝廷对天师道的敕封,道派大融合,形成正一和全真两大派别,道教领袖文化素养高,道教教义教理得到较好的阐释,道教呈现蓬勃发展的太岁[①]。在元代,华盖山吸引了许多士大夫隐居或入道,为华盖山道教文化的提升发挥了巨大的作用,元大德年间,翰林侍讲学士虞集多次到华盖山,有诗《赠羽士费无隐》:我欲作丹须水金,人间无药不堪寻。青霞如练还相觅,华盖冲天丈室深;泰定元年(1324),翰林学士吴澄多次游览华盖山并撰写《雷坛碑》;至顺三年(1332)祷雨感应,吴澄作《抚州路达鲁花赤祷雨记》;至元五年(1339),翰林侍讲学士揭奚斯游览华盖山,赋《宿华盖山赠赵尊师》。

(五)明代(1368—1644)。明代统治者与历代一样实行崇道政策,发挥道教服务社会的作用,建立了一套道教的机构和制度,在京师设立道录司作为管理道教的最高机关,隶属礼部;修纂《道藏》,在京师和武当山建立道观,龙虎山大上清宫得到敕封、赐建,江西高道赵宜真、刘渊然、张宇

---

① 卿希泰:《简明中国道教史》,北京:中华书局,2013年,第127页。

初、邵元节等得到重用①。在明代,华盖山道教不仅得到了朝廷及士大夫的高度关注,而且四十三代天师张宇初三次、四十七代天师张元庆奉旨登华盖山,赍降御香。洪武二十二年(1389),四十三代天师张宇初,奉敕兴建华盖山第二门(又称"二天门"),匾曰"敕赐崇仙观";洪武二十五年(1392),为东宫殿下病愈,遣龙虎山四十三代天师再次登华盖山降香答谢;永乐二年(1404),四十三代天师张宇初第三次到华盖山进香拜谒三仙;宣德二年(1427),雷坛重建,国子监司业吴溥撰写《重建雷坛记》;嘉靖三十二年(1553),益王府礼官谭温资助修建华盖山大殿,先后资助赵公坛、崇仙观门廊、山门等及重修《华盖山志》;天启七年(1627),崇仁知县崔世召编纂《华盖山志》并撰写序言。

(六)清代(1644—1911)。入清以后,道教受到统治者的严格限制,华盖山在清代两百多年里,没有看到道观的建设,也没有出现高道,幸好崇仁县本地人谢希桢、甘启祥发愿并于同治己巳(1869)重订《华盖山志》,对于传承华盖山道教文化有巨大的贡献,甘启祥在重订《华盖山志》的序言中说:"天地秀灵之气,必有所泄,以显其轮囷挺拔之奇。福地名山,指不胜屈,类皆仙真之所栖息,不与尘世为伍。呼吸潜通,桴鼓相应,盖所凭者高,斯所被者远也。吾崇华盖山,发脉于衡岳,磅沛蜿蜒数千里,而团结于此,排列三峰,高入云表。其地不占通都大邑,无游人旅客之往来,孤旷寒冽,宜弃之榛莽矣。然每岁秋月,朝拜者金鼓箫管之声,奔赴不绝。"②

(七)民国(1912—1949)。民国时期,道教仍然没有得到统治者的重视,此期间的华盖山道教在宫观建设上仍然没有大的变化,但在道教文化建设方面有传世之举,抚州府南城县岁贡易居易作序重刻同治《华盖山志》。其序言曰:"江右诸山,名莫著于匡庐。近数十年,中外游人俱谋为栖息之所,四方辐辏,地势使然,非由神灵有以感召之也。次如我邑麻姑山,名亦着海内。仙迹留遗,详于鲁公碑记。虽地不近通都大邑,而远方

---

① 卿希泰:《简明中国道教史》,北京:中华书局,2013 年,第 144-161 页。

② 清·谢希桢编撰,吴小红校注:《华盖山》,南昌:江西人民出版社,2001 年,第 875 页。

人士凡莅邑城者,靡不思登山俯眺,以供眼福而去。即至海外人来,亦曾购地建筑,为避嚣之计,山景使之然也。"①

纵观华盖山道教的产生和形成来看,华盖山道教已经有两千多年的历史,从而也可以推断江西元始道教创建于西汉。在华盖山,宋代华盖山道教呈现贵盛局面,一方面是宋神宗、宋徽宗等信仰道教,多次对华盖山道观敕封;另一方面,宋代饶洞天创立天心正法派等对三仙信仰的传播发挥了重要作用。值得欣慰的是,尽管华盖山道教在历史上有盛有衰,但华盖山道教文化的传承没有中断,这其中有道教徒的贡献,更有历代地方官员、地方贤达的共同参与。

二、华盖山道教文献考略

江西历代道教名山不少,但像《华盖山志》的编集这样历代不断、资料丰富、道教内容唯一、教内教外都关注、地方官员参与编纂的不多。

(一)志书

1.明代版《华盖山志》。据余式高等考证②,《华盖山志》母本原名为《江南华盖山志》,共五卷,成书于明永乐五年(1407),没有留下编者姓名,由龙虎山四十三代天师张宇初作序;明嘉靖三十四年(1555),华盖山许云升道士重刊《江南华盖山志》,重刊费用得到了宜邑寓省纯吏涂舜、南昌南园居士王楠、临川石泉万鼎十、省城朴斋张继武等资助。据余式高介绍,1985年6月,美国哥伦比亚大学博士、美籍华人谭明士专程到华盖山考察道教,并告知现美国国会图书馆存有明代嘉靖版《江南华盖山志》,此书原存浙江宁波"天一阁"藏书楼。明天启七年(1627),由崇仁县

---

① 清·谢希桢编撰,吴小红校注:《华盖山》,南昌:江西人民出版社,2001年,第874页。
② 明·崔世召纂,余式高、曾球民、姜文昌等编注:《华盖山志·编后记》,长春:长春出版社,468页。崔世召,福建宁德人,明代天启年间崇仁县知县;余式高为乐安县华盖山下本地人,余式高等根据明代天启版《华盖山志》手抄本编注。

知县崔世召重修《华盖山志》，此版本的手抄本还流传下来，真实难能可贵，乐安县本地人、生长于华盖山的余式高等根据明代天启版《华盖山志》手抄本进行编注，并于 2004 年出版，虽然点校有一些错漏，但为道教文献的保存和道教文化的传承有重大贡献。

2.清代版《华盖山志》。清代同治八年（1869），经谢希桢（小湘）、甘启祥等重订《华盖山志》，谢希桢（小湘）、甘启祥均为崇仁县崇仁乡和平里人（今划入乐安县）。重订《华盖山志》的序言由甘启祥撰写，其中记述："明天启丁卯，邑令崔世召曾刻山记。细绎卷首，备列永乐、万历间原叙，知此书仅为崔公之所编辑，非始创也。其中体例颇有出入。又板经二百余年，久已散佚，惟存印本寥寥，倘不及时校刻，几何不同《广陵散》乎。"

3.民国版《华盖山志》。民国十七年（1928）由南城县彭先燮、包贡廷、吴瑞麟、傅士林等捐资刊印清代版《华盖山志》，十二卷，现在留存不多，江西省图书馆、抚州市图书馆及乐安县方志办各有一套。

4.当代版《华盖山志》。明崔世召原纂、余式高、曾球民、姜文吕编注：《华盖山志》①，2002 年由长春出版社出版，此版是根据明天启《华盖山志》手抄本编写，增加了《华盖山大事记》《历代名人与华盖山》《华盖山民间传说》，从内容来看，对华盖山志给予了补充；从学术性来看，点校质量有点欠缺，而且错误很多。

清谢希桢编撰，吴小红校注：《华盖山》作为《江西名山志丛书》，2001年由江西人民出版社出版，此《华盖山》②基本上是按原文点校，质量较高，但对原文的一些纰漏没有纠正或作出说明，如：关于白玉蟾的介绍，原文中：北宋宣和（1119—1125），惟真人白玉蟾遍授灵异，见石崖上云篆灵符，因摩而出，始知三仙检阅图（应为：符）篆于于此③。根据盖建民对白玉蟾生卒年月的考证，其出生时间为南宋高宗绍兴四年（1134），卒于南

---

① 余式高等：《华盖山志》，长春：长春出版社，2002 年。

② 清·谢希桢编撰，吴小红校注：《华盖山》，南昌：江西人民出版社，2001 年。

③ 清·谢希桢编撰，吴小红校注：《华盖山》，南昌：江西人民出版社，2001 年，第 889 页。

宋理宗绍定二年(1229)①。

历代《华盖山志》的编撰,尽管在风格、内容上有许多不一样,但对于传承道教文化,使中华民族文化世代相传有不可磨灭的贡献,在当代,还需要有识之士对《华盖山志》进行充实和完善。

(二)碑刻

金石碑刻是指刻在石碑、山崖、金石器物、造像等载体上的文字和图画文献资料。通过文献整理和田野调查粗略估算,华盖山碑刻、摩崖、像器铭文,总数100通以上,这些碑刻文献资料记载了华盖山道教发展的历史及其变迁,但很遗憾的是,这些碑文在温润多雨潮湿的南方及特殊的年代,大部分遭到毁坏,现存不过吉光片羽。根据内容和形态,华盖山碑刻主要包括圣旨碑刻、记事碑刻、墓志碑刻、摩崖碑刻、诗词碑刻、器物碑刻等。

1.圣旨碑刻。华盖山很早就是历代朝廷敬天祈福、为民捍患、求长生之法的圣地。《唐遣使投简》碑文记载:唐开元十三年(725),唐玄宗令孙志良赍简投奉浮邱石室以为金马驿传;宋代朝廷对华盖山的敕封最多,主要是三仙的敕封,如:《宋封王郭二仙为真君》(宋熙宁七年,1074)、《宋封浮邱公为超应真人》(宋元符二年,1099)、《宋封超应真人为真君》(宋政和七年,1117)、《宋加封三仙为三佑真君》(宋嘉熙元年,1237),还有一道对道观的敕封,如:《宋改桥仙观为崇仙观额》(宋熙宁八年,1075);在明代,皇室家庙在武当山,真武信仰得到高规格的推崇,并成为新皇即为后派信使大臣到武当山祭祀北极真武神,祈求家国吉祥,成为"祖制""成例",但明朝廷对江西道教仍然关注有加,尤其是龙虎山道教祖庭,多次委派龙虎山天师或官员赍降御香于华盖山,如:《明太祖赍降御香》述及:洪武二十二年,命鸿胪寺卿邱鉴,同四十三代天师张宇初,赍香诣山,为保东宫殿下,在山请给灵丹盛匣,则祥光灿耀入朝,则香气芬菲,服讫,疾随

① 盖建明:《道教金丹派南宗考论》,北京:社会科学文献出版社,2013年,第417页。

痊愈,壬申夏月,颁降异香,遣使至山答谢。还有《明宪宗赍降御香》(明成化二十三年,1487)、《明世宗敕谕》(明嘉靖二十四年,1545)。

2.记事碑刻。因纪念特定事件所刊刻的碑石,有表彰功业、铭记功德、流芳后代、以垂久远之意。华盖山的记事碑主要有修建宫观、记录三仙的功德碑以及仙方治愈病人的碑刻,如:唐代颜真卿《桥仙观碑记》(唐大历四年,769)、宋代李冲元的《浮邱公、王、郭二真君记》(宋元符二年,1099)、宋代谢谔的《三仙记》(宋绍熙二年,1191)、宋代曾丰的《新建三庐记》(宋开禧元年 1205)、宋代陈一荐的《仙方愈疾记》(宋端平元年,1234)、元代吴澄的《雷坛碑》(元泰定元年,1324)、元代吴澄的《抚州路达鲁花赤祷雨记》(元至顺三年,1332)、元代谭善心的《祈雨感应记》(元延祐五年,1318)、明代危素《金灯金船记》(明洪武年间)、明代王克义的《灵应记》(明洪武年间)、明代吴道南的《重修山门记》(明万历二十九年,1601)、明代叶熙囊的《回生记》(明万历四十四年,1616)、明代叶熙囊的《石案记》(明万历四十五年,1617)等。

3.诗词碑。宋以前很多儒家名人在道观留下的诗,道长都会刻在碑上长久保存,正如白玉蟾在西山玉隆万寿宫修道期间,发现许多唐诗碑刻,他在华盖山也看到了同样的景象,包括白玉蟾的《登华盖山赋》。

因为南方潮湿,加上缺乏保护,华盖山的许多碑刻都被毁掉,留下的大部分是残碑,但从许多文人的文献、诗词中还是发现了华盖山碑刻的内容及其价值。

(三)经书

经过搜集、整理,华盖山有以下主要经书有:《上清天心正法》《华盖山浮丘王郭三真君事实》《大华盖山三仙真君解冤灭罪度人心经》《太上助国救民总真秘要》《紫元洞天三仙法忏》《天心正法修真道场设醮仪》《上清骨髓灵文鬼律》《无上玄元三天玉堂大法》等。下面将重点整理和介绍:《上清天心正法》《太上助国救民总真秘要》《华盖山浮丘王郭三真君事实》。

1.《上清天心正法》①。《上清天心正法》成书于宋代,收录《正统道藏·洞玄部·方法类》,共七卷,邓有功作序,《序》中记述了《上清天心正法》的创立时间、地点、创始人、传承人、正法之渊源,即:北宋淳化五年(994),饶洞天处士得"浮丘王郭"三圣人感应,寻梦在华盖山"掘三尺许,得金函一所,见金板玉篆,天心秘式一部,名曰正法钦哉。正法乃玉帝之心术、太清之真文、太上之妙法、三洞之灵书,共成四阶经箓。"后经谭紫霄授得其道,才识正法玉格行用之由,其中表述了天心正法的传承脉络,第一代饶洞天,第二代朱仲素,第三代游道首,第四代邹贲,第五代符天信,第六代邓有功。

《上清天心正法》的结构完整、内容丰富,有朝礼、拜表、礼斗、燃灯、步罡、手诀、念咒,每卷还有治病行符方法,例如:卷一中三光正炁之"请服太阳炁""请服太阴炁";卷三之"太上催生符""催生雷符";卷四之"布炁治疼痛""治疗毒法""天罡荡疫发汗灵符";卷五之"治痢疾符"。从《上清天心正法》的内容来看,不仅仅是一部道教科仪经书,还是一部包含道教内丹、道教适应时代需要引导社会行正道之法。《上清天心正法》是通过念咒、敕符、布气、存思并结合内丹方法"以达长生"。《上清天心正法》之法术、之符咒、之修炼延寿等法门不仅在国内有广泛传播而且传播到越南等地区②,至今福建、云南、贵州、广西等地区都在传承,如:福建长汀东华山道院就是供奉"浮丘王郭三仙",行天心正法之法门。

2.《太上助国救民总真秘要》③,《太上助国救民总真秘要》成书于北宋政和六年(1116),收录《正统道藏·正一部》共十卷,洞幽法师,元妙宗作序并编纂。元妙宗是应宋徽宗召请,入京师经局校刊道教经书,期间尽览道教经典,然而当时的道教经典,缺少可以救治黎民百姓疾苦的符咒法术,于是元妙宗便从收集救世治病福法秘法用口诀等编成十卷本的《太上助国救民总真秘要》进献给宋徽宗,显然,元妙宗是北宋《道藏》的编纂

---

① 明代版《道藏》,中华民国十三年(1924)二月上海涵芬楼影印。
② 刘春根等主编:《越南汉喃文献目录提要》,上册,"中央研究院"中国文哲研究所,2002年,第562页。
③ 明代版《道藏》,中华民国十五年(1926)四月上海涵芬楼影印。

者之一,是传承天心正法的一代高道,北宋末官方道教的代言人,其编纂的《太上助国救民总真秘要》是官方的道教典籍①,是以《上清天心正法》为蓝本编写的道医类书籍。

《太上助国救民总真秘要》的主要结构和内容:卷一阐述了上清北极天心正法序并驱邪院请治行用格,有祈求禳请、遣治瘟疫、杂类邪气等,请乞符水以治之;卷二和卷三记录了天心正法灵文符咒、祛除瘵疾众病符诀,如敕印咒、开印咒、北帝符、天蓬咒、催生符、治头痛法;卷四至卷六辑录唐代叶法善所传出自汉正一天师之遗法。

元妙宗编撰《太上助国救民总真秘要》一方面是讨好宋徽宗好道的需求,另一方面也说明华盖山的《上清天心正法》道医及其法术非常有价值。

3.《华盖山浮丘王郭三真君事实》②。《华盖山浮丘王郭三真君事实》成书于明代景泰二年辛未(1451),收录《正统道藏·洞神部·谱籙类》共六卷,黄弥坚、张颜编撰,张颜作序③。《华盖山浮丘王郭三真君事实》的主要结构和内容:卷一,由"玉笥山道士沈庭瑞述",分别记述:浮丘公度周灵王太子王子晋、浮丘公授丹与王子晋、浮丘公授诗学与申公、浮丘公度王褒、浮丘公遗迹。卷二,由"玉笥山道士沈庭瑞述",主要述及:(1)华盖山王郭二真君本汴州陈留人,王则方平之远孙、郭乃之族弟;(2)王郭二真君出家修道始于本郡的玄元观,后经麻姑山、玉笥山、罗山等胜地神仙修炼,落脚于华盖山桥仙观;(3)他们精思勤修、修炼大丹、不日道成,能走石飞符、兴云致雨、治病救难;(4)立观度人,于华盖山,东建仙林观、南建南真观、西建桥仙观、北建上仙观;(5)王郭二真人的功德被宋朝廷敕封、加封,宋神宗敕改桥仙观为崇仙观。卷三和卷四,南宋绍兴年间由

---

① 李志鸿:《上清天心正法研究》,北京:社科文献出版社,2011年,第34页。

② 明代版《道藏》,中华民国十三年(1924)二月上海涵芬楼影印。

③ 据《华盖山浮丘王郭三真君事实·序》记述:黄弥坚为华盖山道士,张颜为崇仁县南村乡人,张颜登华盖山朝拜,与华盖山崇仙观住持陈元应道长结识,对道长"延茶语话、议论清丽、爽气逼人、待人接物、礼貌温如,且无嗜利之心,真神仙地位中人"的崇敬之情下定了张颜参与编撰《华盖山浮丘王郭三真君事实》的信心。

华盖山道士章元枢（南宋绍兴年间，1131—1162）编撰，主要记载了三真
君燕处之地紫玄洞以及华盖山周边（主要是抚州、吉州地区）奉祀三仙的
九十五座道观，如：玉笥山挂华盖亭、抚州天庆观（明代改名为玄妙观）、
灵谷山隐真观、阁皂山王郭坛、罗山望仙观、麻姑山麻姑洞、云桥崇仙观、
广昌中华山、南丰军山、太（泰）和迎仙观等，如下表：

序号	宫观名称	历史概况	奉祀神祇	地理位置	备注
1	浮云观	唐朝	奉祀邓紫阳叶法善	崇仁县二十一都明村	
2	云元观	晋朝	奉祀浮丘公	龙源山	
3	延寿观	宋代	奉祀三仙	崇仁县西南十五里地	
4	洞云观	唐代	奉祀三仙	崇仁县县南二十五里地	宋庆历丙戌年重建
5	祈真观	宋代	奉祀三仙	崇仁县青云乡四十二都	
6	云兴观	宋代	奉祀三仙	崇仁县县南三十里地	崇宁丙戌年建
7	洞仙观	宋代	奉祀三仙	崇仁县里贤乡二十七都	
8	邓林观	宋代	奉祀三仙		
9	白鹤观	宋代	奉祀三仙	崇仁县东北三十里	
10	清溪观	宋代	奉祀三仙		
11	宝真观	宋代	奉祀三仙	崇仁乡三十八都	
12	游仙观	宋代	奉祀三仙	崇仁乡三十六都	

13	吾章观	宋代	奉祀三仙	崇仁乡三十八都	
14	建兴观	宋代	奉祀三仙	崇仁乡三十二都	
15	函口观	宋代	奉祀三仙	崇仁乡五十一都	
16	龙停观	宋代	奉祀三仙		
17	延昌观	宋代	奉祀三仙		
18	唐兴观	宋代	奉祀三仙	罗山望仙奉	
19	云台观	宋代	奉祀三仙	长安乡五都	
20	上崇观	宋代	奉祀三仙	崇仁乡三十四都	
21	龙塘观	宋代	奉祀三仙		
22	飞茅观	宋代	奉祀三仙	罗山下	
23	太虚观	宋代	奉祀三仙	罗山下隔	
24	巴山观	宋代	奉祀三仙	崇仁乡四十二都	
25	翁成观	宋代	奉祀三仙	礼贤乡二十六都	
26	兴乐观	东晋	奉祀三仙	县东四十里	太和二年
27	上云观	宋代	奉祀三仙	县南二十五里	
28	上方观	宋代	奉祀三仙	崇仁县青云乡十九都	
29	宝台观	宋代		崇仁乡二十二都	

30	侣仙观	唐代	奉祀三仙	青云乡四十三都	
31	保安观	隋朝	奉祀三仙	崇仁乡十都	开皇五年
32	凌霄观	宋代	奉祀王郭二仙	长安乡十一都	
33	聂坊观（梓陂道院）	宋代	奉祀王郭二仙	县东四十五公里	
34	章仙观	宋代	奉祀王郭二仙		
35	灵泉观	宋代	奉祀三仙	临川县西南五十里，属长安乡	
36	白鹤观	宋代	奉祀三仙	临川县南六十里，属长安乡	
37	洞林观	宋代	奉祀三仙	临川县西南四十里，属新丰乡	
38	集仙观	宋代	奉祀三仙	临川县南十里	
39	临溪观	宋代	奉祀三仙	临川县南七十里新丰乡	
40	崇兴观	宋代	奉祀三仙	临川县十五里，系灵台乡	
41	新兴观	宋代	奉祀三仙	临川县南五十里，隶集善乡	
42	席湖观	宋代	奉祀王郭二仙	临川县南五十里，隶崇德乡	
43	妙音观	宋代	奉祀王郭二仙	金溪县	有石钟
44	灵仙观	宋代	奉祀三仙	金溪县东	
45	灵昌观	宋代	奉祀三仙	宜黄县南五里	
46	东林观	宋代	奉祀王郭二仙	宜黄县九峰山	距县四十里

47	招仙观	宋代	奉祀三仙	乐安县南	
48	仙游观	宋代	奉祀王郭二仙	乐安县南	
49	南华观	宋代	奉祀三仙	乐安县城东北	
50	横源观	宋代	奉祀三仙	乐安县城南云盖乡	
51	延禧观	宋代	奉祀王郭二仙	建昌军南城县西	
52	无为观	宋代	奉祀王郭二仙	南城县西南雅俗乡	
53	何仙观	元代	奉祀王郭二仙	瑞州高安县	
54	逍遥观	隋朝	奉祀王郭二仙	豫章郡东南	宋治平年间赐额
55	崇仙观	元代	奉祀王郭二仙	富州县梅仙乡	
56	紫极观	元代	奉祀王郭二仙	富州县长乐乡	
57	太极观	元代	奉祀浮丘	富州县茂才乡	黄初平送浮丘经过
58	游仙观（亦名宁仙观）	唐代	奉祀王郭二仙	吉州永丰腾田乡	
59	庆龙观	唐代	奉祀王郭二仙	吉州永丰突起乡	
60	洪都观	唐代	奉祀王郭二仙	隶永丰县距县三里	王郭二真炼丹之处，有古碑

61	嵩山观	唐代	奉祀王郭二仙	隶永丰县距县西南五里	邑人有碑记，绍兴十四年请额
62	华盖院	唐代	奉祀三仙	隶衡州衡山县西北三十里	浮丘王郭三仙修炼游息之地
63	玄元观	唐代	奉祀王郭二仙	天节山	
64	永兴观	唐代	奉祀王郭二仙	笔架山	
65	华盖亭	唐代	奉祀王郭二仙	玉笥山	
66	天庆观（明代改名为玄妙观）	唐代	奉祀王郭二仙	抚州临川	
67	隐真观	唐代	奉祀王郭二仙	临川灵谷山	
68	王郭坛	唐代	奉祀王郭二仙	阁皂山	
69	丹霞观	唐代	奉祀王郭二仙	同造山	
70	望仙观	唐代	奉祀王郭二仙	丰城罗山	
71	中华观	唐代	奉祀王郭二仙	广昌中华山	
72	仙都观	隋朝	奉祀王郭二仙	建昌军麻姑洞	
73	祥符观	唐代	奉祀王郭二仙	仙王峰	
74	长丰观	唐代	奉祀王郭二仙	南丰县军锋山	
75	元宝观	唐代	奉祀王郭二仙	宜黄	仙岩山

76	仙隐观	唐代	奉祀王郭二仙	金石台	
77	龙泉观	唐代	奉祀王郭二仙	崷峯山	
78	昭清观	唐代	奉祀王郭二仙	仙游山	
79	玉清观	唐代	奉祀王郭二仙	景云山	
80	善修观	唐代	奉祀王郭二仙	永崇	
81	无为观	唐代	奉祀王郭二仙	义兴	
82	逸仙观	唐代	奉祀王郭二仙	石步	
83	九真观	唐代	奉祀王郭二仙	看经	
84	凌云观	唐代	奉祀王郭二仙	北塔	
85	招华观	唐代	奉祀王郭二仙	缪坊	
86	招真观	唐代	奉祀王郭二仙	逸人居	
87	玉田观	唐代	奉祀王郭二仙	芝草山	
88	宝台观	唐代	奉祀王郭二仙	乡石	
89	上仙观	唐代	奉祀王郭二仙	玉亭	
90	崇仙观	唐代	奉祀王郭二仙	云桥	
91	徊仙观	宋代	奉祀王郭二仙	吉阳山	
92	迎仙观	宋代	奉祀王郭二仙	吉州泰和	距县六十里

92	佑仙观	宋代	奉祀王郭二仙	吉州泰和驻	距县六十里离迎仙观十里
93	王仙观	宋代	奉祀三仙	泰和洞口	距县百里
94	太霄观	宋代	奉祀三仙	吉州庐陵值夏	
95	永兴观	宋代	奉祀三仙	吉州太篁渡	

卷五和卷六，这两卷主要记述华盖山高道传、信众感应上山求药、真仙降附童子、诵华盖真君圣号免铢死、大仙遣雷治凶徒、华盖山辟邪灵符应验、村民吃肉登山获警戒、朝山母病顿安等事实。高道传有五代南唐沈庭瑞，宋代詹太初、毛道人、饶处士。

《华盖山浮丘王郭三真君事实》是华盖山道教及道教天心正法派的一本重要文献资料，与《上清天心正法》《华盖山志》（刻印本、手抄本）前后相接共同组成了华盖山相对完整的文献资料，尽管抄写、刻印及地方方言等多方面原因，一些人名、地名、山名及个别地方文义不通，但对完整地了解华盖山道教历史、华盖山道教天心派源于龙虎山天师道及其与北帝派雷法的关系提供了极为重要的信息，尤其是通过列举三仙信仰的道观，可以很清楚知道三仙信仰在抚州、吉安地区民间传播的情况，这与宋朝廷多次对华盖山道观的敕额以及对浮丘、王郭的敕封有关，据调查，南丰、南城、崇仁、乐安、永丰、吉水、峡江以及福建许多道观至今祀奉三仙，福建许多信众每年都要到华盖山祖庭朝拜。

4.《天心正法修真道场设醮仪》。《天心正法修真道场设醮仪》收录《正统道藏·洞神部·威仪类》，民国十三年（1924）八月上海涵芬楼影印。《天心正法修真道场设醮仪》其内容和程式结构如下：（1）都讲举各礼师存念如法，高功宣五方衞灵咒；（2）都讲举唱法鼓二十四通，高功法师发鑪；（3）高功法师出受经箓治职；（4）都讲举唱各称法位，高功法师受经箓法位;(5)道士执神号请圣,上香、上茶、上酒;(6)知磬奏初献法事旋绕,咏步虚词;(7)都讲举唱各称名位,高功法师受经箓法位与太上弟子;(8)宣词引正一法师上;(9)上香、献酒,知磬奏亚献法事、举大学仙赞;(10)上香、献酒、献汤,知磬奏三献法事、举出堂颂;(11)知磬举送神颂;(12)高功法师复鑪;(13)知磬知磬举咏华夏讃;(14)知磬举咏回向讃;(16)高功法师回向念善;(17)知磬举醮事毕弟子退位。

从科仪演法的程式和内容来看,天心正法的科仪与正一派天师道的上章和拔职仪式接近,科仪程序上具有与天师道科仪的一致性、传承性,比如:礼师存念、治职、发鑪、送神、复鑪等。

5.《大华盖山三仙真君解冤灭罪度人心经》。《大华盖山三仙真君解冤灭罪度人心经》是许多供奉三仙道观使用的古旧经本,但未收入《道藏》,现存于华盖山道观。在《大华盖山三仙真君解冤灭罪度人心经》中,首先,道众持经忏要诀,"先斋沐心身,然后思真""左足先登就位,叩齿集神";然后,诵经忏总赞、持经忏十二真律(消愆、立功、奉戒、持斋、保命、洁身、明心、净意、养气、凝神、开慧、成道)、大金光咒、开经忏赞、净心神咒、净口神咒、净身神咒、安土地神咒、启雷神诰、净天地神咒、金光神咒;启请香云浮盖天尊,意即:道由心合、心借香传;开经偈,道众上奏天尊及雷公神,浮丘真君王郭二仙宣说心经二十四章,即真君言:鬼心、兽心、句心、曲心、谋心、屈心、黑心、贼心、荤心、愚心、畜心、邪心、恶心、毒心、私心、杀心、盲心、精心、铁心、圣心、敬心、神心、善心、明心,信众听后皆大欢喜,信受奉行,并赞颂:浮丘真君王郭二仙普为众生,无量度人。

经过对《大华盖山三仙真君解冤灭罪度人心经》的分析,比照灵宝派《灵宝无量度人上品妙经》,核心内容都是无量度人,由此可见,天心派与灵宝派一脉相承。

(四)儒道名人文献

华盖山是道教名山,千百年来与这座山有关系的儒道人物非常多,他们不仅尊重中华道教文化,而且参与道教文化理论建设及实践道教中的丹道文化,丹道在帮助他们实现生命长度和生命质量发挥了重要作用,同时,他们也对传承中华千年道教传统文化做出了巨大的贡献。

1.颜真卿与《华盖山桥仙观碑记》①。《华盖山桥仙观碑记》是一篇非常优美的记叙文,文中记叙了华盖山的胜境、高道、神丹、飞符,如"江南之地,佳丽垂名"的风光,"此山福地,名亦异焉",颜真卿从"隋开皇五年焚修道士李子真"从坏碑上录文,则知王、郭二真,仙不显名;从实地考察得知"浮丘先生,则上界大仙也。"文曰:"能炼神丹,治如病;若旱,二真君能走石飞符,兴云致雨"。铭曰:"玄牝之门,澄心养神,学则彼众,得者几人,冉冉千古,堂堂二真,丹成岩谷,道应穹旻,彩云色焕,仙乐声匀,迟日初丽,桃花正新,骖鸾拔俗,驾鹤超云,言归紫府,笑别芳辰,山存华盖,长含异春,恩流丰泽,用济烝民,浮云势速,好月生频,俨若圣址,永播清芬。"颜真卿撰文并书写的《华盖山桥仙观碑记》对华盖山道教的影响、对中华道教的传承具有重要意义,宋熙宁八年(1075)《敕改桥仙观为崇仙观额》就是依据颜真卿的《华盖山桥仙观碑记》,以至于宋元明清儒道名人纷至沓来,如白玉蟾、吴澄、虞集、张宇初、谭纶、罗洪先、张位、汤显祖、邹元标等。

2.白玉蟾与《登华盖山赋》②。白玉蟾的《登华盖山赋》是一篇百读不厌的经典佳作,正如明代乐安知县崔世召诗曰:"披图爱读玉蟾赋,先年曾在霍童住。"开场白即说"客从庐山来……过西山许旌阳之游帷,访苦竹李真元之靖庐",意指南宋一代高道白玉蟾对华盖山的景仰之情,华盖山与庐山、西山一样都是道教名山;"指青青黯黯烟霞之窟,谓高高远远仙灵之都""山之形若浪涌而泉奔,山之骨如玉兰而冰积""于是豁然而悟,怆然而悲,凝然而涕,黯然而思",盛赞华盖山之绝险、之气象、之灵仙;"彼浮邱之为仙也,生于商,仕于周,隐于汉,化于晋,至隋开皇之时,尚在巴陵华盖,之人也,所谓死而不亡,磨且不磷者",于是"三顿首,九点额",表达了一代宗师白玉蟾对三仙的顶礼膜拜。最后,诗曰:"华盖山前

---

① 明嘉靖三十三年《抚州府志·艺文记》卷三十五 2806 页。
② 据同治《崇仁县志》卷一录文,参见《全宋文》卷六七四六。

闻杜鹃,瘦藤扶力倦攀缘。路逢紫电青霜客,日落碧云红树天。松鳞翠猿惊月上,洞前白鹿咬花眠。明朝屐齿印苔发,长啸天风蹑晓烟。"白玉蟾在《登华盖山赋》中极为崇拜华盖山之三仙,认为进道在己,成功则天。修道需要谢绝世尘,心入九流之窍,胸藏三教之书;修真需要正襟危坐,静虑凝神,含太乙于泥丸,客鸿蒙于天津。

3.吴澄与《华盖山祷雨文》。明崇祯版《华盖山志》收录了五篇青词,即:白玉蟾的《谒华盖山青词》、吴澄的《华盖山祷雨文》、逯崇义的《祷雨青词》、古之贤的《请仙祈雨青词》、冯舜臣的《谒华盖山真君青词》,逯崇义时任崇仁知县(1564)、古之贤时任抚州知府(1577)、冯舜臣时任宜黄知县。吴澄时任翰林学士,崇仁县人,代时任崇仁县第十四任县尹申天泽作《华盖山祷雨文》,从这篇青词的目的和内容来看,因连月不雨,早稻已损,晚稻亦伤,地方主官登华盖山之神山向三仙求助,并自责"守土之官有罪,神宜谴责于其躬,百里之民何罪焉?"祈祷"神之仁慈,油然作云,沛然下雨,以苏苦旱,以活斯民之命。"

吴澄对道教有一份很深的情结,他不仅生长在华盖山下,而且对道教文化有深度了解,也是儒家人物中的一位重要人物。他不仅代地方官员写青词,还为江西其他地区道教宫观撰写了三十多篇碑文,如:《江州城隍庙后殿记》《瑞泉山清溪观记》《南丰紫霄观记》《抚州玄都观藏室记》等,为中华道教文化的传承具有重大贡献。

4.张宇初与《华盖山志原序》。书序,又名"序言""前言""引言","叙""绪""弁言""引"等,是作品或书籍的一种依附性文章,主要介绍作品的内容、主旨,或者作者的创作过程,或对作品加以评论,可以在文的前面,也可以附后。古代另有一种"序"是惜别赠言的文字,叫作"赠序",内容多是对于所赠亲友的赞许、推重或勉励之辞,是临别赠言性质的文体,如《滕王阁序》。《华盖山志》共收录十篇序,既有"书序"也有"赠序",如:张宇初的《华盖山志原序》(1407)、邹黼的《华盖山志原序》(1424)、罗汝芳的华盖山《华盖山志原序》(1574)、孔人龙的《华盖山志原序》(1593)、陈英的《华盖山志原序》(1598)、汤显祖的《华盖山志原序》

（1610）、吴道南的《华盖山志原序》（1261）、崔世召的《华盖山志原序》（1627）、甘启祥的《重订华盖山志序》（1869）、易居易的《重印华盖山志新序》（1928）。

披阅各篇"美之至也"的序文，考证诸位作家有道有学的人生履历，撰序者多为华盖山周边的邑人、进士、儒官，但也有一位四十三代天师张宇初，受命朝廷，两次降香于华盖山，明永乐五年（1407）写了《华盖山志序》也受旨纂修《道藏》，在《序》中有感于华盖山为三真印足之胜境，三神像品坐于殿堂，其配偶孔氏剧疾，祷叩灵妙，再拜稽首，也深感编撰《华盖山志》，垂泽万世，有功于国家、有功于老百姓。

5.张位与《谒华盖山》。张位（1534—?），字明成，号洪阳，谥文庄，江西新建人。明隆庆二年（1568）进士，改庶吉士，累官至吏部尚书、武英殿学士，授翰林院编修，参与修纂《世宗实录》[①]。张位一生著作丰富，著有《闲云馆集钞》。道学深究，有《道德经注解注解》《阴符经注解》等，强调"道不离身"，对道教丹学有深刻的理解和体会，如：《周易参同契注解》《悟真篇注解》等。特别值得一提的是，收录于明万历十九年（1591）金陵阎鹤洲《道书全集》刻本收录了张位的《道德经注解注解》《阴符经注解》，现存《道书全集》为清代补印本，此印本现存美国加利福尼亚大学伯克利分校，是质量较佳的古籍善本；另外，张位《阴符经注解》日本江户时代的手抄本，现藏日本国立公文书馆[②]。张位在南昌赋闲期间为铁柱万寿宫、西山玉隆万寿宫等也撰写了大量的碑文、上梁文，如：《修西山玉隆宫疏》（1583）、《重建玉隆万寿宫上梁文》（1585）、《重建万寿宫记》（1608）、《兴建豫章江天阁记》等。《谒华盖山》表达了张位对华盖山的仙境、仙家的美赞，诗曰：

> 两袖天风蹑晓霞，白云深处是仙家。鸾声鹤叹临星佩，剑气
> 珠光入斗槎。万象浑涵瞻瑞彩，三台清切映文华。峰头棋局依

---

① 康熙版《新建县志》卷二十四。
② 张永宏：《晚明阴符学与"妖书案"——以张位、吕坤为核心的考察》，2019 年"中华续道藏论坛"论文。

然在,看发山中几度发。

万仞天梯有路通,儿孙罗列见群峰。神游于阙三千界,身在瑶台十二重。华盖峰清丹极近,紫元春远碧云笼。凡情定许资仙力,布气分灵赖化工。

紫府重瞻绛节朝,芙蓉金翠拥蹭霄。烟霞久负三仙侣,麋鹿终期五岳樵。海上桃花仙果熟,云间桂子异香飘。鹤声唤起华胥梦,明月清风听玉箫。

虔谒灵坛惬素心,丹霞云气袭衣襟。茫茫下界红尘忧,郁郁高居紫气深。蕊笈暗藏龙篆诀,玉箫遥接风和音。人间只是仙凡隔,漫向元虚著意寻。

综上所述,不仅研究华盖山道教乃至研究江西道教、中国道教都需要重点介绍颜真卿、白玉蟾、吴澄、张位及其他们对道教文化传承的贡献,而且当代道教如何在宗教中国化的过程中确定自己的使命和担当也需要借鉴以上大家的思想。

三、华盖山道教人物及天心派师承考略

道教天心正法派产生于江西抚州华盖山、形成于北宋时期,且与"掘地得书"的神话有关。天心派以"内炼"和"法术"为特色,"内炼"以"存思三光"为主,创造了通过存神服炁使自身之神炁与天地之神炁相合的内炼之术;"法术"以"三符两印"之法、踏罡步斗、雷法和独特的借兵之法为主,通过其法术来达到助国救民、炼养身体、净心养性、造福社会。

(一)唐以前华盖山高道足迹追寻

1.浮丘先生。其名字不可知亦不详,其世代或列子所称壶丘子,或曰

汉书浮邱伯,晋时由金华山之华盖山,吐气为桥,度王郭二仙①。魏晋元元年(260)七月七日,浮丘公调琴于(华盖)山北玉亭馆,俄而彩云瑞霭,弥连山谷,仙乐喧腾,仪仗骈集。云中朱衣使曰,上帝诏浮丘先生上升。浮丘悉以妙旨付王郭二真人,即驾龙辇凌霄而上。至宋元符二年(1099),诏封为超应真人,三年改奉真君,政和七年(1117)特封为浮丘真君,嘉熙元年(1237)加封浮佑浮丘真君②。

2.王、郭二真君。一名道像,一名道意,本汴州陈留人,王则方平之远孙,郭乃王之族弟。于华盖山从浮丘先生处得道。道意易姓郭,谒浮丘公,受丹旨.西晋元康二年(292)二月一日,二真人于玉亭馆留言于乡人。王郭二真君出家修道始于本郡的玄元观,后经麻姑山、玉笥山、罗山等胜地神仙修炼,落脚于华盖山桥仙观;他们精思勤修、修炼大丹、立观度人,王郭二真人的功德于宋熙宁八年(1075)敕封王为冲应真君、郭为诚应真君,嘉熙元年(1237)加封正祐王仙真君、显祐郭仙真君③。

3.沈庭瑞。字紫庭,五代南唐人,住筠州高安县,故吏部郎中彬之仲子也。沈彬亦得仙,事载稽神录。天性孤介,形貌秀彻,初名麟,南唐保大中弃妻入于玉笥山梅仙观精思院,今名承天宫。易名庭瑞,宋雍熙二年(985)正月内于玉笥山先不食七日,至上元日早晨辞道倡归所居院集仙亭,读人生几何赋毕,无病而终。命其徒以《度人经》一卷,土星画像一轴为殉。如其言而葬之④。

浮丘、王、郭三位真人,因功德成神,近两千年来一直被老百姓奉祀。我到乐安调研时,随机找当地的老百姓询问,无论是老人还是年轻人,几乎没有人不知道这三位神仙的名字和功德,几乎每年每一家人都要去华盖山(当地人还是叫大华山)祭拜这三位神仙。宋元符二年(1099)江西路转运司李冲元撰写《浮丘、王、郭真君记》碑文、宋绍熙二年(1191)工部

① 何建明主编:《中国地方志佛道教文献汇纂·人物卷》,北京:国家图书馆出版社,第65册84页。
② 崔世召:明《华盖山志·仙真志》卷三,刻印本。
③ 崔世召:明《华盖山志·仙真志》卷三,刻印本。
④ 崔世召:明《华盖山志·仙真志》卷三,刻印本。

尚书谢谔撰写了《三仙记》碑文，都述及了三仙的奉黄老神仙之学、清静无为、虚心寡欲为本、炼丹服气之术、积累善功之德，提出"居家而积善，居官而泽民，便是神仙"①。

沈庭瑞先后在峡江玉笋山承天观、华盖山崇仙观弘道，这两座道观都是宋朝廷敕封的观名，尤其是承天观带"天"字，这足以说明沈庭瑞的地位和影响，既是江西的高道也是中国的高道。

（二）宋代华盖山天心正法派的传承脉络及其有贡献高道

1. 天心正法派传承脉络：饶洞天—詹太初—（江若冲，绍兴）—吴一鹗（淳熙）—朱仲素—游道守—邹贲—符天信—邓有功—元妙宗—路时中—卢养浩—刘祥—王克明

通过梳理文献，发现人名、山名混淆，即："詹太初"和"谭太初"，"武夷山"和"武当山"。《正统道藏·洞神部·谱箓类》之《华盖山浮丘、王、郭三真君事实》为"詹太初"本"武夷山"道士，而明天启《华盖山志》、清同治《华盖山志》为"谭太初"本"武当山"道士，李志鸿在《道教天心正法研究》②还把"谭太初"与"谭紫霄"视为一个人，并作为人物事迹给予介绍，通过比较文献并结合白玉蟾后来从武夷山到华盖山以及武夷山与华盖山的道路交通，《正统道藏》记录的"詹太初"和"谭太初"是一个人，因为"詹"和"谭"地方口音差不多，而且是"詹太初"曾经是"武夷山"道士到而"武当山"道士。

2. 宋代对华盖山道教传承有突出贡献的主要人物

（1）饶洞天。又名动天，抚州临川人。初为县吏，后梦神人曰：汝用心公平，执法严正，名已动天矣。梦觉而悟，遂以洞天华盖山夜见上升坛前五色宝光上冲霄汉，寻光掘地，遂获金函一枚。开视，有玉篆仙经，题曰《天心正法》。后率诸弟子登华盖之巅，授以至道而誓曰：护气希言，绝利声色，立功为上，谢过次之。救人疾病、灾荒、水旱为上功。忠孝和顺，仁

---

① 谢希桢：清《华盖山志·艺文志》卷七，刻印本。
② 李志鸿：《道教天心正法研究》，北京：社会科学文献出版社，2011年，第26页。

信为本行。行此者,道合阴随,虽未拜太上,亦居仙矣。

（2）詹太初。字元祚,本武夷山冲祐观道士,宋熙宁（1068—1077）中来洒扫后居华盖山。县宰郭公峻请祷于山,太初即以诗迎谒,云:鹤报星郎入洞游,匆匆拥杖别浮邱。崎岖走出白云路,踊跃来迎清政侯。瑞气远浮山凤喜,朱衣高照野花羞。敢邀朝筛归茆结,紫笑黄精愿少留。遂相友善,且以丹砂疗其疯疾。宰归,语同僚,有张县尉欲观圣境,因往访之,行未数里,太初亦先知之,以诗谒于道周云:梅仙队仗访蓬莱,野叟寅绿欲款陪。旗脚界开青蟑色,马蹄踏破白云堆。山川发秀森林杪,猿鹤闻风出洞限。应有真人相笑语,仙翁果老裔孙来。坐未交谈,有田妇过,尉注目而意不在太初,太初曰:楚人沐猴而冠耳。尉怒,已失太初。及登山,问太初何在,其徒对曰:前日昼寝寤,忽鸣鼓退去矣。暨归,县宰谓尉曰:君行未久,太初诣县退职。尉方悔悟,然其退山、退职及遇尉于途中,始信其非常流也。

（3）白玉蟾。本姓葛,名长庚,福州闽清人随父之官琼海,又自号白玉蟾。幼应神童科,中年好道,云游诸名山,悟透元诠。为诗文援笔立就。事陈翠虚先生于武夷山。著《指元篇》及文集数十卷。宋至华盖山谒三仙师,亲入紫元洞摹灵符,又于山中编《三佑洪文宝诰签书》百二十道,后复归武夷止止菴尸解。

（三）明代华盖山的传承脉络

1.传承脉络:陈元应—余宜实—袁致悦—卢嘉谋—张碧鉴—袁云柏—谢万朝—刘世才—王显—吴玉明—陈大用—管志让—黄弥坚

2.明代对华盖山天心正法派传承有突出贡献的主要人物

（1）陈元应,生卒年不详。字显者,号荆山,明景泰年间华盖山住持。景泰二年（1451）邀请崇仁县南村乡友张颜编撰《华盖山浮丘王郭三真君事实》,对华盖山道教及天心派传承有重大贡献。

（2）张宇初（1359—1410）。字子璇,别号耆山,第四十三代天师。明洪武十三年（1380）敕受"正一嗣教道合无为阐祖光范大真人",总领天下道教事。奉诏与弟弟张宇清编撰《道藏》。著有《岘泉集》，收入《四库全书》第 1236 册。两次奉诏降香于华盖山并为华盖山作序。

（3）崔世召，生卒年不详。福建宁德人，明天启五年（1629）任崇仁知县。霍童居士。组织编纂《华盖山志》，是当代了解华盖山道教的重要文献。

（四）清代对华盖山道教传承有突出贡献的主要人物

谢小湘，生卒年不详。筹钱发愿重刻明天启《华盖山志》，为传承华盖山道教文化留下了珍贵的文献。

四、道教在宗教中国化进程中的使命与担当

通过整理华盖山道教的历史、文献和法派，可以非常清晰得出以下结论：华盖山道教的发展与中国道教历史共生共进，但华盖山独特的地理环境和文化土壤，又造就了华盖山与其他地区和名山道教的不同之处。概言之：一是华盖山的道教历史没有断代，有两千年的历史；二是华盖山的道教从来都是与儒家共处共融，华盖山既是儒家的"温馨港湾"，也是儒家与道教相融合的重要见证，从梳理的文献来看，华盖山大量的文献基本上儒家的功德，如：颜真卿为华盖山桥仙观这些碑文、历代《华盖山志》的编纂；三是华盖山道教的传承非常正统，其与龙虎山天师道一脉相承，如：《上清天心正法》的法派是天师道的分支，《太上助国救民总真秘要》记载了的道医和法术来源于天师道，其道医和法术用以助国救民、丹养身体、净心养性、造福社会。华盖山天心派其法派法术源于天师道，供奉主神是"浮丘王郭三仙"。

"中国"不仅指古代中国，更重要的是当代中国。中国化是一个历史进程，永远处于进行时。习近平总书记在全国宗教工作会议上谈到中国化问题时特别指出："要用社会主义核心价值观来引领和教育宗教界人士和信教群众。"社会主义核心价值既包含了世界现代化国家一些基本

价值的共识,也承载着中华五千年文明的丰厚积淀。对社会主义核心价值的认同,就是对中国化、现代化的认同。

宗教中国化方向的要义在于,用社会主义核心价值观引领五大宗教和合共生,用中华优秀文化润泽五大宗教。宗教中国化方向源于中国的宗教实践,是让中国宗教摆脱原有窠臼,但又不改变其根本信仰和核心教义。其实质是让宗教真正融入中华文化、中华民族和中国社会,让中国人对宗教有更好的理解。中国化应该是内外兼修、深浅并重的。既需要表层的中国化,即宗教服饰、宗教建筑、宗教仪轨的中国化;更要有深层次的中国化,即引导各宗教在制度规范、道德文化、教义教理等方面,与时俱进地同我国国情、社会制度、时代要求、文化进行深层次的对接。道教作为本土宗教在宗教中国化的进程中,主要从以下三个方面担当历史使命:

(一)加强与政治上的相适应是道教在宗教中国化的进程中首要使命和担当

首先,以道同心,引导信众与社会主义社会相适应。与其他宗教相比,道教自始至终都是中华民族传统文化的重要组成部分,从华盖山的道教历史进程来看,道教在与每个时代能做到"三合相通,并力同心,共治一职,共成一事"。[①] 在《华盖山志》《上清天心正法》《太上助国救民总真秘要》《华盖山浮丘王郭三真君事实》《天心正法修真道场设醮仪》等都有"天地中和同心,共生万物"的思想,乃是天地自然之数也,也就是说道教与社会相适应就像是天地的自然法则、自然规律一样。

其次,引导信众对社会主义核心价值观的认同和践行。基于中国政治文化的宗法性,宗法血缘成为历代政权合法性的主要依据。秦汉以后以人文性为主的儒教成为封建国家政治意识形态,对国家政治运行提供了充分的理论指导,故秦汉以后形成的各种体制性宗教,发挥辅助政治的作用。《太平经·三合相通诀》卷四十八记述:"其称天心云何?""行之得应",其民吏日善且信忠[②]。源于华盖山的《上清天心正法》其目的也是通

① 杨寄林译注:《太平经》,北京:中华书局,2013 年,第 505 页。
② 杨寄林译注:《太平经》,北京:中华书局,2013 年,第 517 页。

过行法,引导民众忠于国家。道教界重点要在"和谐""法治"等方面下工夫。

"和谐"是一个社会健康、文明的重要标志,也是中国文化的特有价值。八百年前,一代宗师丘处机更是通过万里西行创下"一言止杀"的丰功伟绩,促进了民族和解与融合,维护了中华文化道统。丘处机敬天爱民、慈悲济世的胸怀至今受世人礼赞,上述种种无不是对"和谐"这一价值观的回声响应;道教"清心寡欲""清静无为""见素抱朴""知足常乐"等等思想,对于当代构建和谐社会具有重要的思想价值,如《华盖山浮丘王郭三真君事实》述及浮丘公立观度人的思想,再如《大华盖山三仙真君解冤灭罪度人心经》中记载:诵经忏总赞、持经忏十二真律和浮丘真君王郭二仙宣说心经二十四章等都是引导民众立功、奉戒,要善心、明心。

"法治"是当代中国社会的追求目标,我国已经初步建成了以宪法为核心的法律体系,任何公民都没有法外特权,各种宗教也必须服从国家法律管理。当代道教领域,出现了一些问题,多是一些法治问题。因此特别需要强调依法办教、依法传教、依法处理各种政教关系、宗教关系、民教关系,遏制道教领域出现的过度商业化行为。

再次,以国为家,以孝为本,引导信众对祖国的热爱和对祖先的认可。"敬天法祖"是中国人的基本信仰,中国历史上历代都把"以孝治天下"当成执政的基本理念,在华盖山道教的历史中清楚地展示了"敬天法祖""以孝为本"的思想。道教早在创教之初,就提出了"助国""保国"主张,《太平经》卷四十八《三合相通诀第六十五》谓修道者当"助国得天心"①;《老子想尔注》有个说法,叫作道用之时,天下"竞行忠孝"。意思是讲,大道流行的时候,普天之下的人们都能够奉行孝心、尽忠报国。《太上助国救民总真秘要》《华盖山浮丘王郭三真君事实》等都蕴含"爱国报国"的思想,千百年来,华盖山道教徒通过科仪法事贯穿"爱国报国"思想给民众,并且深受民众的欢迎。

---

① 杨寄林译注:《太平经》,北京:中华书局,2013 年,第 492 页。

（二）弘扬中国本土文化也是道教在宗教中国化的进程中的使命和担当

道教的祖师老子，本身就是中国轴心时代的重要代表人物，是先秦文化重要组成部分。《汉书·艺文志》卷三十述及："儒家者流，盖出于司徒之官，助人君顺阴阳明教化者也。游文于六经之中，留意于仁义之际，祖述尧舜，宪章文武，宗师仲尼，以重其言，于道最为高。……道家者流，盖出于史官，历记成败存亡祸福古今之道，然后知秉要执本，清虚以自守，卑弱以自持，此君人南面之术也。合于尧之克攘，《易》之嗛嗛，一谦而四益，此其所长也。"①历史上不仅有孔子求道于老子之说，而且儒道互补是心性修养、齐家置业、政治统治的重要方法。道教以"道"为核心，认为大道无为、主张道法自然，提出道生法、以雌守雄、刚柔并济等政治、经济、治国、军事策略，具有朴素的辩证法思想。"道生一，一生二，二生三，三生万物，万物负阴而抱阳""人法地，地法天，天法道，道法自然""知足则不辱，知止则不殆""祸兮福之所倚，福兮祸之所伏"等经典思想影响了几千年的中国人，并还衍生了许多道教的经典，如：历时180年才完成的《太平经》《抱朴子内篇》《淮南子》《三洞经书目录》等。因此，道教要加大力度在弘扬中华民族本土文化中发挥作用。

第一，重建儒道兼修思想。在中国思想发展史上，儒、道两家不仅有矛盾和争执，而更多的还是交流和合作。道家创始人老子与儒家创始人孔子的师生关系，不仅是一件学术美谈，而且更具有一种意味深长的思想内涵。可以说，在历史的长河中，儒道两家的争执从未停歇过，从而形成了古代儒、道互补的健康文化局面。道教净明派也奉行儒道兼修、忠孝节义的思想，全真派更是把三教合一作为自己的立教宗旨。葛洪在《抱朴子内篇·明本》卷十中说："道者，儒之本也。儒者，道之末也。"②

从华盖山的道教历史来看，儒道兼修的思想体现在许多高道、法派和文献里面，如：据《华盖山志》记录，唐代至民国的乐史、虞集、揭奚斯、张

---

① 汉·班固：《汉书·艺文志》卷三十，长沙：岳麓书社出版社，1996年，第768页、第769页。
② 张松辉译注：《抱朴子内篇》，北京：中华书局，2011年，第313页。

宇初、汤显祖、罗洪先、朱多炡等 161 位贤达的《登华盖山》或《谒华盖山》等 183 首诗词,从这些诗词的内容和思想来分析,不仅体现了"诗画一律"的境界,也蕴含了儒道忧国忧民和心性洒落的思想,如陈文焕①的《登华盖山》中有"等闲步入清虚境,顿觉尘襟一洒然"②。

第二,重建道教"长生久视"的生命模式。中华传统文化,无论是儒家、佛家、道家,都是建立在对自己生命认识的基础上,使生命成为智慧,从而使生命得到改造和解放。道教文化长期积累所形成的资源在两千多年前就蕴含着生命的智慧,发现人的生命价值在自己,"我命在我不在天",解决生命价值的权力在自己手中,所以人可以用自己的力量,打破种种困难,来提升生命的价值,这是中国道教文化对人类的巨大贡献。

1.重视修德行善与长生久视的关系。葛洪在《抱朴子内篇·微旨》卷六中说"禁忌之至急,在不伤不损而已。"③葛洪认为行善是修仙的首要任务。《华盖山浮丘王郭三真君事实》卷二记述:王郭二真人提出"立观度人",王郭二真人的功德被宋朝廷敕封、加封,宋神宗敕改桥仙观为崇仙观。

2.重视道教名山与丹道文化的关系。葛洪在《抱朴子内篇·金丹》卷四中指出:"合丹当于名山中"④。华盖山之所以成为道教名山,与其具有适合炼丹的天然山水有很大的关系,无论是华盖山的道教经书、诗词,还是三位真君及历代高道都体现了华盖山风景的绝美、丹道文化的绝妙,至今还有许多丹灶遗址,在《华盖山浮丘王郭三真君事实·感应朝山求药》卷五记录了半夏、桔梗、黄精等天然妙药方;《太上助国救民总真秘要》卷七中有"存思治病诀"等等。

3.重视道教科仪与内修炼养的关系。法国施舟人教授在他的《仪式

---

① 陈文焕,出生年月不详,临川人,明嘉靖年间进士,历任浙江省布政使参政、四川省按擦副使等职。

② 崔世召著,余式高等编注:《华盖山志》,长春:长春出版社,2004 年,第 241 页。

③ 张松辉译注:《抱朴子内篇》,北京:中华书局,2011 年,第 206 页。

④ 张松辉译注:《抱朴子内篇》,北京:中华书局,2011 年,第 120 页。

论文集》第一卷"序"中说:"仪式是文化的真正纪念碑。"①但对于道教仪式来说还蕴含服气养生的内容和思想,《上清灵宝济度大成金书》卷二十四述及:"灵宝大法,有受炼更生之道。"②华盖山经书《上清天心正法》卷一有"三光正炁",即采"日月星"三光,还有"请服太阳炁""请服太阴炁""请服天罡炁""治病行符"等,道教认为在合适的时辰、合适的方位、合适的高度采集"日月星"之光,这是上天赐给人类最上等的"名贵"补品。

第三,重视改革创新,与新时代同步。中国化要求宗教有利于时代进步、健康文明,符合时代进步的要求。中国化不仅要有利于社会和谐,而且要为不断发展的现代社会提供符合社会的进步发展,符合身心健康的文化产品,道教在这方面有优势也有劣势,道教需要经过创造性转换,才能获得创新性发展。

1.现代道教传承要创新形式和内容。道教现在是两大派(正一、全真),在历史上,华盖山天心正法派传承了近千年有相当深厚的文化积淀,更有许多中华文化基因和密码,根据前面梳理的天心正法派的传承知道,天心正法派,既源于天师道,继承了北帝派、灵宝派、神霄派的雷法、科仪,但又不同于其他派,天心正法派有独特的文化内容和传承谱系,在当代,一方面需要重新整理天心正法派的传承文献,另一方面又要结合现代人的需求,在科仪、丹道等方面的内容进行调整,注重解决现代人的心理和精神问题,比如:《华盖山浮丘王郭三真君事实》卷五记述的"真仙降附童子""诵华盖真君圣号免溺死"等内容就要修改。

2.现代道教教理要注重生死自然和精神自由。宗教学理论认为,宗教起源于人们对于生命和社会的焦虑,这样的心理根源可以说几乎是与社会相伴始终的,道教可以发挥重要的调节作用,这是道教的正能量,也是道教千百年来服务民众的强项,但形式和内容都需要变化。道教将人的生死看成自然界不可改变的必然规律,主张人应当顺应自然,注重超越生死和现实的精神自由和豁达,庄子在《庄子·达生》中说:"忘足,屦之

---

① 转引陈耀庭:《陈耀庭道教研究文集》上卷,上海:上海书店出版社,2014年,第372页。
② 《藏外道书》,第17册,第59页。

适也;忘要,带之适也;知忘是非,心之适也。"①忘记脚的存在,不合脚的鞋子自然就合脚了;忘记腰的存在,不合腰的腰带自然就合腰了;当智慧达到忘记是非时,不舒适的心情自然就舒适了。颜真卿在《华盖山桥仙观记》碑文中曰:玄牝之门,澄心养神,还有华盖山诗词中的"乘云气,骑日月"的"至人"。

3.现代道教教义要注重人生际遇安慰。中国人对于宗教的关注,很大程度在于对自己命运的把握。历史上很多高道都精通道教易理学,如:东汉的魏伯阳、宋代的邵康节等高道,他们精通《易经》《老子》《庄子》等,通过《易经》等经典的智慧济世救人,使人知道"乐天知命,故不忧"。从华盖山历史记载和遗址来看,有很多按卦位布阵的祭坛,也有很多上山问道请求"六爻皆吉"的"谦卦"。

（三）发挥三大主体的作用,积极引导宗教与社会主义社会相适应

习近平强调,做好党的宗教工作,把党的宗教工作基本方针坚持好,关键是要在"导"上想得深、看得透、把得准,做到"导"之有方、"导"之有力、"导"之有效,牢牢掌握宗教工作主动权。

第一大主体是党和政府机关。党和政府当然是积极引导的主导力量,这是毫无疑义的。在当代,党和政府需要加强对宗教事务的领导并依法管理,重点对有德有道人才的培养和使用,抢救和保护具有千年文化价值的文献。

第二大主体是从事宗教学理论研究的学者。当代中国从事社会科学特别是宗教学研究的学术界,也应当成为积极引导宗教与社会主义社会相适应的重要力量。三十多年来,宗教学界陆续开展了宗教鸦片论、消亡论、文化论、适应论、和谐论等等讨论,取得了丰硕的研究成果,推动马克思主义宗教理论的发展,为党和政府制定宗教管理政策提供了充分的理论支撑。在当代,道教研究人员需要加强时代责任和历史使命的修养,在宗教中国化、提升道教人员素养、服务社会大众等方面寻找项目和课题,

---

① 《庄子·达生》,《庄子集释》,北京:中华书局,1961 年,中册,第 662 页。

在整理和研究道教文献尤其是江西道教文献方面发挥作用。

　　第三大主体是当代各地道教团体负责人尤其是省级以上的道教协会,不仅是积极引导宗教与社会主义社会相适应的重要依靠力量,更是道教人才、道风建设、道观管理等方面的标杆和模范。

关于伊斯兰教中国化的思考

江西省伊斯兰教协会会长　沈富强

习近平总书记在 2016 年 4 月召开的全国宗教工作会议上的讲话中指出:"积极引导宗教与社会主义相适应,一个重要的任务就是支持我国宗教坚持中国化方向。"我国宗教的中国化包含有历史、现实、政治、文化、宗教、民族、地域等多重维度的丰富内涵。从历史的维度看,我国伊斯兰教的中国化是一个不断发展变迁的历史进程,在这一进程中积累了丰富的历史经验,拥有优良的传统,需要认真总结和继承。从现实的维度看,我国伊斯兰教中国化仍然处在进行中,在中国化道路上前进的脚步不能停止,也不会停止,坚持伊斯兰教中国化方向,既要总结和汲取先人的历史经验,弘扬优良的历史传统,又要与时俱进,特别是要正确把握当代中国的文化精神即把握以爱国主义为核心的民族精神和以改革创新为核心的时代精神,努力践行社会主义核心价值观。从政治的维度看,坚持我国伊斯兰教中国化方向,就是要让我国各族穆斯林对中国共产党的领导更加拥护,对社会主义制度和社会主义核心价值观更加认同,对自己的祖国中华人民共和国更加热爱。从文化的维度看,坚持我国伊斯兰教中国化方向,就是要让伊斯兰教在中华文明的大花园里和谐共生,和顺发展,与中华文明不断相融相合。从多民族的维度看,就是要牢固树立各民族共创中华的正确观念,正确认识中华民族多元一体中的统一性与多样性,各民族的历史文化都是中华民族历史文化的重要组成部分,伊斯兰教中国化不是单一民族化或汉化。坚持我国伊斯兰教中国化方向,是中国特色社会主义宗教理论的重要思想内涵,义理深邃,意蕴丰富,需要做多层面、全方位的深入研究。

一、中国伊斯兰教的传统

伊斯兰教在中国的传播有着悠久历史，其在中国社会处境中亦在不断适应、融合。这一经历为伊斯兰教今天的"中国化"奠定了很好的基础，可谓"凡是过去，皆为序章"。唐宋之际，伊斯兰教沿陆海丝绸之路来到中国，这一中外交流之路也成为"香料之路""瓷器之路""珠玉之路""茶叶之路"。当时来华蕃客"住唐"不归而形成"蕃坊"，由中国政府任命蕃长，开始了伊斯兰教适应中国社会的历史发展。"元时回族遍天下"，伊斯兰教走出其外域宗教的异化处境，明清之际，伊斯兰教在中国社会的适应及融合取得重大进展。对于中国文化的影响，中国穆斯林采取了认同、服从、吸纳的态度，正如当时回族学者马注（1640—1711）所言，"圣人不凝滞于万物而能与世推移"。随后回族穆斯林更是形成了"汉学派"，如西道堂领袖马启西教长熟读"四书""五经"，主张"以本国文化宣扬伊斯兰教学理"，明确了适应、融入中国文化的态度。当然，在中国穆斯林中，这种持守"清真古教"的正统性与对中国文化的适应性之间也一直存在着张力。

伊斯兰教沿丝绸之路传入中华不仅铸就了中国穆斯林群体，而且其精英人士还将中国文化通过丝绸之路传播出去。最为典型的即明朝回族穆斯林郑和（1371—1435）率领船队七下西洋的壮举，他航行7万余海里，开拓了海上"丝瓷之路"，将中国文化传入亚非众多国家和地区。这些航程之记载则是用中国传统山水画法所记《郑和航海图》，该图的绘制成为15世纪之前中国关于印度洋、太平洋和亚非两洲最为翔实的地理图籍。在这些中华文化传播之旅中，有着中国穆斯林的积极参与和卓越贡献。中国穆斯林在中华文化中的融入表现在各个方面，如《古兰经》等伊斯兰教经典文献的汉译，用汉语创作的中国伊斯兰教哲学、文学、史学等，形成福乐智慧与华夏智慧的对话与共构。唐代《坎曼尔诗签》记载了维吾尔人坎曼尔在《忆学字》诗中学习汉字的感触："古来汉人为吾师,为人学字不倦疲。吾祖学字十余载,吾父学字十二载,今吾学之十三载。李杜诗坛吾欣赏,迄今皆通习为之。"而 11 世纪成书的维吾尔族《福乐智慧》也是"以秦地哲士的箴言和马秦学者的诗篇装饰而成"。明清时期的中国伊斯兰教哲学在"以儒诠经"上达到过一个高潮,故而曾给人"虽以阐发天方,实以广大吾儒"(徐元正之语)之感。这种适应中华思想文化的"附儒"态势在明末清初形成了一批怀"伊斯兰教"之学问、习中华之儒书的"回儒",如王岱舆、刘智、马注、蓝煦、马德新等人,他们所强调的是伊斯兰教与中华文化的会通、融合,认为"回、儒两教道本同源,初无二理"。这在思想理论上也为今天伊斯兰教的"中国化"发展在思想认知上准备了充分的资源。

由此观之,伊斯兰教传入中国后,一直在不断适应中国社会、对话中国思想、会通中华文化,已经形成了优秀传统,积累了丰富经验。当然,历史的发展变迁和不同时情,使这种伊斯兰教的中国适应也错综复杂,仍在途中,故此仍然需要今天的继续和努力。

二、"伊斯兰教中国化"的思考

"伊斯兰教中国化"是当前"我国宗教坚持中国化方向"的具体体现。我们今天对伊斯兰教与中国社会关系的观察及评价既要看到中国伊斯兰教与世界伊斯兰教的历史传统及信仰教理之关联,也应该对其在中国的适应、融入持有一种动态的、互动的态度。使我们对"伊斯兰教中国化"发展一定要持开放、开拓、开明的观念,从促进世界文明发展、维护人类和平、搞好国际关系,尤其是从与周边国家的关系的角度来审视我们对这一发展的理解和把握,认识到"伊斯兰教中国化"过程也是我们中华文化积极吸纳伊斯兰教优秀文化元素的过程,是开放、对话、交流之双向互动即"双赢"的过程。我们不能搞所谓封闭性的"中国化",因为中华文化的优秀就在于其能够做到"天容万物、海纳百川"。所以,"中国化"并不意味着对伊斯兰教所涵容的阿拉伯、波斯等文化之封闭或排拒,而是积极地对话、沟通、开拓、融贯。"中国化"只会扩大中国伊斯兰教的蕴涵,让世界文明包括阿拉伯文明的优秀元素有机融入中华文明,丰富中国伊斯兰教的文化底蕴,而不是让其萎缩、消退。所以说,"伊斯兰教中国化"乃文化对话、文明交汇的继续,这一积极进程会因"中国化"而得到鼓励,并不会由此而终止。

此外,"伊斯兰教中国化"不是简单"复古",而是要与时俱进、不断创新。伊斯兰教现代发展最要关心的是当代中国社会文化的状况,是改革开放以来中国进步、发展、革新之"化"。我们一方面要积极发掘、继承和弘扬中华优秀传统文化,延续历史上"回儒对话"的互通传统,巩固伊斯兰教在中国发展历史上融入中华文化传统、社会风情,达致中华文化呈现形式的积极成果,而另一方面还要把重点放在中国当代的现实发展上来,使伊斯兰教与当代中国社会的政治、经济、法律、体制、政策、思想、文化等积极适应,正确处理好政教关系、宗教与社会及其思想文化建设的关系,参与社会主义核心价值观的推进和中华民族命运共同体的建设,在当下全国人民齐心实现中国梦的努力中充分显示中国穆斯林的身影和作用,使这种"中国化"亦为"现代化""先进化",不断的调适、发展和进步。所以,"伊斯兰教中国化"是其与时俱进、开拓创新的体现,是回溯优秀传统与展示当代风貌的有机共构,是融入中国社会主义建设和精神文明生活的生动发展。

最后,"伊斯兰教中国化"还需要伊斯兰教本身加强建设、不断完善,其中既有其教义教规适应中国当代社会的完善,其教制教法符合中国社会主义制度和法治建设的完善,也要有其教职人员及穆斯林精英人士在思想素质、文化修养、精神面貌上的完善,从而带动整个穆斯林群众提高文化素质、道德修养、社会责任、公民意识,特别是"中国"意识,自觉形成"中国心""中华情"、中国意志。中国伊斯兰教在"中国化"的过程中,关键在于新一代教职人员和精英人士的培养。我们必须培养出一大批政治上与我们的主流意识和核心价值保持一致、道德上有人格魅力、文化素质上高于普通信众的教职人员和精英,其目标的设置及其如何能够实现亦值得我们深刻思考,建言献策。而且,这种培养必须基于开放性、开拓性、当代化的教育,要巩固和加强传统经堂教育和经学院校教育。我们应该形成积极适应现代中国社会的宗教体系建构,培养出新一代思想先进、政治可靠、知识丰富、教理精通的教职人员,使清真寺、伊斯兰教团体掌握在这些人士手中,不给境外和敌对势力留下其渗透的空间,并在这些精英人士的引领下使整个中国穆斯林群体整体步入现代社会、主动积极地适应当代发展,在现代知识、法律意识、公民自觉、宗教认信上都符合当代中国社会主义社会发展的需求,都有着中国社会主人翁的姿态,都达到与社会主义核心价值观的融通,都体认到其对中华民族命运共同体和中华文化精神共同体的参与和贡献,从而在中国当代发展中有积极作为,有创新突破,作重大贡献,让穆斯林群众与各族人民一道,为实现中华民族伟大复兴的中国梦共同努力。

三、从江西实践看伊斯兰教中国化

江西省现有本地户籍穆斯林人口约 2 万人,流动穆斯林 3 万余人,属伊斯兰教逊尼派,艾比哈乃斐教法学派,分属格迪目(老派),伊赫瓦尼(新派)等派别,主要为回族,另有少数维吾尔族和皈依的汉族穆斯林等。伊协组织有 4 个,依法登记开放的清真寺 5 座,固定处所 1 座,持证阿訇 6 人。穆斯林主要居住在南昌市、九江市、庐山、景德镇市、赣州市和上饶市,呈"大分散、小集中"的分布格局。

江西省伊斯兰教受伊斯兰教传统逊尼派影响,穆斯林遵奉艾比哈乃斐教法学派,坚持中道思想,抵御宗教极端,团结办教方针,淡化教派观念,树立国家意识、政治意识、大局意识和服务意识,做到教内团结,教外和谐,相互尊重、和谐共处。江西省伊斯兰教历史上从未发生过影响安定团结的"教争事件"。受中国伊斯兰教金陵学派思想影响,如:刘智的《天方性理》《天方至圣实录》《五更月》等汉文经典对江西各教派都有影响。

江西省穆斯林十分重视开斋节、古尔邦节和圣纪活动，每年开斋节上义坟为亡人开经、在教历3月12日举行"圣纪"尔麦里，开经、念经，设宴聚餐，纪念穆圣。

江西穆斯林自明朝以来遵循伊斯兰教的"葬礼"仪轨外，还吸收了当地民族丧葬仪式中的一些传统，如请阿訇给亡人开经、为"亡人"做"头七""40天""百日""周年"等纪念仪式和"生死忌日"请阿訇"上坟"、干尔麦里、过乜贴，以及立碑等风俗习惯。

江西回族的风俗礼仪，在很大程度上受儒释道影响较大，在婚姻习俗方面经历了"族内婚、教内婚"向开放式多族通婚的转变。婚姻礼俗方面，在坚持伊斯兰教习俗——"双方自愿、家长认可"、请阿訇为婚者念"尼卡哈"、写"依札布"的同时，也遵循其他民族的"请媒人""送守信""订婚""送麦哈勒"（彩礼）等习俗。在其他习俗方面，如穿汉服，说汉语，清真饮食习惯中国化，吸收中国儒释道方面有益知识及礼仪，如佛教的"无常"一词被借用，通指穆斯林"归真"；道教的"清真"一词，被用于穆斯林的专用食品；以儒家的"仁义礼智信"等良好道德思想解释伊斯兰教经学思想。

再有，我省原有清真寺的建筑风格，基本上具有中国古建筑风格的寺院建筑。这体现了我省伊斯兰教先贤们在传播伊斯兰教文化方面的睿智——积极与其所处的社会相适应，即便是宗教场所也不例外。清真寺是一个地方伊斯兰教存在的根本标志，伊斯兰教先贤们把标志性建筑首先中国化，启示了江西穆斯林，伊斯兰教在中国的发展一定要植根于中国社会、适应中国社会，必须坚持中国化方向。

四、建　议

伊斯兰教中国化问题，说到底，就是与中国社会相适应问题。"相适应"不是改变伊斯兰教的基本信仰，即"六信五功"，而是根据时代的发展、中华优秀传统文化、社会的进步、社会风俗、各地的情况，做出不违背基本信仰、功修的适应，以保障伊斯兰教在各个时期都能健康发展。同时，穆斯林要以中道思想宣传伊斯兰教，力行相应的功修，爱国爱教。各地伊协、清真寺要把解经作为重要工作。通过解经工作，积极引导伊斯兰教与社会主义社会相适应，旗帜鲜明地反对极端思想，反对"三股势力"即宗教极端势力、民族分裂势力和暴力恐怖势力。

以上都是当前我省伊斯兰教健康有序发展必须坚守的原则和立场，也是伊斯兰教中国化必须展示的风貌。在此基础上，进一步传承和发扬中国穆斯林先贤们坚守正信正道、锲而不舍、艰苦卓绝地坚持伊斯兰教中国化的精神，在明清时期建立的具有中国特色的"以儒释经"的经学思想体系基础上，结合现实社会的实际，更进一步推动中国伊斯兰教经学思想体系深化及重建工作。

与社会主义社会相适应，要补好相关工作的短板：人才建设。人才是基础，做好任何工作都需要人才。目前，我省伊斯兰教界的经学人才缺乏，很难适应国内、国际形势的发展要求。作为伊斯兰教团体要培养好伊斯兰教经学人才，真正造就一批政治靠得住、学识上有造诣、品德上能服众、关键时候起作用的伊斯兰教人才，以适应社会发展的要求。

同时，应鼓励阿訇、穆斯林学者多写一些宣传伊斯兰教中道思想的文章，以合理、合法的渠道弘扬伊斯兰教优良传统，正本清源，弘扬正见。让人们知道，伊斯兰教是主张和平、包容、友善的宗教，其教义思想坚决反对任何形式的极端、暴恐、分裂，要求穆斯林遵纪守法、友善他人、关爱社会、服务社会等，以此来增进人们之间的团结、友爱、互助、合作。规范、指导本地传统宗教生活。为有效防范教派思想和极端思想的影响，为江西坚持伊斯兰教中国化方向和伊斯兰教事业健康有序发展奠定良好基础。

由利玛窦"敬天祭祖"观浅谈教会本地化

江西省天主教爱国会主任、省天主教教务
委员会主任、天主教江西教区主教　　李稣光

17 世纪的中国礼仪之争,可以看出中西文化的异同:中国人有祠堂,西方人有教堂。在中国是人找神,在西方是神找人。中国人的祠堂用于追本溯源,尊祖敬宗,从人的根源找神,找信仰,找人的归宿。西方人的教堂用于宣讲天道,祈祷敬主,从神的降世赐予人救恩,使人认识神,得知人是神的肖像。今天,当我们再看利玛窦神父对中国"敬天祭祖"的观点时,我们由衷地赞叹利玛窦神父为中国教会本地化所付出的努力和所做的贡献。我们从实际牧灵福传角度来浅谈教会本地化是非常有意义的。

一、从中国传统文化敬天祭祖看教会本土化

在中国古代,敬天祭祖是天经地义的事,天子祭天、臣民祭祖是传统伦理的准则。由于后世儒家的倡导,崇祖传统一直得以延续到今天。虽然经历数千年的文明,王朝盛衰相因,制度新旧交替,而敬天祭祖的思想在中国人的心里却从未中断过,这是令人惊叹的事实。

众所周知,客家人是黄河流域的中原汉人,他们因战乱饥荒等原因举家南迁,从秦始皇时期至明末清初时期,在历经五次南下大迁移,千辛万苦先后流落南方,他们自称为"客",寓为客居他乡之意。由于平坦地区已有人居住,只好迁于山区或丘陵地带,故有"逢山必有客,无客不住山"之说。当他们抵达赣、粤、闽三地交界处,与当地土族居民杂处,互通婚姻,经过千年的生活,最终形成相对稳定的客家民系,当地官员为这些移

民登记户籍时,立为"客"籍,称为"客户""客家",此为客家人称谓的由来。他们虽迁新土,但不忘本源,崇敬祖先,重视传统,以共同的生活样式、习俗、信仰和观念将自己紧密团结在一起。可以说客家民系形成之际,正是民间祠堂出现之时。从此有族必有祠,甚至形成家祠合一的文化。赣南客家民居年代久远,最早始建于唐宋,兴盛于明清。大致可分为两种类型,即"厅屋组合式"民居和"围屋"民居。那么"堂"专指祠堂(围屋居民的圣殿,围内建筑档次最高、装饰最华丽的地方)。祠堂对客家人而言,其一是颂扬祖先的功德,其二是追溯家世源流。故客家人的祠堂就是家族文化的根源和中心,而且家族中的许多活动都在祠堂内举行,如祭祀祖先、祈福祝寿、婚丧嫁娶、金榜题名、乔迁新居等,同时又兼家族议事、赈济、家训等诸多功能,是践行家族文化教育与传承的重要场所。近年来,客家地区的许多祠堂被修复,有的在新建,并重新作为祭祀祖先的场所,目前,这种情况还在继续发展。据不完全统计,仅闽、粤、赣地区的客家祠堂,现保存较为完整的就有万余座,而且学者通过翻阅族谱或察看祠堂碑记,发现不少是在明朝时期所建的。

可见,在明末清初的时期,客家人对敬天祭祖的礼俗是多么的浓厚。1582年8月7日利玛窦抵达澳门,从此拉开了他在中国传教生涯的序幕。总括起来可分为三个不同的阶段:1.1582—1594在广东肇庆和韶州学习并尝试传教;2.1595—1600开辟南昌和南京传教生活的新据点,确立了适应本地文化传教的新方式,今学界称为"利玛窦南昌传教模式";3.1601—1610在北京确定了从实践到成熟的传教方法,为传教士指明方向。可以说他所了解认识的民间文化主要是客家人敬天祭祖的文化。我们可从利氏传教重要阶段的几个落脚点:广东肇庆、韶州、赣州、南昌、南京、北京的路线看出,前面几个传教地点都是客家人生活的地方。利玛窦可谓入国问禁,通过观察发现祭天、祭孔、祭祖在中国社会中是非常重要而且沿袭已久的传统礼仪。他对这些礼仪的态度是鲜明的,认为这些礼仪不是宗教仪式。关于祭祖他向西方人做了如下介绍和评述:"从皇帝到平民,儒教最隆重的事,是在每年的特定时节,给逝去的祖先献供……

他们认为这是尽孝道。他们并非认为死人会吃所祭之物,或者需要那些东西。他们不知道用什么更好的方法,来表达对祖先的爱情及感恩之情。有些人曾对我们说,订立这些礼法主要是为着活人,而非为死人;即是说,那是为了教导子孙和无知的人,孝敬仍然在世的父母。看到有地位的人,侍奉过世的仍像在世的,自然是一种教训。无论如何,他们并不认为逝去的人是神,不向他们祈求什么,祝望什么,与偶像崇拜无关,或许也能说那不是迷信。"

从利玛窦上述的观点来看,这些存留在民间的仪式,是表达人们对先人的孝道,也令人慎终追远。不过,他希望中国人在皈依信仰后能"把这份孝心,改为对穷人的施舍,以助亡者之灵"。他认为祭祖是中国人用来维系孝道这一伦理原则的习俗,从教会的立场来看,它不是宗教仪式,不是所谓的偶像崇拜。但中国人的宗教精神却是以人为主的,即使信神,举行神的敬礼,或甚至谈到灵界和来生,也是为了教人好好地活于今世。"立地以上承天,承天道以隆人"这就是中国文化对宗教的基本态度,要我们扎扎实实地活在地上,而仰体天心,并按照上天的意旨,而造福世人。因此,客家人对敬天祭祖的概念绝对不是一种物质的层面,实际上是指向了一个精神的层面。客家人重视祠堂、祠堂的堂号、堂联、修族谱、祭祖先是表达他们对先人的孝道和对同胞的尊重。可以说祠堂承载了天道与人道、敬天与祭祖,思念祖先、弘扬祖德的文化,体现了人心本性对祖先慎终追远的孝德和对天的敬畏。

二、结合利玛窦南昌福传模式看教会发展

无论是利玛窦神父在中国福传之路的适应策略,还是今日教会融合客家文化的思想,都说明要实现教会本地化必然要经历文化融合的过程。但有一点我们必须承认,在耶稣会利玛窦神父之后,即 1630 年道明会和方济会在福建传教,由于他们的看法与耶稣会不同,就因当地祭天、祭孔、祭祖的文化与信仰的差异而产生了冲突,发生了震惊中外的"礼仪之

争"，直到 1939 年 12 月 8 日，罗马传信部颁布《中国礼仪敕令》，许可中国教友和传教士祭孔祭祖的仪式，这对中国教会而言，真是雨过天晴。实际上，中国礼仪之争就是探索本地化神学观点尚不融合的争论。因此，1924年 5 月份，在上海召开的第一次中国天主教主教会议，其主题是建立一个"正常的、自由的和中国化"的天主教会。刚恒毅主教主张：在敬天之礼中，持随方入俗、随方设教的宗徒路线，并用中国语言和儒释道的崇拜仪式表达其虔敬心声，来促进中国人的皈依。同样，在 1972 年春节，假《联合报》副刊，于斌主教撰文《我为什么提倡敬天祭祖礼》表明自己的立场。于枢机称"敬天祭祖"是中国的传统文化，提倡之，可以"敦教化、厚风俗"于今日社会，这是宗教家所追求的理想之一。敬天是对天主的崇拜，相等于献"弥撒"，祭祖是对祖先的追念。他认为："天主十诫第一诫就是要我们信奉天主，就是'信'天，而中国人历代祖先都有'敬天祭祖'的文化活动"，他说，"敬天祭祖"就是信天。于枢机还赋一首《敬天赞》是其敬天祭祖思想最好的代表："明明在上，垂象下土。无竞惟人，受天之佑。作善降祥，上帝临汝。依仁为规，蹈以为矩。耕耘心田，遨游灵府，靖恭尔位，只念其主。"

对于"敬天祭祖"，成世光主教以"梵二精神"为基础，对其也进行了细致地反省：中国人祭祖，原是极好的事，并且有助于福音的传行。理由是：第一，祭祖是孝道的表现，是满全天主要人孝敬父母的诫命；第二，祭祖是承认人的灵魂不死不灭的。为此，成主教为教友们也开出一份春节祭祖祝辞：主考在上，下跪儿孙，春节祭奠，必敬必诚。天德生我，托庇祖荫，父母养教，茹苦含辛。我实不孝，愧对亲恩，而今而后，矢志革新。全力向善，克俭克勤，奉公守法，敬天爱人。良师益友，远亲近邻，进德修业，实我典型。姑嫂妯娌，相助相亲，长幼有序，兄友弟恭。二等兄妹，一德一心，下教子女，上慰祖灵。兢兢业业，克己修身，门风谨护，生化家庭。那么，赣南客家祠堂作为一个家族的中心，尤其是作为祖先像或灵位所在地这一象征意义的场所，这就使得客家人的许多活动在祠堂内举行，包括信仰天主教的家族村落。教会为牧灵的需要，每逢教会大瞻礼、主日、节日、家族的婚丧嫁娶、祈福祝寿等经常会去各个祠堂照顾教友的信仰生活,为他们送弥撒施行圣事。每次教友们团聚在祠堂,就会用一口流利的当地土话念经祈祷,唱歌赞美,参与弥撒。由此可见,客家人对敬天祭祖是源自人心本性的报谢天恩和感恩祖先,他们不但重亲情及宗族血缘的关系,而且他们更重视"敬天"的观念,以揭示"天道"与"人道"之间的仁德相配,和谐相应,互通融合。可以说敬天祭祖在他们的生活中早已融为一体。

赣南农村的教会就是一个实例,据史料记载,1595 年利玛窦从韶州府启程,欲经赣州府往南昌府,他在赣州府未停留许久,经赣县桃江狗尾窝鸡冠峰一路行走一路传教。当他由赣州搭船路过赣县十八滩时,不幸遇到波涛汹涌之江水,大有沉船没顶之危,乘客惊慌失措,利玛窦情急之下把祭祀(弥撒)用的圣石投入江中,终于到达南昌府,后来地方为纪念此次脱险,将此滩取名为"天主滩"。村中曾有两次建堂,第一座教堂由一外国传教士所建。第二座在民国初年所建,为土砖瓦面结构,新中国成立后,因年久失修自然倒塌,至今房基尚在。现教堂为"基督君王堂"属第三次重建,新教堂并未在原址重建,建堂土地由家人奉献教会。教堂为砖混结构,分上下两层,第一层为祠堂功能,第二层是教堂。教堂长 16 米,宽 8 米,高 12 米,正面为罗马式,侧面为客家牌坊式,意为教会信仰与客家文化的结合,表达敬天与祭祖合一的建筑。事实上,新教堂建成后,教堂成了他们整个家族的中心。

因此,在发展教会本地化的过程中,必会与当地的文化互融,包括礼仪、经文、艺术、建筑等等,王母渡教会把教堂与祠堂,敬天与祭祖,古今与中西,信仰与民俗结合在一起。对赣南教会而言是一次教会本地化的尝试。如圣保禄宗徒所说的:"对一切人,我就成为一切,为的是总要救些人。我所行的一切,都是为了福音,为能与人,共沾福音的恩许。"(格前9:22-23)

三、从牧灵角度看教会本地化

（一）宗徒路线　随方设教

教会本地化从教会初期就已经开始,至今有两千年的历史,其本地化的进程也经历了两千年。从早期教会开始,教会就寓居于本地化中。从犹太文化到希腊文化、罗马文化,教会就不断地融入这些文化中。正如耶稣降生在犹太文化中,同样教会也必然降生在某种特殊的文化中。教会的福传从亚洲到欧洲到美洲再到非洲,今天又回到亚洲,进入中国文化。因此,利玛窦南昌福传模式告诉我们若要教会在本地文化中生存和发展,就得让信仰融入中国文化中,这是教会在中国传播的必然选择。

（二）学习利氏　随方入俗

从利玛窦神父在中国所走过的传教道路中,我们要认识到教会在本地化传教方面的欠缺和不足,教会要发展就要实行本地化,目的是为了教会更好的传教。若我们不尊重和了解当地文化、民俗,就必然对传教不利,甚至阻碍教会发展。在传教的过程中,教会要肯定当地民俗文化存在的事实,且必须对自身信仰和当地民俗、文化,有充分的了解、尊重、认同,并将教会的道理和福音的精神融汇其中,尽管教会在迈向本地化进程中需要一个过程,但教会应怀有权宜、通融的态度融合当地文化,尤其在信仰程度淡化的地方或新教友的团体中,应保持天主教圣而公教会信仰不容变质的"圣"和"公"的态度。教会要融合民俗文化,不是改变文化;教会要尊重民间信仰,不是改变信仰。

（三）重视家族　传承信仰

中国人特别重视家族的观念,客家人由血缘亲情联系起来,形成家族祠堂文化。在信仰天主教的客家人家族村落中,持守信仰,源于家族信仰。所以祠堂不仅维系了家族的血缘关系也传承了信仰,这是教会在赣南客家文化中所独有的本地化特色。因此,从王母渡教会的实际牧灵经验中,教会应借着本地化的特色,重视家族,传承信仰。

(四)扎根基督　活出信仰

教会的使命是福传,福传的两只脚就是爱德和祈祷。利玛窦神父成功福传的方法,就在于他十分重视爱德和祈祷。爱德是基督的博爱,他来到中国之后发现中国文化中的仁、义、礼、智、信与基督文化相似,因为仁即是仁爱,要包容、忍让和融合。他与所有的人,包括不同文化、不同信仰、不同国界、不同民族、不同学者、不同身份的人对话。所以利氏将中国文化的精髓纳入他的福传中,使得人们更容易、更方便地了解基督信仰。祈祷是他一切为天主生活工作的基础和力量。

总　结

在中国的文化中,敬天祭祖是天经地义的事,客家文化是中国文化的一部分,因着他们从中原举家南迁,远离家乡、思念祖先的经历,形成敬天祭祖的祠堂文化,体现了对祖先慎重追远的孝德。赣南王母渡的教堂融合了本地文化,表达了客家人敬天祭祖的情怀,是揭示中国"天道"与"人道"之间的仁德相配,为赣南教会本地化是一次新的尝试。因此,从"利玛窦南昌福传模式"可看出,当今教会要在本地文化中生存和发展,就必须融入本地文化,目的是为了更好的发展教会。对具有深厚客家祠堂文化的赣南教会而言,祠堂不仅维系家族的血缘关系同时也传承了信仰,教会应借着本地文化的特色,重视家族,传承信仰。

基督教神学教育的中国化

——以江西圣经学校为例

江西省基督教三自爱国运动委员会主席
江西圣经学校校长　　　李云根

引　言

百年大计，教育先行。谈论基督教中国化的所有问题，离不开一个核心问题，那就是中国基督教的神学思想建设。而神学教育与神学思想建设又有着直接、重要的关系。神学教育决定着中国基督教神学思想建设的今天，也决定着基督教中国化的明天。神学教育对于基督教中国化而言，犹如高科技中的核心技术，是起决定性作用的部分，基督教要在中国实现中国化，必须拥有具有自主知识产权的核心技术，那就是真正实现中国基督教自己的神学教育。神学教育的导向决定着基督教中国化的前进方向。神学教育能否与时代精神相一致，直接影响到基督教中国化能否与社会主义社会相适应。习近平总书记在中共十九大报告中也特别提出，"全面贯彻党的宗教工作基本方针，坚持我国宗教的中国化方向，积极引导宗教与社会主义社会相适应"的重要要求。

关于神学教育中国化的问题，在政界、学界以及教界中有过一定的研究。通过研读以往的研究成果，特别是比较与权衡不同的观念与结论，我认为若要切实推进神学教育中国化的问题，不可或缺"三个角度"，即"过去、现在与未来"。这也就是说，我们只有全面探讨中国基督教神学教育的过去、现在与未来，才有可能客观地呈现基督教中国化所存在的主要问题与挑战，以期通过百家争鸣、集思广益而达到基本共识，探索富有建设性的理论成果。本文尝试回顾神学教育中国化的道路以及简单梳理神学教育中国化存在的问题，并结合江西圣经学校的处境，探索神学教育中国化在江西圣经学校可行的路径。

一、回顾过去，神学教育中国化曲折的道路

回眸岁月，展望未来。中国基督教神学教育中国化的探讨，必须以史为鉴，挖掘其中的发展规律。基督教传入中国，经历了唐朝"景教"、元朝的"也里可温"、明末清初的天主教以及鸦片战争前后天主教、东正教和新教的相继传入的曲折历史。这段曲折的历史告诉我们，基督教要立足于中华大地，必须落地生根成为中国人自己的基督教，而非西方的基督教，即基督教中国化。否则即便像"大秦景教流行中国碑"里所说，景教当时达到法流十道、寺满百城的繁荣景象仍不免消亡的结局。而基督教神学教育同样如此，它过去所走的道路，是一个漫长且曲折的过程。其间有缓行期、加速期，也有停滞期、倒退期。神学教育中国化进程折射出基督教中国化的进程。

徐以骅教授，在《为教会思考作育英才——基督教神学教育中国化的历程和展望》中，将神学教育中国化的历程分为1949年前，1949年至1982年金陵协和神学院复校以及20世纪初期。1949年以前，中国基督教神学教育由外国传教士创办，程度较低，规模较小的模式，进入到中国人自办，朝向研究院程度，独立神学院的阶段。其间，由于抗战的爆发，以及国共内战，中国基督教神学教育不能与时俱进，呈现出一种"停滞期"，这也是神学教育中国化探索的"受挫期"。1949年后，尤其是吴耀宗等人发起"三自"爱国运动，中国基督教神学教育重新洗牌。基督教办的教会大学停办撤销，以及基督教神学院的关停、转移，中国基督教神学教育陷入停顿状态，神学教育转移至港台地区。从20世纪50年代初到1982年

金陵协和神学院复院的这段时期,中国基督教神学发展经历停顿期以及严重的衰退期,也是有史以来基督教中国化进入边缘化的时期。自 1982 年金陵协和神学院复校到 1995 年,针对教会"羊多牧少"现状的突出,在全国陆续建立了 22 所神学院校,并且创建了"新三级神学教育体制",即全国性的金陵协和神学院,大区性的华东、燕京、东北、中南、四川神学院以及省级的浙江、福建、广东、安徽、山东、陕西、云南、江西等地区性神学院校。

在党和政府的大力支持下,江西省基督教"两会"于 1992 年秋季,创办"江西省教牧人员进修班"。1993 年 4 月 5 日经江西省民族宗教事务局批复《关于改换江西省教牧人员进修班名称的报告》,"江西省教牧人员进修班"正式更名为"江西省基督教圣经学校",简称"江西圣经学校"。其间,由于时代的发展以及教会发展的需要,江西圣经学校经历了"四易"校址,也经历学年制的四次更新。而神学教育中国化的道路也是伴随着学校的变迁以及学年制等各方面的原因,在不断探索中。

第一次,1992 年到 1996 年,基督教神学教育中国化可以说是微乎其微。从教学的目标来看,神学教育主要是为了回应教会的需求,培养讲道的工人;从教学的设备来看,当时图书馆的书籍寥寥无几,而且主要的参考书是关于《圣经》方面;从学年制来看,一年制的教学让神学生将焦点集中在《圣经》研读方面;从教师队伍来看,教师队伍主要是江西省基督教两会的同工,兼职给一年制的学生授课,他们授课的中心围绕如何解读《圣经》以及如何宣讲《圣经》方面;从生源来看,大多数的神学生来自基层,他们对于基督教中国化意识淡薄。无论是外在的角度,还是内在的角度,神学教育中国化在当时的处境中是难以发展的。

第二次,1996 年到 1998 年,神学教育中国化进入起步阶段。一年制的神学教育已经不能适应日益更新发展的时代,神学教育必须突破服务于教会讲台事工的需求,进入到能与社会相适应,与文化相融合的处境。为此,江西圣经学校招收二年制学生,并对招生有一定的文化水平要求。同时,学校也先后引进来自金陵协和神学院、华东神学院毕业的高材生进入学校任专职教师。专职老师的加入以及二年制的设立在一定程度上，打破了以往的神学教育模式，为神学教育中国化输入了新的血液。

第三次，1998年至2004年，神学教育中国化经历衰退以及缓慢发展期。由于这段时间，校址经常性的变动，神学教育曾一度经历衰退期。后来的几年中，神学教育进入缓慢发展期。一是学校重视师资队伍的培训工作，先后派遣教师参与各种学习，也特别派遣老师参加全国神学院校的爱国主义教程师资培训班学习，提高老师的教学水平；二是学校积极组织教师加强政治学习，要求并鼓励他们多关注国家政策方针以及国际形势，增强教师爱国情怀；三是学校大力落实神学思想建设中国化的成果，组织教师积极撰写基督教中国化的文章，奔赴基层教会宣讲，以期更好地引导基层教会的信徒将信仰与生活、信仰与社会相融合起来；四是学校开始重视文化课程的设置，先后开设了一些文化课，比如，通用语文、英语、法律基础以及基督教爱国主义教程等，增加了学生对于中国文化的了解；五是学校在江西省民宗局的帮助下，组织毕业生进行爱国主义教育活动，大大地增强了学生对于中国文化的认同，有利促使学生平衡中国公民与基督徒之间的关系。

第四次，2004年至今，神学教育中国化进入一个相对快速发展阶段。鉴于江西圣经学校多项工作制度，比如教师管理、教学管理、后勤行政管理、学生管理等更多规范化以及科学化，生源质量的提升，以及江西圣经学校学年制先后经历了二年制的中等基督教院校，三年制的大专基督教院校。学校也根据中国神学教育委员会及其他神学院校的课程设置，设置了45门课程，其中，文化课占30%，宗教课占70%。为了提升文化课程的教学质量，学校特聘请社会大学中文系、哲学系、历史系的老师承担相关课程的教学任务。同时，学校也先后派遣老师参加基督教中国化的研讨会议，并邀请基督教中国化的相关专家来校授课。这些在一定的程度上，加强了神学教育与中国文化之间的关联。

回顾过去，虽然神学教育中国化在江西还没有取得显著的成果，但是在一定程度上，神学教育中国化的种子在江西各地正在不断地发芽成长。

一方面,江西圣经学校顺应时代与教会发展的需求,培养了一批又一批本地化教牧同工;另一方面,随着江西圣经学校神学教育的发展,本地化教牧同工的素质不断提高,数量不断增长,他们在教会事务中发挥的作用日益增强,更多地更全面地实现了教会自治的原则。然而,江西基督教神学教育中国化的历程告诉我们,无论在生源质量、师资队伍、神学建设、学术研究等仍与全国性、大区性以及其他地区的神学院相比,存在相当的差距。它所面临的道路可谓路漫漫其修远兮,路修远以多艰兮。

二、直面现今,神学教育中国化存在的问题

回顾神学教育中国化历程,其实有一个潜在的预设前提,即神学教育中国化过程中存在诸多问题。自 1949 年至今,神学教育的开展,培养了的传道人可以数以千万,似乎说明了神学教育中国化的历程是"辉煌"的。但若从其在中国文化层面、经济层面以及社会政治等层面的融入、融合乃至认同、参与程度来考量,离"成功"还有一定距离,亦即基督教的中国化问题尚未得到根本有效的解决。国家宗教事务局宗教研究中心副主任雷丽华指出,教会的现状与发展存在距离。

一是呈现出上热下凉现象。即全国两会重视,一些省(市)重视,多数基层团体不重视,基层教会积极性不高,认为神学思想建设是神学家、少数人、教会高层的事,和他们无关。二是有的把神学思想建设作为一种运动,作为一种形式喊口号、不是作为一种"建设"来对待的。三是一些神学研究不结合中国实际,单纯地做神学、做学问……大喊"神学要与西方接轨""神学水平在西方",否定丁光训提出的神学思想建设的任务。①

在推进基督教神学教育中国化的过程中,其推动者发现仍有不少的问题存在。

---

① 雷丽华:《基督教中国化问题的几点思考》,《基督教中国化研究》(第三辑),张志刚、唐晓峰主编,北京:宗教文化出版社,2016 年,第 28 页。

首先，一些从事神学教育者对神学教育中国化的重视不够，尤其是受基要派神学影响的，他们存在认识上的差异，认为基督教已经在中国立足和传播，为何还需要提倡中国化？他们没有意识到"基督教在中国"和"中国基督教"这二者之间存在的差异，后者更强调是以中国教会为主体的自身建设。因此，对此问题的思考欠缺力度，没有办法积极地给予回应。

其次，来自基层教会的神学生多半注重灵性生命的培养，轻视神学理论，因此投入理论研究的时间和精力远远不足。此外，神学生水平参差不齐，学术能力较为薄弱，具有很强的局限性。神学教育中国化需要扎根在中国文化里，中国文化是一个比较笼统的概念，它涉及哲学思想、传统习俗、音乐绘画、建筑艺术等领域，脱离了这些就很难形成中国化的神学理论。

最后，中国基督教神学教育中国化到底要化成什么？大多数人不是担心"中国"一词，而是担心一个"化"字。有人说："你们这样化来化去，是否要把基督教化掉？"正如当年误解神学思想建设是为了"改变教义"一样，不少人认为你们搞"中国化"就是为了"服从某种现实需要，把基督教变成非驴非马的东西"。这些不仅让一些神学院里从事神学教育者对此谈虎色变，也让基要派的神学生对此避而远之。除了上面所提到的这些问题，江西神学教育中国化还存在根源性、客观性及实际性的问题。

根源上说，江西神学教育中国化面临最迫切的问题，即何谓神学教育中国化的问题？什么是中国化的神学教育？追本溯源，回归本质，不至迷失。国家宗教事务局局长王作安曾说道，"要深入推进中国特色神学思想，是立足于《圣经》教导，遵循基督教基本信仰，又要适应于中国国情，融会中国文化"。[①] 神学教育中国化，并不是否认基督教信仰，而是形成具有中国特色的神学教育体系。金陵协和神学院严锡禹教授说道，"中

---

① 王作安：《在中国基督教三自爱国运动委员会成立60周年纪念会上的讲话》，《基督教中国化研讨会论文集——纪念中国基督教三自爱国运动委员会成立60周年》，上海：中国基督教三自爱国运动委员会、中国基督教协会，2015年，第12页。

国的神学教育,就是在坚持三自原则,自主办学的前提下成长起来的本土的神学教育。这种教育,既要批判性地继承两千年来的普世基督教传统,又要关注中国的历史、文化、传统及国民性,没有前者,就不能算是基督教的神学教育,没有后者,则仍停留在殖民式神学教育阶段"。基督教的信仰传达的是一种道成肉身的神学,本色化、处境化的神学教育。这里的"道"指的是《圣经》、基督教基本要义,而"肉身"指的是承载着基督教基本要义的载体。种子落在中国,若要生根发芽,必须扎入中国的土壤。若种子夹带着异国之土,将难以发展壮大,与周围环境格格不入。神学教育的中国化,即是要求神学教育所传达出来的内涵,必须有中国文化作为载体。神学教育中国化,是立足于《圣经》的教导,符合中国国情,融会中国文化的特色神学教育。

江西神学教育中国化面临着一些客观存在的实际问题。从学校层面来看,一是江西圣经学校目前比较缺乏专业性的神学教育中国化的人才。虽然江西圣经学校的老师受过一定的基督教神学教育中国化的培训,但总体上来说,缺乏系统性的、专业性的神学教育中国化的学习。神学教育中国化不是片面化、碎片化,而是系统化,专业化,唯有如此,才能脚踏实地、深入浅出地落实神学教育的中国化。二是江西圣经学校还没有一套具有中国特色神学教育的教科书。虽然基督教全国两会已经在 20 世纪出版了一套神学教育丛书,近年来也出版了不少神学、灵修和牧养型的书刊,但还未形成一套具有中国式的神学教育丛书。三是一些神学生们因着受到基要主义中"圣"与"俗"观念的影响,重灵性轻悟性的现象,使他们在某种程度上,存在轻理性、贬科学、片面思考与处理教会问题与社会事务的倾向。四是圣经学校办学经费来源也是一个很棘手的问题。江西圣经学校的开支主要靠地方教会的奉献,但一旦地方教会有了自己的培训项目,就会出现奉献节流现象。这使得圣经学校在人才的引进、教师培训以及各项配套设施的提升方面受到不少局限。

从教会的层面来看,一是教会在差派到神学院就读的生源上,把关力度不够。众所周知,中国基督教要健康地向前发展,江西教会要办好、要开展好教会各项事工、要荣神益人,需要大量各种人才的投入。但何为人才?从字面上看,人才=人+才,就如口才=口+才一样。口才中的"口"指的是一个人的表达能力,而"才"指的是表达的内容。有表达能力,但缺乏表达的内容,有表达的内容,但无表达的能力,都不能叫口才。同理,人才是人与才的统一,"人"指的是做人,"才"指的是做事的能力,两者缺一不可。所以说,教会若想基督教中国化,光有"人",没有"才",有何用?神学教育中国化,是需要有更多的有才能,有思想性的人才。没有思想的人,是很难参与神学思想建设,推动基督教中国化。

二是一些教会的思维模式常常竭力扭曲圣经学校的办学方针,并试图把圣经学校变为教会模式,抱怨神学教育未能满足教会的需要。由于他们被日常的教会事务所缠绕,所关注的往往只是四面墙壁之内的事情,教会人数与财务的实际需要。而神学教育所关心的当然不限于此,是更高瞻远瞩的眼界,要担负的不仅是维持教会现状的问题,更是要引导教会与社会相适应,与中国传统文化相融会。正如丁光训主教曾明确地告诫我们:"教会里有人根本轻视神学,对神学院只求它成为讲道人员培养所就够了……但是要办好教会,我们少不了神学思维的指导。神学思维来自钻研《圣经》,来自国内以至普世教会的广阔视野和交流,它反过来可以指导教会实践。中国教会太需要神学了!"[1]可知,神学教育若仅仅是为了培养一群讲道性的技术人才,那么,神学教育中国化将面临固步自封,闭门造车的困境,江西教会也将步入边缘化的领域。

我们从宏观上、本质上、客观上认识到江西神学教育中国化所存在的问题。要勇于直面自身所存在的问题,以坚韧不拔的勇气破除神学教育中国化的弊端,以雷霆万钧之势推进神学教育中国化,以钉钉子精神把神学教育中国化的果实落地生根,全面推动神学教育的中国化。神学教育中国化的历程深刻昭示我们,神学教育中国化,必须不断进行自我剖析,同一切影响神学教育中国化的障碍作出正确的回应。鉴于此,我从自身

---

① 丁光训:《丁光训文集》,南京:译林出版社,1998 年,第 368-369 页。

的处境出发,总结历史经验教训,尝试提出神学教育中国化的可行路径。

三、展望未来,神学教育中国化可行的路径

尽管江西圣经学校神学教育饱经艰难,但仍取得了不俗的成绩,特别是 21 世纪以来,更是走出上扬的曲线。不过与全国性以及大区性神学院相比,目前江西圣经学校的基督教神学教育机构无论在生源质量、师资队伍、神学建设、学术研究、社会地位等方面仍存在着不少的差距。江西圣经学校在神学教育中国化方面显然还有很长的路要走。江西圣经学校神学教育中国化要突破现有体制瓶颈,可有以下比较切实可行的路径。

首先,神学教育理念的时代性。神学教育是一项有理想性和建设性的教育,要以理念来指导现实、以理念来引导未来。① 我国神学教育理念因着各种原因没有形成一个很清晰的、可以执行的神学教育理念。区应毓认为基督教神学教育理念是全备的教育哲学、全人的教育理念、全面的教育方法和全盘的教育取向,四个"全"全面体现了基督教教育理念的整合观。② 丁光训主教在 20 世纪 80 年代曾经提出中国基督教的神学教育要贯彻灵、德、智、体、群全面发展的"五字"方针,金陵协和神学院院长陈逸鲁牧师认为:"中国基督教神学教育以灵、德、智、体、群为教育方针,换个说法,我们在神学思想上需要有七个平衡:A.圣经知识与普通知识的平衡,B.技艺与品格的平衡,C.灵性操练与身体锻炼的平衡,D.属灵与物质的平衡,E.教会与社会的平衡,F.今生务实与来世盼望的平衡。从这七个平衡去培育一个会祷告、会读书、会工作的人,使他们有创意、有能力、肯委身、肯服侍,这就是我们所要培养的人。"③在这种神学教育的理念之

---

① 陈逸鲁:《浅谈我国的神学教育理念》,www.gduts.org/teacher/elurat/enducation.htm 下载日期:2019 年 6 月 26 日。

② 区应毓:《教育理念与基督教教育观》,四川:四川大学出版社,2005 年,序言。

③ 陈逸鲁:《浅谈我国的神学教育理念》,www.gduts.org/teacher/elurat/enducation.htm 下载日期:2019 年 6 月 26 日。

下，中国神学教育的目标明确定位"培养合格的教牧人员"。当然我们要避免神学教育成为逆来顺受按照教会订单生产的"加工厂"，而一些所谓的"教牧人员"也常常把自己的领域限制在教会之下，缺乏追随时代脚步的精神。

时代精神与神学教育息息相关。神学教育要培养什么样的人才取决于我们需要什么样的人，神学教育"能够"培养什么样的人，也不能超出时代的要求。神学教育要想把未来掌握在自己的手中，就必须清楚自己脚下的路况；最重要的是，自己还必须清楚前进的方向，否则将南辕北辙，用力越大，越远离正确的方向。而这个方向就是我们必须朝着习近平总书记关于宗教工作的"时代精神"前行。

习近平总书记在全国宗教工作会议中特别指出："积极引导宗教与社会主义社会相适应，一个重要的任务就是坚持宗教中国化方向。要用社会主义核心价值观来引领和教育宗教界人士和信教群众，弘扬中华民族优良传统，用团结进步、和平宽容等观念引导广大信教群众，支持各宗教在保持基本信仰、核心教义、礼仪制度的同时，深入挖掘教义教规中有利于社会和谐、时代进步、健康文明的内容，对教规教义作出符合当代中国发展进步要求、符合中华优秀传统文化的阐释。"①今日神学教育的中国化，必须把握时代精神的脉搏，神学教育理念必须注入我国民族优良传统文化的血液，紧跟时代发展的步伐，不断地更新，与时俱进。神学教育理念的更新，自然不是一件轻而易举之事，需要党和国家的大力支持，以及多方的努力。近些年来，江西圣经学校朝着这个目标在不断努力，一方面，加大了对神学生中国传统文化的学习，邀请高校教授、专家、学者来讲课和讲座，大大提升并开阔学生的视野和水平，增强学生的爱国情怀。另一方面，学校开展全方面的学习教学模式，把校园敞开给学生，让学生参与管理，如食堂的管理就是由学生负责学生的伙食费管理，他们要计划买米、买菜等事务，安排学生负责食堂卫生，制作早点或包饺子等，还有学校

① 习近平：《全面提高新形势下宗教工作水平》，http://www.xinhuanet.com/politics/2016-04/23/c_1118716540.htm，下载日期：2019年6月29日。

的卫生和环境美化等都由学生负责，通过这些事工和活动，让学生融入学校，成为学校的一分子，以主人翁的心态在学校学习和生活，这既丰富了学生的生活，更锻炼了学生的动手和参与能力，让学生更加全面成长。我们培养的学生既能参与教会管理，也将引领教会。这是我们的目标也是我们的理念。

其次，教师队伍培训的迫切性。神学教育理念的更新，需要依靠教师，因而教师队伍的素养和培养是至关重要的。教师的个人素养，对师生关系的构建和走向影响最大的当属教师的人性。教师的人性潜移默化地影响着神学生如何做人，以及做一个什么样的人。只有充满人性、人情，充满爱心的教师，才会培养出健全人性的神学生。爱是教育的灵魂，没有爱就没有教育。换言之，教师是否具备人性情怀，是否能够将人性的光辉投射到学生身上，是否能够用人性的温情体恤神学生，努力培养出具有人性的、阳光的中国化教牧同工。对江西圣经学校教师人性、品格的培养，基本上是依靠教师自身的修身养性、灵性生命的建造。因为基督教的信仰首先是讲爱，江西圣经学校的专职教师基本上都是从华东神学院、金陵协和神学院毕业而来，这是较好的一面。

上文提到，神学教育的理念旨在培养具有符合时代发展要求，与时俱进的、具有灵、德、智、体、群、美的中国化教牧人员，这自然而然需要经过专门训练的优秀教师。但是江西圣经学校，甚至是全国性的宗教院校的教师，可能受过很好的专业训练，但大多数都未受过高等师范教育方面的训练，这直接影响着教师的教学内容与教学方法。在教学内容方面，教师自身应当坚持终生学习观，与日益发展的社会相适应。正如，南宋著名的学者朱熹所说，"问渠那得清如许，为有源头活水来"。严谨笃学，与时俱进，才会登高望远，高瞻远瞩。中央统战部和国家宗教局以及基督教全国两会，都大力支持教师的培训工作，也常组织教师教育方法论的进修，组织不同院校之间的学科教学研讨会，以促进教师队伍教学内涵以及教学水平的提升。江西圣经学校也努力与高校合作，给教师提供学习机会和平台，我们与中央民族大学宗教研究院合作开办了高级研修班，也开展了精品课程计划。近日又有消息说,省民族宗教事务局正在给我们联系南昌大学,与他们对接,我们可以邀请他们的教师给我们讲课,我们也可以去听他们的课程。这才会更有利于教学课程的重新设置。

然后,教学课程设置的体系性。神学教育课程设置是一种有组织、有计划、有目的、有体系的教学活动。这种活动不仅根据教会的实际发展和需要而拟定,更是要结合基督教中国化的方针而制定。中国教会的神学院校基本上没有统一的课程设置,一般都是各神学院自己设置课程进行课程管理。由于神学院课程的特殊性,其要求所设课程应帮助神学生掌握基督教领域的基础知识、最新神学研究发展的动态和神学思想建设取得的最重要成果,同时还要培养神学生分析运用这些知识的能力。江西圣经学校的课程设置方面,主要是按照全国基督教神学教育委员会所列举的科目进行,主要由基督教课程、爱国主义教育课程以及文化课程三部分组成。基督教的课程设置有新约导论、旧约导论、摩西五经、先知书、智慧文学、教牧书信、监狱书信以及专卷研读(如以赛亚书、诗篇、罗马书、约翰福音、哥林多书信、希伯来书、启示录等)、系统神学、基督教伦理学、崇拜学、教会历史、圣经地理、基督教思想史、释经学,爱国主义教育的课程主要涉及爱国主义教育,宗教政策法规,文化课程有大学语文、中国传统文化、中国通史、中国近代史、世界通史、英语、中国哲学、西方哲学等。从主观上来说,这些课程虽然可以使神学生得到信仰以及文化的教育,但从根本上来说,其课程设置的内容没有较清晰的层次性以及体系性,有的时候明显会出现内容的重复。上面提到,教师所使用的教材以及参考书没有统一,其有待考虑的是这些资料是否能与社会主义社会相适应,是否结合中国教会的实际情况,是否在三自原则的指导之下。全国两会正在对神学院校教学课程设置加强管理。

教学课程设置的体系性不仅是对教材有所要求,更是要形成中国教会自己的神学体系。丁光训主教曾说:"神学就是教会在思考。"作为思考主体的教会,在思考的过程中,不是随波逐流的,它必须有自己思考的架构体系。国家宗教事务局《中国宗教》杂志社社长刘金光在"倡导构建一种中国特色的和谐神学"文章中,特别提到中国的神学思想,不是韩国的民众神学,不是拉丁美洲的解放神学,而是中国特色的和谐神学。一是它符合时代的鲜明特征,中国当今社会的鲜明时代特征就是对内构建和谐社会,对外构建和谐世界;二是政府在积极引导宗教与社会主义社会相适应,包括基督教在内的各宗教都在对教义教规作出符合时代要求和社会进步的阐释;三是宗教关系的和谐成为处理五大关系的重要内容之一;四是它符合圣经的基本要求和中国的传统特征。① 今后的神学教育教学课程设置要以中国特色的和谐神学为导向,因为它能够帮助教师们更深入地挖掘基督教教义中和谐、友爱的丰富内涵,正确地引导基督徒为我国社会增加和谐的文化价值观念和伦理道德观念,发挥他们在经济发展、社会和谐和文化建设中的积极作用,同时有利于中国基督教在国际上占有一席之地。

最后,学校管理体制的监督性。神学教育理念的时代性、师资队伍培训的迫切性、教学课程设置的体系性,离不开学校管理体制的监督性。提到监督,有人或许会质疑,为何要监督,要如何监督,要由谁来监督?作为基督徒,首先要相信、服从圣灵的监督。但是这显然是远远不够的,这并非说圣灵的能力有限,而是基督徒自身有时太软弱,不愿意聆听圣灵的声音,不愿意服从圣灵的安排。因此,一所学校各项事工要和谐地向前发展,首先离不开一系列规章制度的建立。健全的规章制度,不仅是约束,也是保障。江西圣经学校近年来制定了一系列规章制度,这需要学校每一位成员都担当起监督的任务。这样的监督,有利于制度的实施,也能够有效地提倡法治、反对人治。

中国人民大学"习近平总书记新时代中国特色社会主义思想研究院"副院长、法律与宗教研究中心主任冯玉军表示,改革开放 40 年宗教工作的基本轨迹,就是一个逐步规范化、法治化的过程,党的宗教法治思想

---

① 刘金光:《倡导构建一种中国特色的和谐神学》,《基督教中国化研讨会论文集——纪念中国基督教三自爱国运动委员会成立 60 周年》,上海:中国基督教三自爱国运动委员会、中国基督教协会,2015 年,第 91-97 页。

和宗教工作法治化实践走过了波澜壮阔的发展道路。面对新形势、迎接新挑战,中国特色社会主义宗教理论强调要全面贯彻党的宗教工作基本方针,全面贯彻党的宗教信仰自由政策,依法治理宗教事务,提高宗教法治化水平。① 学校管理体制的制度化、法治化与宗教法治化密不可分,与中国基督教中国化密不可分。在学校管理方面,要更多地建立一系列健全的规章制度以及公平公正的监督制度。

结　语

基督教中国化,就是要实现中国基督教的"自我",关键是通过神学教育,建立起中国基督教自己的神学思想体系,并用以指导教会各项事工的开展,基督徒灵性生命的培养和教会与社会主义社会相适应。同时,江西圣经学校神学教育中国化的研究与实践,牵涉到如何看待与处理政教关系、与社会的相适应、与文化的融汇、与处境的调适、与教会信徒的联络等诸多方面。因此,推进神学教育中国化,需要相关领导的大力指导与支持,需要学术界的理解与交流,需要普世教会的代祷与关心,在和而不同中,殊途同归,神学教育中国化的道路才不至于偏颇。"路漫漫其修远兮,吾将上下而求索。"江西圣经学校将在有关部门的大力支持下,不断探索,调整自己,使神学教育为中国教会的发展,做出贡献。

---

① 《依法治理宗教事务　提高宗教法治化水平——2018 年中国宗教法治高端论坛综述》,http://www.tibet.cn/cn/religion/201812/t20181206_6444081.html。下载时间:2019 年 6 月 29 日。

对基层教会推进基督教中国化的思考与实践

——以南昌市基督教会为例

江西省基督教协会会长　姚宝山

引　言

习近平总书记在 2015 年全国统战工作会议上强调指出："积极引导宗教与社会主义社会相适应,必须坚持中国化方向。"宗教中国化是党和政府对宗教的共同要求,也是宗教的必由之路。几年来,基督教中国化问题无论在政界、教界都受到广泛关注,以此为议题的教界和学界开展了系列研究和讨论,取得了不少成果。① 2018 年坚持我国宗教中国化方向被国家宗教事务局写入 2018 年宗教工作的总体要求,接着中国基督教两会根据自身中国教会未来五年发展的要求,制订了《推进我国基督教中国化五年工作规划纲要(2018—2022)》②。在中国基督教两会倡导下,各地基督教两会及堂点纷纷举办中国化研讨会,开设中国化讲座学习、召开座谈会,研讨基督教中国化的理论,探索基督教中国化的实践。可见,推进基督教中国化不仅是党和政府期望,更是中国基督教与社会主义社会相适应的必由之路,更是按三自原则办好中国教会的重要目标。从而基督教中国化已成为摆在基督教两会和基层堂点及全体教职人员面前,亟待思考与践行的重要课题。近年来,关于基督教中国化现状的研究已取得

---

① 《基督教中国化研讨会论文集(二)——纪念丁光训主教诞辰 100 周年》,上海:中国基督教三自爱国运动委员会、中国基督教协会,2016 年 9 月,第 298 页。

② 傅先伟:《深入学习党的十九大精神,努力推进基督教中国化》,上海:《天风》,2018 年第 3 期,第 5 页。

不少理论成果,但在新时代新形势下,落实于基层教会推进中国化事工实践路径的方面还不多,本文将从先辈们探索基督教中国化、丁光训探索基督教中国化及南昌基督教会开展的事工对基督教中国化进行一些思考和实践。

一、先辈们探索基督教中国化

西方传教士把基督教传入中国,如何传播下去? 各个时代都有教会的领袖与神学家关心并提出本土化、本色化、处境化的良方,赵紫宸早就疾呼,中国基督教绝不能一味地跟从西方,而是要自己寻求"中国的真精神"。

(一)本色化的探索

基督教自传入中国,一直带着"洋教"的标签。曾做过北大校长的蒋梦麟认为如来佛是骑着白象来到中国,而耶稣是骑上炮弹飞过来的。"炮弹上的耶稣"之比喻,很好地反映了中国人心目中对基督教的两个认识:基督教是外来的宗教,这外来的宗教是靠着武力进入中国的,因而也一直戴着"洋教"帽子①。面对"非基运动"的责难,中国教会和基督徒发起了本色化神学的探讨与实践,涌现出赵紫宸、吴雷川、吴耀宗等一批中国神学家。中国有一部分基督徒在教会自治、自养、自传方面也在艰难地探索与努力着。1906 上海俞国桢等人发起的"自立运动",发扬"具有爱国爱教之思想,自主自治之精神"。在"自立运动"和"非基运动"的背景下,1922 年全国基督教大会在上海召开,会议通过了《中华基督教的协会宪章》,共有十三条,此宪章可以视这中国教会最早的本色化宣言,它为以后中国教会在理论和实践上探索本色化奠定了基础。② 正如当时教会

① 《基督教中国化研讨会论文集(二)——纪念丁光训主教诞辰 100 周年》,上海:中国基督教三自爱国运动委员会、中国基督教协会,2016 年 9 月,第 153 页。
② 段琦:《奋进的历程——中国基督教的本色化》,北京:商务印书馆,2004 年,第 233 页。

领袖诚静怡所说:"本色教会,就是一方面要求使中国信徒担负责任,一方面发扬东方固有的文明,使基督教消除'洋教的丑号'。"关于为什么要有本色化的教会,许祖焕总结了三条:"一、为要合乎中国的国民性。要去除西方色彩,使基督教真理深深地立在中国文化和民族物质中⋯⋯必须要有本色化。⋯⋯三、为要发展中国的自由思想。中国教会受到西方差会的遗传教理及其他种种压制,束缚了我们活泼的思想。只有本色教会才能发展中国人自己的思想。"①赵紫宸强调,本色的教会必须充满爱国精神,他同时又指出:"'当前的问题是收回主权','移交主权',或者中国教会成为第一步就是自理。"赵紫宸强调,没有主权的国家,就没有"自立"和"本色"的教会。中国基督教寻求的"自立"运动,虽然在当时的中国半殖民地半封建社会的处境不是很成功,但"自立"运动激发了中国基督徒民族意识的觉醒,是中国基督徒首次自发地表达了要求基督教中国化的强烈愿望。② 总而言之,本色化是中国基督徒的呼声和要求,他们怀着良好的愿望和爱国的热忱,希望中国基督教能走上本色化道路,因此,正是在此意义上,"本色化是中国基督徒探索中国化的一部分,它和自立运动一起构成了中国基督教三自爱国运动的先声"。③

(二)三自爱国运动摘下基督教外来的"洋教"标签

基督教传入中国一百多年,一直带着"洋教"的标签,面对"非基运动"的责难,中国教会兴起了本色化神学的探讨与实践,中国基督教会虽然在新中国成立前不断地进行着本色化的努力,提倡中国教会自立,但成效不大。中国教会当时除了少数自主教会外,绝大多数教会仍然靠外国差会提供经费。自主、自传、自养对中国教会来说似乎是个长远的目标.基督教在一般中国人的心目中始终是一个"洋教"。1950年吴耀宗指出:"基督教同帝国主义的关系问题,是目前基督教对外关系的最主要的问

---

① 段琦:《奋进的历程——中国基督教的本色化》,北京:商务印书馆,2004年,第244-245页。
② 段琦:《奋进的历程——中国基督教的本色化》,北京:商务印书馆,2004年,第112页。
③ 中国基督教两会编:《基督教爱国主义教程》,北京:宗教文化出版社,2006年,第198页。

题,也是基督教在解放后所以遭遇困难的最重要的因素""基督教是洋教,是帝国主义的工具。"吴耀宗先生强调:"新中国解放之后,中国基督教的主要问题自然成了它同帝国主义的关系问题,所以主要任务就是自动肃清帝国主义在它里面的影响与力量。"①正如 1950 年周恩来总理三次接见以吴耀宗为首的基督教代表团指出:"基督教最大的问题是与帝国主义关系,基督教必须肃清其内部的帝国主义影响与力量,提高民族自觉,恢复宗教团体本来的面目。"1950 年 7 月以吴耀宗先生为代表的爱国爱教人士发起了"三自革新运动",三自爱国运动的历史意义在于解决了中国基督教与中国人民的关系问题,改变了基督教在中国的命运,基督教才逐步摘除了"洋教"的标签。改革开放后,随着国家改革开放的不断深入和经济建设的迅速发展,在丁光训主教的带领下,中国基督教也在教堂修建、组织完善、人才培训和信徒人数增长等方面取得了巨大成就。

二、丁光训主教对基督教中国化的探索与实践

(一)按三自原则办好教会

基督教中国化不仅是指中国基督徒独立自主自办教会、不仅是实现中国基督徒自己管理自己的教会,更重要的是让基督教成为中国基督徒自己的宗教事业和中国教会及中国基督徒信仰的事业。八十年代丁光训主教提出按三自原则办好中国教会,这是基督教中国化在理论和实践上的展开。丁主教说:"'按三自爱国原则办好教会'是一个比较好的、适合现阶段的口号,因为它提到了办好教会。但是它不应仅仅是一个放在嘴上的口号,必须变成行动。"②他又说,办好教会"就是自治要治好,自养要养好,自传要传好",这样"中国基督教有了中国基督教的特点,从而在国

---

① 段琦:《奋进的历程——中国基督教的本色化》,北京:商务印书馆,2004 年,第 538 页。

② 丁光训:《在三自爱国运动四十五周年庆祝会上的讲话》,《丁光训文集》,南京:译林出版社,1998 年,第 375 页。

际教会中提高了中国教会地位,赢得了许多朋友"。① 中国基督教三自爱国运动在"按三自原则办好教会"这一总任务的指导下走过了60年的风雨历程,无论在组织原则、方针政策还是神学教义方面始终坚持了中国化的方向,并在反渗透、反"西化"和反分化的过程中也取得相当的成绩。② 可以说,丁主教所坚持并推动按"三自"原则办好教会,是他初期对基督教中国化的理论和实践上的探索。

(二)丁主教始终主张基督教在中国要走中国化道路

丁主教指出,"基督教在新中国的生存与发展,历史上没有可参照性,主张中国教会必须自强,必须在社会主义新中国走出'一条新路'来,于是1983年提出中国教会中国化"。③ 他在介绍三自成就时就明确表示,基督教的中国化之始,就是应该做到中国教会要由中国信徒以"三自"原则来办,并且将之办好。他说:"基督教要在新中国存在下去,并为主作出见证来,光靠国家的宗教信仰自由政策还不够,还必须同中国人民有较多的共同语言,从一个洋的宗教变为中国自己的宗教。三自爱国运动是中国基督徒的爱国运动。它提倡中国基督徒发扬民族自尊心,热爱祖国,同祖国同胞走在一起,想在一起,投身祖国的事业。在教会方面,它主张真正的自治、自养、自传,主张中国教会独立自主,由中国信徒自己来办。"④20世纪80年代,他在世基联和日内瓦教会普世中心谈三自运动时说:"我们三十年来不遗余力地使中国教会中国化。对于耶稣基督在中国的教会来说,这是一个事关存亡的问题。很明显,只要中国人民认为基督教是一件西方的东西,我们就不可能期望人们承认耶稣基督为普世的绝对的主。同时,假设我们不珍惜本国的特性,那么对普世教会就必然无

① 同上,第373页。
② 《基督教中国化研讨会论文集(二)——纪念丁光训主教诞辰100周年》,上海:中国基督教三自爱国运动委员会、中国基督教协会,2016年,第34页。
③ 苏志明:《丁光训论建设有中国特色的基督教》,《中国宗教》,北京:中国宗教杂志社,2019第2期,第52页。
④ 丁光训:《回顾与展望》,《丁光训文集》,南京:译林出版社,1998年,第295页。

所贡献。"①他说："就教会而论,三自不过主张教会中国化,主张它发展中国特点。"他强调:"可以设想,一个教会进入一个历史关键时刻,需要去找到它自己的民族性,从而不再作为任何其他国家教会的一件复制品存在下去。我们得是我们自己才好。耶稣基督在中国的教会必须获得一个中国的自我,成为中国的事物,才能同它过去的殖民主义历史分手、取得权利让中国人民来听听它有以告人的信息⋯⋯因此,在领导人员方面,在经济来源方面,在认识和表达关于基督的我们没有放松使中国教会中国化的努力。那就是说,它应当中国化,就像澳大利亚教会澳大利亚化一样。"②从丁主教上面所论述的基督教中国化的重要性,由此可见,丁主教一直主张中国基督教走中国化的道路,他视"中国教会中国化"为中国基督教"一个事关存亡问题",丁主教中国化的思想及主张给今天基督教走中国化道路指明了前进方向。

(三)神学思想的中国化,建设中国特色的基督教神学

改革开放后,中国社会发生了翻天覆地的变化,党和政府向我国宗教界提出了"引导宗教与社会主义社会相适应""发挥宗教界人士和信教群众在促进文化繁荣发展中的积极作用"等要求,因此,中国基督教在丁光训主教的倡导下,于1998年11月召开的"济南会议"上,中国基督教两会做出了"关于加强神学思想建设的决议",旨在进一步巩固和深化三自爱国思想,挖掘和宣扬圣经与基督教教义中有利于社会进步和谐的积极因素。丁光训主教倡导发起的中国教会的神学思想建设,使中国教会重新进行神学思考。他认为"神学是教会在思考",主张神学思考要结合处境,提出的创造与和好的神学主张,强调中国基督教要与社会主义社会相适应,而这种适应应该是神学思想上的适应。直到今天,中国教会已经逐渐建立了自己的神学思想。丁光训主教在自己所处的时代中,坚持独立

---

① 丁光训:《在世基联和日内瓦教会普世中心谈三自运动》,《丁光训文集》,南京:译林出版社,1998年,第13—14页。

② 丁光训:《在澳大利亚欢迎会上的演讲》(1984年3月于悉尼),《丁光训文集》,南京:译林出版社,1998年,第16—17页。

自主自办教会的三自爱国原则,深深地认同中国特色的社会主义制度,坚持自己的神学思考,就是在中国教会实现了主权上自我的基础上,建立一个神学上自我。中国基督教不仅仅要有教会主权意识,更要有教会神学意识。这就是丁主教对基督教中国化神学上的探索和实践。

三、浅探南昌基督教中国化之法

基督教中国化不是口号或表态,也不是形式上的"应付",而是关系到中国基督教的未来。正如中国基督教协会副会长沈学彬在《圣经〈和合本〉与基督教中国化》一文中指出:"中国基督教需要本着务实精神,脚踏实地,顺应时代,适应社会,认清形势,明确基督教中国化是基督教在中国生存发展的安身立命之根本"①。基督教中国化,如何中国化? 我能做什么? 这也是当前中国教会所要思考与践行的课题。笔者在南昌市基督教两会工作三十一年,面对基督教中国化的开展以江西南昌基督教会为例,结合中国基督教两会关于《推进我国基督教中国化五年工作规划纲要(2018—2022)》,浅探基督教中国化在南昌基督教会落地之法。

(一)继承教会传统,爱国守法

爱国爱教是中国教会建设与发展的主旋律,坚持三自原则是积极推进神学思想建设的着力点。

1.开展爱国主义教育

多年来,南昌市基督教始终把三自再教育与爱国主义教育紧密地结合在一起,南昌市基督教两会在常委会、办公会、驻会同工的政治学习及全市每年各地各种形式的培训班、学习班、培灵会上多次组织教牧人员认真学习国家的大政方针、时事政治和相关的政策法规,开展各种形式的爱国主义与三自再教育的活动,学习贯彻党的十九大精神和习近平新时代

---

① 沈学彬:《圣经〈和合本〉与基督教中国化》,上海:《天风》,2018 年第 11 期,第 26 页。

中国特色社会主义理论研讨,开展"四进"工作:国旗进场所,社会主义核心价值观进场所,法律法规进场所,中国传统文化进场所。去年 9 月 30 日在志道堂举行升国旗仪式。组织教牧同工和信徒到西柏坡、山东威海、绍山、重庆爱国主义教育基地进行革命传统教育,组织两会班子成员赴瑞金、井冈山开展爱国主义教育,激发教牧同工和信徒的爱国主义热忱。

2.以《条例》学习为契机,增强法规意识

爱国爱教要求正确处理好公民与教徒、国法与教规的关系。南昌市基督教两会将国家宗教事务条例和江西省宗教事务条例的宣传学习贯彻落实作为重要工作来抓。

第一,抓宣传。《条例》上墙让广大教牧人员和信徒都能看到《宗教事务条例》。第二,抓学习。组织两会常委和教牧同工多次进行条例的学习。第三,抓落实。以圣经中处理政教关系的原则作为切入点,增强法规意识,要让教职人员和信教群众始终牢记公民身份高于教徒身份、教规必须服从国家法律,始终牢记宗教可以无国界,但国家一定有边界,遵守国家宪法法律、维护社会和谐稳定是公民的基本义务,牢固树立国家意识、公民意识和法律意识。

(二)以思想建设为核心,着力提升文化自信

1.注重历史研究

系统梳理南昌基督教中国化历史脉络,理性分析基督教中国化的宝贵经验,加强与社科院、南昌高校合作,综合利用学界资源,配合南昌市政府及时修编《南昌基督教史》。

2.积极推进神学思想成果转化

开展神学思想建设,使基督教与社会主义社会相适应关键在于神学思想上的适应。深入推进神学思想建设,对教规教义作出符合时代进步要求的阐释,挖掘有利于社会和谐、时代进步和健康文明的内容,建立具有中国特色的基督教神学思想体系,这既是时代要求,也是努力目标。南昌市基督教两会举办了两次神学思想建设研讨交流大会,举办两期传道

员讲道比赛,组建了南昌市基督教神学思想宣讲团,广泛征集优秀宣讲论文,重点开展"中华文化与基督文明"和"社会和谐与教会和谐"主题活动,由市基督教两会统一安排宣讲团成员长期到三县九区堂点进行宣讲,创新通过主日崇拜、团契活动等形式,以主题演讲、快板、说唱等信教群众听得懂、容易接受的方式将爱国、法治、德治、和谐融入教规教义和基督教思想阐释中,引领信教群众爱国爱教,作光作盐,爱岗敬业。

(三)推进教风建设,培育和践行社会主义核心价值观

1.以演讲比赛为契机,推动社会主义核心价值观进场所

2016 年 9 月 13 日上午,南昌市基督教两会在志道堂举行"南昌市基督教第二次神学思想宣讲与社会主义核心价值观演讲比赛",南昌市两会教牧同工、南昌市基督教两会常委、神学院校毕业生、市基督教两会认定的传道员、南昌市基督教神学宣讲团成员共 250 多人参会,三县九区推选 17 位选手参加比赛。南昌市民族宗教事务局对此次交流比赛非常重视,市民族宗教事务局领导给予大力支持,宗教处朱建明处长亲临指导。2016 年 9 月 20 日我会教牧同工参加南昌市委统战部、市民族宗教事务局在基督教志道堂联合举办宗教界"培育和践行社会主义核心价值观"演讲比赛,派出三位同工参加比赛,一人获得三等奖。南昌市基督教两会以此为契机将践行社会主义核心价值观纳入日常教育,积极开展教堂和谐双创活动,在全市基督教开展"教风建设大提升"活动,不断推进教风建设。

2. 以中国化宣讲为媒介,提升信徒素质

教会如何按时分粮,怎样基督教中国化?讲台是一个重要阵地。南昌市基督教两会以圣经原则为本,结合社会主义核心价值观内容,以爱国、诚信、公平、公义、诚实等为题,在全市三县九区堂点开展下基层上讲台基督教中国化宣讲工作,有近万名信徒参加听讲,着力提升信徒的素质,自觉抵制异端邪教和境外势力的渗透。

3. 开展"四进"活动

根据中国基督教两会倡议，举行"国旗、宪法和法律、社会主义核心价值观、中华优秀传统文化进教堂"四进活动，邀请专家学者举办宪法讲座、社会主义核心价值观讲座、中国传统文化讲座，积极引导基督教与社会主义社会相适应。

（四）用中华文化浸润神学思想建设

中国基督教领袖丁光训主教指出，"中国神学需要中国文化为其母体"。在推动基督教神学思想与中华文化融合方面，我会进行了有益的尝试。

1. 在讲道中融入中华传统文化

中华传统文化中的孝道，既重赡养，又重视心理关怀和内心愉悦。在《孝经》中有大量关于如何孝敬父母的陈述。例如"安身行道，扬名于世，孝之终也"，意思是子女在事业上有一番成就，父母就会感到高兴、光荣和自豪。终日碌碌无为，也是对父母的不孝。正如圣经中所说："智慧之子使父亲欢乐；愚昧之子叫母亲担忧。"圣经从至高信仰层面为孝找到了神圣的出处，而从中华传统文化中对孝的表达，将孝拉进了人类的日常生活。我们将两者结合，引导信教群众尊重中国社会传统礼仪，自觉与中华传统文化相融合。我会教牧人员在讲道中把基督教的"爱"解释成儒家的仁爱，把"孝道"解释成对上帝、君主、父母的尽孝，并允许中国教徒敬天祭祖，保持中国礼俗等。有的牧师、长老不但自己学习《论语》《弟子规》等中国传统典籍，还用这些典籍的内容解释圣经，传授给信教群众，并且把这些传统典籍分发给信教群众学习。信教群众每天既读圣经，又学习中国传统文化，以接地气的方式把热爱祖国、热爱传统文化融合在一起。在每年重阳节举行敬老感恩礼拜，教导信徒《摩西十诫》第五条"当孝敬父母"的内容，这些内容与中国孝文化传统可以结合在一起，弘扬孝老爱亲、睦邻友好，以点带面，推进民风、爱风教育传承，促使不少信徒成为当地的五好公民。

2. 以"圣乐本土化"为切入点,唱出中国好声音

为了圣乐本土化,我会成立联合诗班和乐队。在聚会时诗班献唱江西省基督教两会罗黎光牧师自己创作的经文诗歌,组织全市各县区诗班参加庆祝中华人民共和国建国六十周年唱爱国歌曲比赛,激发信徒爱国热忱。去年市基督教两会联合诗班代表省民族宗教事务局参加全省改革开放四十周年歌咏比赛和省直机关迎接党的十九大合唱比赛唱爱国歌曲并取得好的成绩,唱出中华儿女心声,演绎出基督徒爱国爱教华美的篇章。

(五)加强团体建设,使两会负责人成为信徒走中国化道路引领人

1.注重班子建设,抓宗教团体的组织建设

在组织建设方面,加强两会领导班子、工作班子建设。我会在市基督教两会换届和县区基督教两会换届主动作为,寻求政府支持解决宗教团体班子新老交替的问题,下决心物色和培养后备力量,把接受党的领导、拥护社会主义、爱国爱教、有一定宗教学识和在信教群众中有一定威望的中青年教职人员充实进两会班子,增强基督教两会组织活力,提高基督教两会组织工作效率。

2.注重规范化管理,抓制度建设

制度成就管理,规范增进和谐。南昌市基督教两会始终以制度建设为重要抓手,在制度建设方面,建立健全各项规章制度,搞好自我管理。建立并完善了《人事管理制度》《财务制度》《教牧人员退修制度》《两会工作制度》《公章管理制度》《考勤制度》《教牧人员传道规定》等十多项制度。同时,抓规章制度的落实,做到有章必循,违章必纠,落实以制度管人管事,保障两会工作制度化、规范化。重点强化财务规范化建设,定期向信教群众公开财务收入状况。班子带头遵章守纪、履职尽责,推动建立民主管理评议机制,常委会期间班子成员述职测评,推动内部管理民主化,财务管理透明化,人员管理严格化,推进宗教团体制度化、规范化运行。

3.注重人才培养,抓教职人员队伍建设

为确保基督教爱国组织领导权牢牢掌握在爱国爱教教职人员手中,南昌市基督教两会坚持"政治上靠得住、宗教上有造诣、品德上能服众、关键时起作用"四个标准,大力加强教职人员队伍建设。做好人才培养工作,引进了五位金陵协和神学院和华东神学院本科毕业生来我会工作,选送三位教牧同工到金陵协和神学院就读教牧学研究生,推荐60多位到江西圣经学校学习,树立长远规划,对本教派人才要做到胸中有数,每两年对全市在职圣职人员轮训一次。近年来,通过举办两会和堂点负责人培训班、义工传道员培训班等,加强基督教界人才梯队建设。做好我市传道员的认定和备案工作,对我市取得省两会传道员资格教职人员开始年检,经过培训还是不合格的传道员将取消传道资格,为基层宗教团体和活动场所的健康发展提供了一定的人才保障。

4.注重服务意识,抓基层教会服务

信教群众是建设中国特色社会主义、筑就中国梦的重要力量。宗教团体对信教群众有着重要影响,是做好信教群众工作、服务信教群众的重要力量。南昌市基督教两会高度重视与基层组织和活动场所的联系,为解决基层教会遇到的新问题、新挑战,市两会组织班子和教职人员组成四个调研组,以听取汇报、实地调研、召开座谈会等方式,对全市三县九区的基层基督教两会组织和活动场所进行实地考察、调研,重点针对基层教会存在的困难、私设聚会点以及异端邪教等情况进行充分了解和听取意见,形成书面报告上报市宗教部门,多方面协调解决存在问题,十多年市两会为县区两会提供办公经费,春节期间两会负责人为困难基层两会负责人和教职人员发放困难补助进行走访慰问,为进一步做好基层服务工作奠定了基础。

(六) 开展公益慈善,服务社会

1.扶贫济困争当先锋

南昌市基督教界积极思考和探索基督教会在社会中的角色定位和责

任担当,主动投身和融入社会进步和时代发展的主流,在经济社会发展中发挥积极作用,走与社会主义社会相适应的道路,体现基督教在当代中国的价值。广泛开展公共事业、抗震救灾、扶贫助学、扶孤安老、公益慈善等活动,2010年南昌基督教为玉树灾区捐款总计人民币21万元,从2012起我会每年为南昌市慈善总会捐款总计10万元,为贫困学校捐款50万元,连续五年为贫困大学生捐款,让贫困大学生完成学业。

2.甘于承担社会责任

南昌市基督教两会积极动员广大教牧人员和信徒积极参加社会主义建设和经济建设,要勇于承担社会责任,积极协助政府化解社会矛盾,在城市拆迁和城市改造中成为政府的好帮手,助力构建和谐社会。

3.在"一带一路"中主动作为

通过基督教对外友好交流的平台和渠道,本着友好平等的原则广交朋友,弘扬我国社会主义核心价值观和中华优秀传统文化,我会教牧人员参加省基督教两会组团的赴德国、英国基督教会访问,宣传中国教会三自办教原则和展现南昌基督教三自教爱国运动成果,发挥基督教文化软实力的作用。

(七)教堂建筑风格中国化

原来的中国教堂受国外教堂建筑风格的影响,多数为欧式的哥特式建筑风格,与中国的传统建筑风格区别较大。南昌市两会在教堂建筑等方面也作了一些有益探索,在教堂建筑中充分融入中国传统建筑元素和传统文化。南昌市志道堂就是一个尽力表现"中国本土"风格的教堂,志道堂是一座工艺较为精湛的中西结合宫殿,飞檐展空,挑角拱翘、古朴典雅、红瓦盖顶,堂内装饰富丽。它的建筑就是中西结合建筑,志道堂设计将东方和西方文化元素融为一体,这座教堂较好地融入了中国传统优秀文化元素。2010年我会教堂在南昌经济技术开发区新堂设计以基督教中国化为抓手,由华东交通大学设计研究院亲自设计,使教堂建筑融入中国元素,也是一座中式建筑,与中国传统文化相融合,这是南昌市基督教在教堂建筑风格中国化具体实践。

（八）两会管理体制业已形成

1954 年中国基督教三自爱国运动委员会成立，中国基督教的管理行进在中国化的道路上；1958 年各宗派教会实行联合礼拜，教会逐渐进入"后宗派"时期；1980 年中国基督教协会成立，以两会为管理主体的教会运作体制机制初步确立。这既是对宗派教会形式的超越，也是其在管理中国化道路上迈出的重要一步。1953 年成立南昌市基督教三自爱国运动委员会，1981 年成立南昌市基督教协会，90 年代南昌市各县都建立"两会"组织。两会作为合法的教会组织，不但处理教会内部事务，也承担协调与政府、社会关系的责任。

结　语

从早期的自立运动、本色化，到独立自主、自办教会的三自爱国运动，再从神学思想建设的自身发展到社会服务的事工，中国基督教为实现中国化一直在不懈努力。时至今日，基督教中国化的任务仍然任重而道远。只要我们传承吴耀宗、丁光训等老一辈中国化的神学思路，高举基督教中国化旗帜，努力建构自己的神学体系，结合中国文化、立足中国社会、服务社会主义的中国，这样一个中国化基督教就会展现在在人们的面前。

互鉴通和推动我国宗教中国化

中央民族大学哲学与宗教学院教授　游　斌

儒家的精神人文主义特质,使它既对中国本土的道教信仰,又对源于异域的佛教、基督宗教与伊斯兰教展现出巨大的包容性、开放性。

宗教中国化有 3 个基本层面,即在政治层面的中国化、社会层面的中国化和文化层面的中国化。在这 3 个层面中,文化层面的中国化是最基础、最长远又是最深刻的中国化。各大宗教只有在文化层面尤其是在其基本信仰、核心教义和礼仪制度等层面,通过与中华文明的深入对话与互鉴互学,挖掘出各大宗教传统内部有利于社会和谐、时代进步和健康文明的内容,并对教规教义和礼仪制度作出有利于发挥宗教在文化建设中的积极作用、有利于中华文化繁荣发展的阐释,宗教中国化才能称得上取得了显著成效。

在对文化层面的宗教中国化进行探讨的过程中,有必要对以下问题进行深入思考:在漫长的中华文明历史中,存在一个怎样的文化中国? 在文化中国的形成过程中,儒家作为主流意识形态,扮演着什么样的作用? 如果说文化中国的形成遵循着一个"互鉴通和"的内在逻辑,那么各大宗教在其中经历了怎样的中国化过程? 与儒家文明进行了怎样的对话交流? 面向未来,各大宗教又该如何在文化层面坚持中国化方向,从而共构共建文化中国呢?

"道并行而不相悖"的文化中国

地处欧亚大陆的东南部,先天的地理条件——北部的草原、西部的沙漠与高原、南部的崇山峻岭和东部的海洋——使中国自古以来就形成一个相对较为独立的文明综合体。然而,在这个文明体的内部,又存在着丰富的地理与生物多样性,不同的区域发展出自身的文明形态。从新石器时代直至夏商时期,在中国这片疆域上,同时存在着发展水平相近但表现形态各异的文明系统。它们散布于中国的四面八方,犹如天上群星灿烂、星罗棋布。现代考古学家苏秉琦将其形象地概括为"满天星斗"。它向我们表明,在中华文明的起源上,多样性、丰富性就是其显著特征。

"星斗"只是一个形象的比喻,在中华文明发展的长河中,共处于中国古文化的大系统之内,这些"星斗"形成了各具特色却又内在关联的文化区域。按照大致的分区,它常被分成 6 个大的文化区:第一,以燕山南北、长城地带为中心的北方区,红山文化为其代表;第二,以山东为中心的东方区,大汶口文化是其杰出代表;第三,以关中、晋南、豫西为中心的中原区,仰韶文化是其主体,在甘南的马家窑文化也表明它向四周的扩散并被广泛地吸收;第四,以环太湖为中心的东南区,河姆渡文化、良渚文化是其代表;第五,以环洞庭湖与四川盆地为中心的西南区,它们构成楚文化的前驱;第六,以鄱阳湖—珠江三角洲为中心的南方区。按照东、西、南、北再分类,这 6 个区系又以秦岭-淮河为界,分为南北各三区,或以面向东南海洋和面向欧亚大陆的三东南、三西北。在中华文明发展的长河中,这些多元起源不仅没有消失,而且以各自的方式融入中华文明的有机体中。多元文明的相摩相荡,形成中华文明包容、吸收、转化其他文明的基本气质与内在逻辑。

随着交通技术的发展,中华文明在东、西、南、北 4 个维度都进行着更为深入、频繁的多样文明互动。在西部,丝绸之路开通并日益繁荣;在东部,海上航行技术的发展使中国有了海上丝绸之路、瓷器之路和香料之路;在北部,草原游牧民族或以战、或以和的方式进入与农耕定居民族的深层次交流融合之中;在南部,山地民族也越来越成为中华民族不可或缺的一部分。

通过陆地和海上的丝绸之路、瓷器之路和香料之路,在世界其他文明区域发源、成长的宗教也进入中国，进一步地丰富着中华文明的多样性。起源于印度的佛教通过丝绸之路来到中国，中国的僧人也通过海陆丝绸之路前往印度求法，佛教逐渐成为中华文化的重要内容。在伊斯兰教崛起之前，基督教会广泛分布于西亚、中东各地，它们也通过丝绸之路进入中国。公元7世纪的景教，可谓基督宗教中国化的最早尝试，其成就仍然值得今天的中国基督宗教深入挖掘。随着伊斯兰教的崛起，中东各民族也将伊斯兰教文明带入中国，并通过"伊儒会通"，使伊斯兰的信仰文化成为中华文明的一个组成部分。进入大航海时代，天主教传教士进入中国，在带来西方科学技术的同时，也将作为西方文明精神实底的基督宗教信仰体系介绍给中国士人。

在世界文明史上，绵延不绝、自成一体而又多样丰富的中华文明展现出个殊性。毋庸置疑，自然地理、历史道路等，都是造成中华文明一体而多样的原因。然而，从精神层面来说，中华文明的以下理念无疑值得特别注意。它们对于今天坚持我国宗教的中国化方向，并达致各宗教文明共同参与构建文化中国的局面，仍具有十分重要的意义。

坚持"观乎人文，以化成天下"，以共同的人文精神包容、浸润并涵化多元宗教的基本理念。面对各种外来的宗教，中华文明不是简单地将其斥为异族信仰、外教或洋教，而是将其纳入"文化"的轨道，引导它们走上主动与中华文明对话互鉴的道路。在中华文明的根基处，对于"以人文化成天下"就有深刻的理解。按《易经·贲卦·象传》的理解，文化并非一个名词，而是一个动词，即所谓"刚柔交错，天文也；文明以止，人文也。观乎天文，以察时变；观乎人文，以化成天下"。通过对阴阳迭运、刚柔交错的天道运行的观察，古代中国哲人认识到世界是由彼此相异但又多样互补的各种要素组成的。人必须按照"天文"来制定或运行"人文"，所以"人文"的关键就在于"观乎人文，以化成天下"，也就是按照人群自身的法则和规律，并采用"化"而非"力"的方式来治理天下，即尊重不同人群与宗教的多样性，以普遍的人文法则去教导他们行其所当行、止其所当止。

　　坚持"万物并育而不相害，道并行而不相悖"，强调不同宗教的和平共处，并在互鉴互学中走向共同进步。中国哲人理解到"道"本身即意味着多样性。与其自然社会生态相适应，不同文明区域都有其所尊崇的"道"。万物最终的实在性，是某个单纯的"一"，但"一"本身处于自我否定和自我实现之中，辩证地表现为"多"。万物之源是"道"，道又在阴阳之中，正是在阴阳的矛盾互动之中，才生出纷繁复杂的万事万物。"道"是一个复数，这正是中华文明的智慧之源。表现在文化政策，就是各种宗教在中国都能找到其栖身之处，并在适应中国社会文化、与中华传统文化的互鉴互学中得以进步。

　　以"修其教不易其俗，齐其政不易其宜"为原则，坚持政治与宗教相分离，在保持政治统一的同时，使宗教和文化的多样性得以繁荣发展。"修其教不易其俗，齐其政不易其宜"，出于儒家经典《礼记·王制》。所谓"修"，就是人们可以享有宗教信仰自由，实践自己的宗教礼仪。不易其俗，就是不强行改变人们的生活习俗。"宜"就是按照当地情形的"物之所宜"。"政"是政令施为，所谓"齐其政"就是政令的统一。"修其教不易其俗，齐其政不易其宜"的理念，正反映出古代中国从"满天星斗"向政治统一过程中的文化智慧。后来，当更多的民族与宗教不断地融入中华文明时，这样的文明理念和结构不仅没有被抛弃，反而在更广的层面上得到了实现。

　　多种宗教在中国文化的土壤里不仅能够存身，而且能在与中国传统文化的互动中，在与其他信仰传统的互鉴中，实现自身的创造性转化。中国佛教、中国伊斯兰教、中国基督教和中国天主教，都呈现出被中国传统文化浸润和涵化的特点。这种现象或可称为中国宗教的"互鉴通和"模式。而这种模式之所以能够成立，其中一个重要因素就是儒家的特殊气质。

儒家：既有独特精神气质，又能容纳各宗教

　　虽然儒家作为一个派别，是由孔子于公元前5世纪创立，但孔子自己

就说："周监于二代，郁郁乎文哉！吾从周。"孔子将自己视为周文化的继承人，而周又是对夏、商文化的继承与发展。孔子本人并没有创作儒家之"经"，而只是古代经典的编修与解释者。儒家的经典体系，可以追溯到中华文明的源初之始。因此，儒家既是文化中国的精神成果，又以它的独特气质与制度延续，捍卫着中华多样文明之互鉴通和的基本格局。要推进我国宗教在文化层面的中国化，从中华文明中接受浸润与滋养，理解儒家的这一独特气质尤为必要。

首先，儒家是一种具有精神性向度的人文主义。中国当代著名学者杜维明在2014年曾提出，儒家是一种精神人文主义。这个概念标记着儒家在宗教问题上的"居间性"。它是一种人文主义，以此世维度的"仁"为枢纽，以"自我"为核心，在4个维度即己（自我）、群（社群）、地（自然）、天（天道）上展现出人性的丰满。就此而言，它区别于以超越性的他者为中心建立的宗教系统。但它又不同于工具性的、世俗的人文主义，因为后者将人限定为理性的、此世的存在，在现实中又常常发展出反宗教、反灵性的倾向。作为一种"精神的"人文主义，儒家承认人的精神，重视天人之间的相关性，它的人文主义理论与秩序是在向超越的神性开放与对话中建立起来的。在几千年文化中国的长河中，儒家扮演着重要角色。它是理性的，却不排斥对神圣天道的追求与思考。它是温和的，却勇于并善于以各种方法消化极端思维。正是它所具有的这种精神人文主义特质，使它既对中国本土的道教信仰，又对源于异域的佛教、基督宗教与伊斯兰教展现出巨大的包容性、开放性。一个儒者可以出入于释、道之间，甚至成为一个基督徒和穆斯林。这种特质，使儒家具有巨大的感召力去接纳并导引各种外来宗教走上中国化的道路。

其次，儒家既是一个名词，又是一个形容词。说它是一个名词，是指儒家确为一个独特的精神实体。儒家具有自己独特成型的稳定经典体系，有自己的概念系统，有以"天""道""生生"等作为核心术语的灵性形而上体系，有以希圣希贤为目标的修养论及工夫论，也有以传承儒家理念为己任的知识阶层。我们不能将儒家约化为仅仅一个哲学或知识系统。

但是,儒家又展现出巨大的开放性、包容性和人文性,它几乎可以作为所有宗教的形容词而出现。换言之,可以有儒家的道教徒、儒家的佛教徒,还可能出现儒家的穆斯林、儒家的基督徒,亦存在深度认同儒家精神理念的犹太教徒和印度教徒。当人自称为儒家时,并不与他的宗教身份相矛盾。作为形容词的儒家,为宗教中国化提供了广阔的文化空间。

最后,儒家既呈现悠久的稳定性,又在与其他宗教的互动中不断调适自己,表现出鲜活的变易性。儒家发源于中华文明的原始时期,又贯穿于中华文明数千年的发展历程之中。它的基本结构、精神气质、核心术语都是稳固的。但是,在面对不同文明或宗教的挑战时,儒家又不断与挑战者互鉴互学,吸收其他文明的精髓,并不断返回自己的本源处,挖掘自身内含的潜质。最显著的情形就是儒家在宋朝时期的大转型,以至于可将宋朝兴起的理学称为"新儒学"。在面对佛教、道教的挑战时,理学建立自己的形而上体系,沿着宋朝儒家理学思想的开山鼻祖周敦颐的《太极图说》衍生出深刻而系统的新思想体系。儒家勇于变革的精神,甚至体现在理学对儒家经典体系的重新修整上。它从《礼记》中抽取《大学》《中庸》,并与《论语》《孟子》组合在一起,形成"四书",并置"四书"于"五经"之前,形成所谓"四书五经"。就儒家的经典体系而言,汉唐是《五经》时代,宋后是《四书》时代,甚至《四书》已凌驾于《五经》的地位,反映出儒学在与佛、道教的互鉴、论辩和互学后的变革与新风。可见,在向多元宗教保持开放和对话的过程中,儒家也在不断实现对自身传统的创造性转化。

互鉴通和的宗教中国化之路

由于中华文明的多样性,儒家又深具开放性与包容性,宗教在中国普遍经历了一个与中华本土文化互鉴通和的历程。所谓"互鉴通和",大致来说,包含几个基本内容:一是互敬。各种宗教或文化尊重对话伙伴的个殊性,承认它们具有各自独特的尊严,具有平等的价值。二是互惠。各宗教在看待对方时,都认为对方可以丰富自身的成长。三是互学。处在对话交流的关系之中,各种宗教保持一种学习的开放性。学习,不仅是从对话伙伴身上学习,而且通过看见对方,反思、发现并重构更好的自己,从而真正实现自身传统的复兴。四是互通。经过深入的对话互鉴,各宗教彼此汲取有益的思想资源来解释或发展自身,形成"你中有我,我中有你"的互通局面。最终,以此实现既多元相异、又内在和谐的"美美与共"理想境界。这样的互鉴通和之路,在外来宗教接受中华文明尤其是儒家文化的浸润过程中,表现得尤为显著。以下若干晚明个案,可使我们略窥管豹。

时至晚明,佛教在中国的发展已非常成熟系统,在经典的深处融通佛教与儒学,成为当时佛教人士普遍关心的命题。一代名僧智旭(1599—1655)用佛教的理论系统,对宋明儒家最为推崇的"十六字真传",即取自《尚书·大禹谟》的"人心惟危,道心惟微,惟精惟一,允执厥中",进行诠释,将其融通于佛教的心一元论之中。他说:"心岂有二哉?迷其本一,故人心惟危,如水成冰也。语其不二,故道心惟微,如冰还成水也。返迷归悟,故名惟精,如汤销冰也。迷悟性空,故名惟一,如冰水同一湿性也。炽然迷悟,体元不属迷、悟两端,故名厥中,即迷、悟之体也。从迷得悟,一悟永不复迷,故名允执,即惟精之功也。"也就是说,人心与道心本来就是一个,不能将其分开为二。当人心不能认识到本来就一个本体时,迷于外在的诱惑,人就陷入危机之中,变得不能通透自如,如同水冻结为冰一样,此即"惟危"。人开始意识到它们不能分开为二,从而以精微的道心去看待一切,就能从这种迷悟状态中摆脱出来,如同冰又回归水的状态一样。要从迷惑的状态中解放出来,必须坚持"惟精"的努力,如同用开水将冰化开一样。当然,从佛教的体系来说,迷或悟的本性都是"空",也就是一个东西,就好像冰和水都是同一潮湿的本性而已,这是"惟一"。人不将迷或悟视为两种相反的状态,能站一个更高的角度将它们综合在一起,从而在中道的立场上将它们进行辩证统一,这样的中道才是更高的本体,也就是儒家的"厥中"。这样,当人从被迷惑的状态进入开悟的境界,就永远不会再陷于迷惑了,他就可以恒常地坚守正道了,这是"允执",也是人的"惟精"修养工夫的自然结果。可见,他将佛教的思想和修养工夫浸润于儒家的文化体系之中,在智旭那里,佛教就是"儒家的佛教"。

亲近儒家,在阐述自己宗教传统的思想体系中吸收并融通儒家,真诚地接受儒家带来的启发,这也是晚明进入中国的天主教传教士和本土的中国士人基督徒的共同做法。以一个统计数据来举例,在利玛窦(1552—1610)写作的第一部中文的系统神学著作《天主实义》中,他共引用《易经》6 次,《尚书》18 次,《诗经》11 次,《礼记》2 次,《左传》2 次,《大学》3次,《中庸》7 次,《论语》13 次,《孟子》23 次。另外,还有道家的《老子》1次,《庄子》1 次。中国文化的经典,尤其是"四书五经"的内容在《天主实义》中占据相当的篇幅。以至于我们可以说,最初的天主教神学,是通过儒家的经学建立起来的。

利玛窦以儒学浸润神学的路线,一直被中国天主教的传教士们所追随。方济各会修士利安当(1602—1669)于 1664 年写作一部《天儒印》,就是在天主教与儒家之间进行相互印证与诠释。他认为《大学》中"汤之盘铭曰:苟日新,日日新,又日新"的生命更新理念也正是天主教的核心理念。他解释天主教的洗礼,认为"以圣水洗额,用盘承之,外涤其形,内涤其神。盖令人洁己求进,去旧以归新也"。洗礼是生命更新的开始。而天主教所实践的告解礼,亦不过是使人在灵魂上"日新又新"。他说:"至于日新又新之说,是又天学悔解之义。"这样,在与儒学的亲近与对话之中,天主教礼仪的灵修与伦理维度被特别地彰显出来,如其所说:"盖学者既欲洗涤己罪,必当日日定志,日日省察,日日克治,谦抑自下。"也就是说不能有一日停顿。因此,他认为儒学"日新又新"的理念,与耶稣基督所训导的"活水溢于其腹",是一致的。在他看来,"有志洗心者,或亦读盘铭而兴起也乎",那些在天主教信仰道路上奔走的人,阅读儒家的《盘铭》也能使之兴致益然。如果将这些中国基督徒称为"儒家基督徒",想必他们是不会有异议的。

同样的情形也发生在中国伊斯兰思想家的身上。经过近一千年与中国文化的互鉴交流,晚明时期的中国穆斯林也在深层的思想层面走上与儒学的通和之路。刘智（1669—1764）将儒学的三纲领八条目与伊斯兰信仰有机地融合在一起，他说："是故主仆分明，真数一定，然后始知明德之源。知明德之源，而后明明德，明德明而后真知，真知而后知己，知己而后心正，心正而后意诚，意诚而后心定，心定而后身修，身修而后家齐，家齐而后国治。"在他看来，中国穆斯林完全可以接受儒家提出的人生完满之路，也就是由明德，而止于至善，乃至于亲民。从个人的修养体系来说，就是有真知，而知己，而心正，而意诚，而心定，而身修。从人的社会实现来说，就是修齐治平，建立由己而天下的外扩式社会体系。那么，伊斯兰信仰在哪里发挥作用呢？中国的穆斯林学者在此指出儒学的欠缺之处，如王岱舆（1580—1658）就曾说："宇宙间君臣、父子、夫妇、兄弟、朋友之伦，诚意、正心、修身、齐家、治国、平天下之道，理尽义极，无复遗漏，至正大中，绝去偏颇，非此则人道不全，治法不备，此儒者之道所以不易也。第其始之所以来，终之所以往，造化原本，生死关头，一切不言。夫生人之理有始、有中、有卒，儒者独言其中，而不言始卒，天下深观之士不免疑焉。"也就是说，儒学作为一个伦理体系而言，是"至大中正"，不可取代的。但是，在"造化原本，生死关头"等终极问题上却保持沉默，"一切不言"。如果将人生视为一个有开始、有中间、有终结的过程，那么，儒学只是关注了中间，而没有谈论"始终"。

在这些互鉴之中，中国穆斯林的思想家认为找到伊斯兰文化可以丰富、补足儒学之所在，也就是如刘智所说的"主仆分明，真数一定"。对他来说，人找到自己在宇宙之中的位置、明了自己与造物主的关系之后，儒家的思想与修养体系就能在一个坚实的起点上建立起来。这样，他们既能坚持自己的信仰底色，又能够深刻地拥抱儒家的人生哲学。无论是将他们称为"回儒"，还是"儒家穆斯林"，似乎都是可以成立的。

一方面，由于儒学在中国传统文化中的基础性地位，中国宗教与儒学的亲和融通具有相当的必要性；另一方面，由于儒学的精神人文主义特性，它始终能作为不同宗教的"形容词"，使得中国宗教与儒学的互鉴通和具有充分的可能性。不同宗教在与儒学的互鉴通和中，都能够真正受益,得到丰富和发展。在世界文明当中,中华文明的这一品性是相当独特的,其成就也是光华夺目的。

通过互鉴通和,共构文化中国

多元、包容的中华人文社会土壤,各宗教在历史上的中国化经验,为我国宗教坚持中国化方向、引导宗教与中国特色社会主义社会相适应提供了巨大的文化空间。全球化与信息化的当代背景,更使宗教与宗教、各宗教与中华文化、各宗教与作为精神人文主义的儒家之间的互动更为频繁深入,我们应继续坚持"互鉴通和"的原则,使各宗教传统沿着中国化的道路,在社会主义核心价值观的引导下,共同参与文化中国的构建,进一步丰富和发展中华文化。

中央民族大学宗教研究院在过去几年的时间里,在小范围内进行了一些实验性尝试,也就是通过不同宗教间互读、互释经典的"比较经学"工作坊,使经典能够在多元宗教的处境下展现活力,从而推动不同宗教在当代中国实现创造性转化。我们相信,其中的若干原则,或许对于各宗教通过互鉴通和、共构共建文化中国是有益的。

首先,应尊重各种宗教或传统的个殊性。正如习近平主席所说,"文明只有姹紫嫣红之别,但绝无高低优劣之分",各种宗教都有悠久的历史,形成了深远而多层次的思想文化体系。我国宗教普遍经历了长期的中国化历程,扎根于中国社会文化的生存土壤之中,在某些方面形成了与中国社会文化相适应的因素。"互鉴"之起点,就是尊重各宗教文化的特殊性,以便各宗教按自身的方式呈现自己。

其次,应保持开放性。当各宗教进入互鉴交流的场景之时,不应设想某一个人掌握着某一种宗教或传统的绝对真理。一个宗教的代表者只是引领或帮助其他人对于某一宗教的理解。在多元对话的场景之下,人们进入一个新的领域,他们与宗教或传统的关系将被陌生化。但这种陌生并不是使人们疏离于自己的传统,而是使他们保持开放。这种开放性,将把各宗教的"互鉴"引领到"通和"的更高境界,使他们在中国社会文化环境中实现创造性的中国式转化。

最后,努力实现各宗教间的互惠互学。在某种意义上,"互鉴"有着比对话更高的内涵。互鉴不是自说自话,而是以他者为镜,反思自身、学习他者,实现提升自身的目的。沿着中国化的方向,各宗教坚持向对方互惠互学,才能实现最后的"通和",共同参与文化中国的构建。

唐代禅宗的双重革命与佛教中国化

江西科技师范大学副教授　习罡华①

习近平总书记在十九大报告中说："文化是一个国家、一个民族的灵魂。文化兴国运兴，文化强民族强。没有高度的文化自信，没有文化的繁荣兴盛，就没有中华民族伟大复兴。要坚持中国特色社会主义文化发展道路，激发全民族文化创新创造活力，建设社会主义文化强国。中国特色社会主义文化，源自于中华民族五千多年文明历史所孕育的中华优秀传统文化。"②对传统文化进行研究和梳理，为我国社会主义现代化建设提供文化支撑，以建设社会主义文化强国，是当代人文学人的重要责任。

陈寅恪说："自晋至今，言中国之思想，可以儒释道三教代表之。此虽通俗之谈，然稽之旧史之事实，验以今世之人情，则三教之说，要为不易之论。"③清康熙江西通志《西江志》卷一百十一《寺观一》说："邃谷幽蹊，佛老攸宫。亘岭南北，跨湖西东。如玉斯局，如林斯丛。世阅古今，名滋异同。蹟有兴废，道靡污隆。圣化覃敷，黉序是崇。不废二氏，俾警愚蒙。乃唤上清，乃标秀峰。式彰外教，以翼儒风。尔缁尔黄，我鼓我钟。庶几

---

① 本文是作者整合所主持国家社科基金 2013 年度青年项目"禅宗七祖青原行思和青原禅风研究"书稿的绪论和结论部分内容而成，是江西科技师范大学 2013 年度青年拔尖人才人文社科项目"青原行思公案考释"（项目编号 300098010406）、江西科技师范大学第二批科研创新团队人文社科项目"江西地方宗教研究创新团队"（项目编号 300098010206）和江西省高校人文重点研究基地江西科技师范大学数字化社会与地方文化发展研究中心（批准文号赣教社政字〔2014〕10 号）的研究成果。

② 习近平：《中国共产党第十九次全国代表大会报告》，中国共产党新闻网 http://cpc.people.com.cn/n1/2017/1028/c64094-29613660.html。

③ 陈寅恪：《冯友兰〈中国哲学史下册审查报告〉》，载冯友兰《中国哲学史》（下册），上海：华东师范大学出版社，2000 年，第 439—440 页。

祝国,永永无穷。"①在道佛二教的辅翼下,以儒家思想为政治正统的中华传统文化成为世界诸文明之优秀者,不但能够维系千载而不辍,并在新千禧年之初即再度勃发生机。

佛教自西汉晚期渗入到中原时,势单力微,至魏晋南北朝,在连续数百年的大混战、大动乱的社会条件下,佛教以关心人生、指点迷津的姿态获得信徒,到隋唐时期,已具备足够的力量与儒、道传统文化争胜。② 禅宗是最具中国特色的佛教宗派,晚唐以来一枝独秀乃至一支独大,成为我国佛教主流,与儒道鼎足而立,共同成为我国传统文化的三大支柱。梳理禅宗发展史对正确梳理我国古代文化具有重要意义。

禅宗是佛教信众基础下移,而文化上与道教和儒家融合的产物,它的兴起与我国发明于隋代而推广于唐代的雕版印刷术有很大关系。禅宗是佛学理论与我国传统的儒家心性学说与道家自然思想融合而成的最彻底的中国化佛教派别,它的出现是中国佛教史上的一场革命,标志着中国佛教史进入一个崭新阶段③。

自晚唐以来,随着佛教其他派别的式微乃至中绝,禅宗表现一枝独秀甚而一支独大,终于成为我国佛教的主流。日本人小补横川叟说:"(禅宗)五派之出江西也,自来久矣……就予求名其图,书'五派一滴'四字塞来命耳。吁! 此一滴也,起自江西十八滩头。"④中国佛教协会前副会长净慧法师(1933—2013)也说:"江西是中国佛教的重镇。早在东晋就有慧远大师集一百二十三贤结社庐山,成为净土宗的滥觞。有唐一代,禅宗勃兴,许多禅德选中江西的绿水青山作为开法度生的道场:青原行思、马祖道一、黄檗希运、百丈怀海、洞山良价、曹山本寂、云居道膺等禅宗高僧,都在中国佛教史上占有举足轻重的位置。可见,中国佛教的两大宗派净

---

① 清·白潢等修,查慎行等纂:《西江志》,台北:成文出版有限公司影印清康熙五十九年版,1989 年,第 1907 页。

② 隗芾:《韩愈攘斥佛教的动机和效果》,《汕头大学学报》,1988 年第 8 期,第 1 页。

③ 崔玉卿:《禅宗的发展及在中国佛教史上的作用》,《五台山研究》2007 年 04 期,第 17 页。

④ [日]小补横川叟:《五派一滴图后序》,载(清)净符《法门锄宄》,《禅宗全书》第 34 册,第 889-890 页。

土宗、禅宗都和江西有甚深的因缘。江西真可谓造化所钟的佛化圣地。"①

唐代高僧青原行思被誉为"西江鼻祖",是后来禅宗曹洞宗、云门宗和法眼宗的源头,禅宗半边天下的祖师。禅宗在唐宋时期即已传入朝鲜和日本,近代又传至美国和欧洲,在历史上和现实中对中国、东亚和世界的文明有巨大影响。自青原行思以来,青原山一直提倡"三教合一",素有"儒佛辐辏,荆杏交参"之誉,不仅成为禅宗祖庭,也逐渐发展为文化名山。明正德年间(1506—1521),庐陵知县王阳明在青原山讲学传道,随后他的门徒在这里创建青原会馆,成为"江右王学"的汇聚地,使之成为心学重镇;1664—1671年,明末清初四大学者之一的方以智(即药地和尚)主持青原山净居寺,在这里再兴"三教归易"之说,重振曹洞宗风,会通中西之学,我国传统文化至此达到一个新的高度。青原禅法一千多年来深深地影响着我国的佛教。

禅宗青原系眼界胸襟十分开阔,对禅宗内部其他派别、佛教内部其他宗派,甚至与外典其他各种文化都颇有研究,自然涵养出别一种思辨气质,这在当时禅界是别开生面地勾连、呼应传统佛教的内在理论线索,实际上在后期禅宗如火如荼、洪水泛滥般的文化氛围之中,始终起着一种内在约束、整合和自我规范的可贵作用。② 由此往下一路,行思子孙们与唐代特别是宋代儒学复兴运动的某种亲切的理论互补,这种超越佛教之外而与中国传统文化勾连、呼应,是更宏观更宽阔的高层次上禅宗与中国传统文化整体所进行的内在自觉整合。总的思路上都是不但自信,而且注重多方面的思想义理之间调和融会,始终涵养着一种善于兼收并蓄、长于理认整合,而稍拙于实践以及自我宣传的整体气质。③

印顺法师说:"会昌法难以前,石头一系的兴盛,是比不上荷泽与洪州的。石头一系的思想,也没有被认为曹溪的正宗……到会昌法难止,荷

---

① 净慧:《祝〈江西佛教〉创刊》,取自中国佛教网,2011年8月5日。
② 吴立民主编:《禅宗宗派源流》,北京:中国社会科学出版社,1998年,第160页。
③ 吴立民主编:《禅宗宗派源流》,北京:中国社会科学出版社,1998年,第428页。

泽与洪州,互相承认为曹溪门下的二大流。石头宗的早期意义,应好好的加以研究。"①俗话说正本清源。青原行思由于其禅法深奥宏阔,自己出道日早和法子单薄的原因,他的功绩在后世鲜为人知。由于青原行思的传记碑铭被毁,有关于的他一手史料散乱零碎,使得其形象模糊,思想含糊,青原行思和青原禅法至今依然模糊不清、充满争议,成为书写我国禅宗史、佛教史的一块短板、一个瓶颈。

禅宗早期发展史远比传统观点认为的要复杂。通过考查青原行思的身世、公案和作品可知,他出身于"公侯将相府,忠臣学士家"的贵族豪门,其家族"自西晋肇基以来,仙佛将相,班班迭出吉州,共振家声远;由泉陵衍派而后,孝义节忠,承承降美安邑,咸雅世泽长",他从小受过良好的儒家教育,蒙受浓郁的宗教熏陶,这使他具有深厚的文化素养和敏锐的宗教悟性。

从青原行思"不落阶级"和"庐陵米价"等公案可以推知,青原行思发扬了六祖慧能顿悟禅法的精髓;从"圣谛不为""不落阶级""一麟足矣""金针与人""床下大斧"等措辞,尤其是从其作品《参同契》和《坐禅铭》的内涵来分析,可知青原行思不仅对语言的锤炼达到出神入化的程度,对南禅的把握臻至炉火纯青的地步,而且对不同文化的熔铸具有雄浑圆融的技巧;唐代颜真卿为青原行思道场题名"祖关",五代人称赞他为"泽中孤烛,火里片冰",宋代著名学问僧赞宁叙述青原行思门下"禅客繁拥",把他誉为"文殊菩萨";同时代人评价其唯一嗣法弟子石头希迁"杼轴绝岳",五代人安排他"鄙夷怀让",宋代人将他比作"释迦文佛";以及现代人议论青原行思"秕糠神会""灭泯西东""千古绳规",可以证明青原行思学识渊博,是当时的禅宗巨匠。多种资料表明,青原行思很可能代表早期禅宗的另一种发展模式,即学问僧的文化整合模式。

或许可以推论,禅宗在唐代刚兴起时经历了双重革命。其一,坚持菩提达摩以来,将佛教的信众基础,从以往依赖社会中上阶层转而依赖社会

---

① 印顺:《印顺法师佛学著作全集》第十九卷,北京:中华书局,2009 年,第 303–304 页。

低下阶层,与他们融为一体,并成为他们的代言人——这应该是慧能与神秀的根本区别所在。① 在这一前提下,六祖慧能改变单一嗣法的模式,转向同时多人嗣法,从而使禅宗迅速遍地开花结果,很快适应社会重心下移和经济中心南移的历史发展机遇,使禅宗在佛教诸多派别中一枝独秀并最终一支独大。这一趋势的发展高峰是洪州宗"马祖建丛林,百丈立清规",标志着佛教在组织上和制度上完成中国化。其二,六祖慧能的文化素养很低,诸位弟子在坚持六祖顿悟禅法的前提下,在植根下层百姓的基础上,各有所发扬。其中青原系以《易经》为基础,从文化层面融汇不同宗派、不同宗教和不同文明的矛盾,试图建立将文化和修行融为一体的"士民合一"的真正禅宗:从理论的角度讲是纵横千古,熔铸百家,会通三教,合二为一;从实践的角度讲是智慧双运,禅教并弘,僧国兼济,理事圆融,知行合一。这一趋势的发展顶峰是青原禅系《参同契》和《五位诀》的创立,标志着佛教在文化上和理论上彻底中国化。这就是禅宗为什么只有六祖和七祖,而没有八祖和九祖的原因。

胡适《楞伽宗考》说:"神会很大胆的把《金刚经》来替代了《楞伽经》。楞伽宗的法统是推翻了,楞伽宗的'心要'也掉换了。所以慧能神会的革命,不是南宗革了北宗的命,其实是一个般若宗革了楞伽宗的命。"②胡适将达摩到神秀的禅系概括为"楞伽宗",认为慧能的"禅学革命"在经典上的表现就是用《金刚》取代《楞伽》,这就是禅宗学界著名的"《金刚经》革命说"。

学问僧印顺法师说:"也有以古疑今的:如重视达摩的《楞伽经》,二入四行,听说慧能劝人持《金刚经》,就以为有了革命,或以为慧能顿禅是别有来源的。禅宗史的研究,必须弄清楚超时空的自心体验,现实时空

---

① 陈金华说:"现代学者已经基本上将禅宗从唐中国的大都市向边远地区的传播大体上看做是以神会(684—760)为首的草根禅修者(所谓的'南宗禅')向以普寂(651—739)为首的体制内的禅宗主流(以后被蔑称为'北宗禅')发起挑战的结果。"(陈金华:《东亚佛教中的"边地情节":论圣地及祖谱的建构》,《佛学研究》,2012年00期,第40—41页。)陈金华的论断是正确的。

② 胡适:《楞伽宗考》,柳田圣山主编《胡适禅学案》,香港、东京:海风书店、海东书店,1975年,第193页。

（历史）中的方便演化，才能恰当处理禅宗的历史事实。"①可见印顺法师并不认可胡适的禅宗"《金刚经》革命说"，认为应该回到当时的时空语境去处理禅宗史实。禅学名家龚隽也认为，禅宗"《金刚经》革命说"其实是基于胡适历史还原主义方法论缺陷而做出的过于简单的叙事。②

胡适的六祖慧能禅宗《金刚经》革命说具有合理性，但唐代禅宗革命的研究范式恐怕值得进一步完善。经研究证明，六祖《金刚经》革命不久，禅宗随后发生一场更深入持久的革命，亦即青原禅系主导的禅宗《易经》革命。

《五灯会元》卷第七《德山宣鉴禅师》说：

> 鼎州德山宣鉴禅师，简州周氏子，丱岁出家，依年受具。精究律藏，于性相诸经，贯通旨趣。常讲《金刚般若》，时谓之"周金刚"，尝谓同学曰："一毛吞海，海性无亏；纤芥投锋，锋利不动。学与无学，唯我知焉。"后闻南方禅席颇盛，师气不平，乃曰："出家儿千劫学佛威仪，万劫学佛细行，不得成佛。南方魔子敢言'直指人心，见性成佛'，我当搂其窟穴，灭其种类，以报佛恩。"遂担《青龙疏钞》出蜀，至澧阳路上，见一婆子卖饼，因息肩买饼点心。婆指担曰："这个是甚么文字？"师曰："《青龙疏钞》。"婆曰："讲何经？"师曰："《金刚经》。"婆曰："我有一问，你若答得，施与点心。若答不得，且别处去。《金刚经》道：'过去心不可得，现在心不可得，未来心不可得。'未审上座点哪个

---

① 释印顺：《中国禅宗史》，扬州：广陵书社，2008 年，自序第 5 页。
② 《〈金刚〉革了〈楞伽〉的命？反思胡适对禅史的探研》，搜狐文化网 2018－05－11，http://www.sohu.com/a/231222692_219795。

心?"师无语,遂往龙潭。①

德山宣鉴的这个公案表明,南禅早期的确有一股尊奉《金刚经》的风气,或许可谓之《金刚经》革命,但这场革命影响是浅表的、短暂的。德山宣鉴是云岩昙晟的弟子,云岩昙晟是药山惟俨的弟子,药山惟俨是石头希迁的弟子,石头希迁是青原行思弟子,故德山宣鉴是青原行思的四世法孙。而传统观点认为,云岩昙晟是融禅学和易学为一体的《宝镜三昧》的作者,故摧折德山宣鉴俯首称徒的极可能是他的易学禅法。

在禅宗历史上,生平际遇和学术造诣与青原行思非常相似有曹山本寂和药地大智二人。曹山本寂因为年代久远、材料不多而难以细查其面貌,人们不妨通过药地大智来反观青原行思。药地大智中年以后在给张自烈信中曾叙述少年时的学习与志愿:

> 余不才,好读书……总角时,祖父之训诵经阅史,不咕哗制举义。年十五《十三经》略能背讽,班史之书略能粗举。长益博览百家,然性好为诗歌,悼挽钟、谭,追斅《骚》《雅》,殊自任也。弱冠慕子长出游,游见天下人如是而已,遂益狂放。自行至性而不蹈大闲。以为从此以往,以五年毕辞赋之坛坫,以十年建事功于朝廷,再以十五年穷经论史考究古今,年五十则专心学《易》。少所受虚舟先生《河》《洛》象数,当推明之,以终天年,人生足矣。②

方以智研究名家庞朴认为,方以智与顾炎武、黄宗羲、王夫之并列为

---

① 宋·普寂:《五灯会元》,苏渊雷点校,北京:中华书局,1984 年,第 371-372 页;《禅宗全书》第 7 册,第 371-372 页。案:鼎州疑是朗州之误。据新旧《唐书》记载,唐代历史上有 3 个鼎州:其一,唐初李渊起义建立的鼎州,存在时间是从义宁元年(617)至贞观八年(634),共存在 17 年,范围包含芮城、弘农、永乐;其二,武则天时代建立的鼎州,含云阳、泾阳、醴泉、三原四县,天授二年(691)至大足元年(701),共存在 10 年;其三,晚唐李茂贞设立的鼎州,仅仅包含美原县,存在时间是唐哀帝天祐三年(907)至梁末帝乾化五年(915),共存在 8 年。(参见覃业程:《唐朝历史上曾经有三个鼎州》,360 个人图书馆网 http://www.360doc.com/content/17/0416/10/8527076_645983696.shtml)历史文献未见有德山宣鉴在唐代 3 个鼎州活动的记载。朗州乃当湖南常德古称,恰是德山宣鉴的活动范围。

② 侯外庐:《方以智的生平与学术贡献》,载(明)方以智《通雅》,上海:上海古籍出版社,1988年,《〈方以智全书〉》前言第 9 页。

明末清初四大家。在思想上,他们都是反对明心见性喜高好玄之空谈,提倡修己安人经世致用之实学的先锋;是时代所呼唤历史所培育出来的巨人。据今人侯外庐统计,方以智的各类著作,"约达四百万字以上",遍及文字、音韵、天文、地理、博物、医药、经学、哲学诸方面。可惜的是,方以智一生"跳南跰北,数履砲砲之刃",最后更以戴罪之身了结;以致殃及他的著作难以问世,学说不能流传,终于连名字也鲜为人知了。翻阅明清载记,从《明儒学案》一直到《清儒学案》,中经《汉学师承记》《宋学渊源记》,到处都找不到方以智的名字;最后在《清史稿》的《遗逸传》里,勉强可以读到一则小传。① 晚明的药地大智遭遇尚且如此,中唐的青原行思更是可以想见。

北宗以及南禅菏泽宗、牛头宗,甚至于青原禅系的云门宗和法眼宗,以及南岳禅系的沩仰宗和黄龙宗的终绝,就在于它们在苦修实干、与民同乐方面不如临济宗做得好,在文化整合、理论建构方面不如曹洞宗做得好,最终在完成各自使命之后而被历史淘汰出局,禅宗最后留下曹洞宗和临济宗两大派并行天下。至于后世"临天下,曹一角"的格局,应该是下里巴人和阳春白雪现象在禅宗层面的反映。

青原禅系早期宗师注重博采众长、自成一家,力图将中外不同文明和

----

① 庞朴:《东西均注释》,北京:中华书局,2001 年,序言第 1-2 页。案:百年来方以智被认为是一位豪放跰弛的贵公子,才华卓立的文学家,晚年则是循迹山林的隐逸,食蔬饮淡的苦行僧。正如当时人朱彝尊所论"早推许、郭之人伦,晚结宗、雷之净社"。而实际上方以智的历史地位不仅如此,更重要的是,作为一个朴素唯物主义者和启蒙思想家,他在哲学上尤其是在辩证法上的贡献以及学术文化上的成就,在一定角度反映当时时代的特色,与顾、黄、王等杰出人物并峙而毫无逊色。在这方面,三百年来他被湮没而没有充分和如实地被肯定。(侯外庐:《方以智的生平与学术贡献》,(明)方以智:《通雅》,上海:上海古籍出版社,1988 年,《〈方以智全书〉前言》第 3-4 页。)晚明学者文章难读,这是有名的。方以智比起同时代的倪元璐、黄道周、王船山来,好像还要难读些,至少他几本重要的著作如《东西均》《药地炮庄》《易余》,都不容易读。方以智的朋友钱澄之说方氏之书"学者骤读之,多不可解"。方以智著作不好读,最重要的原因当然是他的思想深奥,进路奇特。另一个重要的原因是他用典繁复,而且许多典故极为冷僻。方以智多才多艺学问汗漫无涯。很不幸,他的这些学问往往反映到他的著作里,五方杂陈,熔为一炉。即使对传统重要文献不算太陌生的人读他的著作,都难免有步步障碍之。方以智在中国思想史或中国哲学史上的地位,现代学者的评价已不算低,比起二三十年代前的情况是好多了。但我觉得他的地位应该还要更高,他也许有机会被诠释成北宋周敦颐、张载、邵雍、程明道这一系思想的总结者,至少可以被解释成最重要的继承者。(杨儒宾:《读〈东西均注释〉札记》,刑益海编《冬炼三时传旧火——港台学人论方以智》,北京:华夏出版社,2012 年,第 169-170、171 页。)

中国各家文化进行调和,融会贯通,在不同时代理论建设颇多,对宋明时期"三教合一"和"三教归易"的形成具有重要影响,对我国的文化建设具有突出贡献。

《佛祖道影》"青原行思赞"条说:"圣谛不为,落何阶级?火里莲花,雪中红日。显发大机,掀翻古辙。千古绳规,三宗祖鼻。"①"掀翻古辙"说明青原行思对六祖慧能的禅法有革新,"千古绳规"说明行思禅法为后世僧人的标准。当代高僧宣化老和尚 1984 年 1 月 9 日曾作《或说偈》赞扬青原行思说:"大机大用大神通,圣谛不为有何宗。言语道断忘阶级,心行处灭泯西东。分化一方说法主,教导群萌悟本空。千古绳规传后世,如是我闻无相功。"②宣化老和尚对行思禅师之评价,较为中肯。

新儒学是中国传统文化发展之顶峰,我国古代文化发展至此日臻成熟。陈寅恪说:"佛教经典言:'佛为一大事因缘出现于世。'中国自秦以后,迄于今日,其思想之演变历程,至繁至久。要之,只为一大事因缘,即新儒学之产生,及其传衍而已……新儒家产生之问题,犹有未发之覆在也。"③佛教极盛时期(700—850)的革命运动,在中国思想史上、文化史上是很重要的。这不偶然的。经过革命后,把佛教中国化、简单化后,才有中国的理学。④ 其实,也不要把把禅宗革命的意义过于抬高。从历史的长时段来分析,六朝道教站在道家的立场上圆融儒道释三教;唐代的禅宗革命是在此基础上进行的,从佛教的立场圆融三教;禅宗又催生宋明新儒学的产生,从儒教的立场圆融三教,这其实都是我国不同时期社会经济状况在文化层面的反映。

陈寅恪认为,中国古人,素擅长政治及实践伦理学,与罗马人最相似。其言道德,惟重实用,不究虚理,其长处短处均在此。长处,即修齐治平之旨。短处,即实事之利害得失,观察过明,而乏精深远大之思。故昔则士

① 虚云大师重辑:《佛祖道影》,北京:中华书局,2016 年,第 171 页。
② 虚云老和尚重辑、宣化老和尚再增订:《佛祖道影》(卷三),香港:香港佛经流通处,2000 年,第 305 页。
③ 冯友兰:《中国哲学史》(下册),上海:华东师范大学出版社,2000 年,第 440 页。
④ 胡适:《禅宗史的一个新看法》,氏著《禅学指归》,北京:金城出版社,2013 年,第 192 页。

子群习八股,以得功名富贵;而学德之士,终属极少数。今则凡留学生,皆学工程、实业,其希慕富贵、不肯用力学问之意则一。而不知实业以科学为根本。不揣其本,而治其末,充其极,只成下等之工匠。境遇学理,略有变迁,则其技不复能用,所谓最实用者,乃适成为最不实用。至若天理人事之学,精深博奥者,亘万古,横九垓,而不变。凡时凡地,均可用之。而救国经世,尤必以精神之学问(谓形而上之学)为根基。而吾国留学生不知研究,且鄙弃之,不自伤其愚陋,皆由偏重实用积习未改之故。此后若中国之实业发达,生计优裕,财源浚辟,则中国人经商营业之长技,可得其用;而中国人,当可为世界之富商。然若冀中国人以学问、美术等之造诣胜人,则决难必也。夫国家如个人然,苟其性专重实事,则处世一切必周备,而研究人群中关系之学必发达。故中国孔孟之教,悉人事之学。而佛教则未能大行于中国。尤有说者,专趋实用者,则乏远虑,利己营私,而难以团结,谋长久之公益。即人事一方,亦有不足。今人误谓中国过重虚理,专谋以功利机械之事输入,而不图精神之救药,势必至人欲横流、道义沦丧,即求其输诚爱国,且不能得。①

苏轼在为他的老师欧阳修的文集作序时也说:

> 夫言有大而非夸,达者信之,众人疑焉。孔子曰:"天之将丧斯文也。后死者不得与于斯文也。"孟子曰:"禹抑洪水,孔子作《春秋》,而予距杨、墨,盖以是配禹也。"文章之得丧,何与于天?而禹之功与天地并,孔子、孟子以空言配之,不已夸乎?自《春秋》作,而乱臣贼子惧;孟子之言行,而杨、墨之道废;天下以为是(一作是为)固然,而不知其功。孟子既殁,有申、商、韩非之学,违道而趋利,残民以厚生,其说至陋也;而士以是罔其上,上之人侥幸一切之功,靡然从之,而世无大人先生如孔子、孟子者,推其本末,权其祸福之轻重,以救其惑,故其学遂行。秦以是丧,天下陵夷,至于胜、广、刘、项之祸,死者十八九,天下萧然,洪

---

① 吴宓:《吴宓日记》第 2 册,北京:生活·读书·新知三联书店,1998 年,第 101—102 页。

水之患，盖不至此也！方秦之未得志也，使复有一孟子，则申、韩为空言，作于其心，害于其事；作于其事，害于其政者，必不至若是烈也！使杨、墨得志于天下，其祸岂减于申、韩哉！由此言之，虽以孟子配禹，可也。

太史公曰："盖公言黄、老，贾谊、晁错明申、韩错，不足道也，而谊亦为之。予以是知邪说之移人，虽豪杰之士，有不免者，况众人乎？"自汉以来……五百余年而后得韩愈，学者以愈配孟子，盖庶几焉！愈之后，三百有余年而后得欧阳子，其学推韩愈、孟子，以达于孔子，著礼乐仁义之实，以合于大道。其言简而明，信而通，引物连类，折之于至理，以服人心，故天下翕然师尊之。自欧阳子之存，世之不说者哗而攻之，能折困其身，而不能屈其言。士无贤不肖，不谋而同曰："欧阳子，今之韩愈也。"

宋兴七十余年，民不知兵，富而教之，至天圣、景祐极矣！而斯文终有愧于古，士亦因陋守旧，论卑而气弱。自欧阳子出，天下争自濯磨，以通经学古为高，以救时行道为贤，以犯颜纳说（一作谏）为忠，长育成就。至嘉祐末，号称多士，欧阳子之功为多。[①]

陈寅恪还说："欧阳永叔少学韩昌黎之文，晚撰《五代史记》，作《义儿》《冯道》诸传，贬斥势利，尊崇气节，遂一匡五代之浇漓，返之纯正。故天水一朝之文化，竟为我民族遗留之瑰宝。孰谓空文于治道学术无裨益耶？"[②]

---

① 宋·苏轼：《欧阳永叔居士集序》，载（宋）欧阳修《欧阳永叔全集》上册，朱菱阳重编，上海，大东书局，1936年。案：苏轼在该文中所论述的人祸甚于天灾的观点，诺贝尔经济学奖获得者印裔美国经济学家阿玛蒂亚·森名著《贫困与饥荒》的研究成果，可予以佐证。参见[印]阿玛蒂亚·森：《贫困与饥荒》，王宇、王文玉译，北京：商务印书馆，2001年。
② 陈寅恪：《赠蒋秉南序》，氏著《寒柳堂集》，北京：生活·读书·新知三联书店，2009年，第182页。

改革我省宗教团体组织架构
支持宗教坚持中国化方向

江西省民宗局政策法规处处长　蓝祥平

坚持我国宗教的中国化方向,既是党和政府为确保党长期执政和国家长治久安对宗教工作的政策主张,又是宗教界应对国家社会政治现实为了自身生存发展需要而主动进行的自觉实践。作为既是主要代表、反映、维护宗教界和宗教信徒利益诉求的合法社会团体组织,又是党和政府团结、凝聚、联系信教群众的桥梁和纽带,宗教团体在坚持我国宗教的中国化方向的政策主张和自觉实践中,理论上天然地发挥着平台载体作用和主体主力作用。而在现实当中,我省宗教团体的组织结构体系和运转作用方式,难以承担和调适如此重量、重要的主张与要求,需要有大魄力、下大决心、用大力气对现有的组织体系、运转方式进行重构和再造,才能适应坚持我国宗教中国化方向的战略需要。

一、坚持我国宗教的中国化方向中宗教团体的尴尬

当前,我省宗教团体在促进和推动坚持我国宗教的中国化方向上,其职能作用发挥在一定程度上存在缺位、失位问题,没有起到中坚、主体作用。其根本原因,在于宗教团体的组织建设不适应时代发展、社会进步、国家治理需要。

(一)宗教团体的领导架构难以实现和贯彻党和政府的政策主张。综观我省现有的宗教团体,其会长(主委、理事长)、副会长(副主委、副理

事长）、常务理事、理事、秘书长一级的领导架构,少有或没有党和政府推荐派驻担任领导职位的党员干部,部分团体甚至推荐派驻不进去,党的领导、党的主张缺少党员干部在其中的贯彻和实践,难免使之成为一句空话而束之高阁,坚持我国宗教的中国化方向也就成为空谈虚化。宗教信仰的特殊的社会属性和意识形态属性决定了宗教团体不同于一般的社会团体组织,宗教团体既要代表反映维护宗教界的诉求和需要,又要体现、贯彻党和政府的领导和主张,也就决定了其在领导架构的人员组成上不能与一般的社会团体组织相同或者等同,必须要有独特的领导架构和人员组成方式,必须要有党员干部进入担任一定的领导职务,而不是纯宗教教职人员组成其领导架构,才能不脱离党的领导、不偏离党的主张、不迷失正确的发展方向。

（二）宗教团体的组织结构难以承担和调适坚持我国宗教中国化方向的战略任务。坚持我国宗教的中国化方向,是一项重大的政治任务和发展战略,于党和政府而言是政治任务,于宗教而言是发展战略,是宗教团体需要承担和破解的重大课题,需要在宗教团体的组织结构和内部机构设置上予以体现。目前,我省宗教团体在内设机构上都没有或未来得及设立专门的中国化推进、研究机构,由于制度和职责设定、工作人员少以及素质不适应、经费缺乏等原因,现有的内设机构的运转也不正常有效,在推进、研究中国化方向上不能自觉主动作为,发挥不了主体主力作用,同样在一定程度上造成了坚持中国化方向成为一句口号,而不是宗教界的自觉自为和生动主动的实践。同时,在现实当中,宗教界合法权益经常受到不法侵犯,合理诉求难以得到有效回应,对坚持我国宗教的中国化方向也造成了一定的障碍,需要在宗教团体内部设立专业的法律服务机构,通过法律途径使宗教界和宗教信徒的合法权益和合理诉求得到有效保护和维护。

（三）宗教团体的运转方式不适应时代进步和国家治理现代化的需要。宗教团体并不是一般的社会团体和民间组织,特殊的身份、地位必然承担特殊的使命和职能,日常运转作用方式也应有其特殊之处,既不能如一般民间组织的松散性、非经常性运转,也不能如机关单位一样纪律严明、规范高效,而是需要兼具两者的特点、优点。但是,我省有许多宗教团体自成立以来,十多年、二十年没有换过届,就是全省性宗教团体也并不都是五年一换届,也有的六、七年才换届,形成了事实上的僵尸团体或半僵尸团体,不仅运转不正常、效率不高,甚至根本不运转,仅仅有宗教团体名称而已。同时,省、市、县三级行政区域的地方性宗教团体之间,其关系是松散的一般性指导关系。而根据宗教团体章程及其制定的规章制度,又要求下一级行政区域地方性宗教团体遵守上一级行政区域地方性宗教团体制定的规章制度,形成了事实上的领导关系,这种关系、定位十分尴尬,直接导致宗教团体职能发挥和运转不畅通、不充分。省、市、县宗教团体之间关系、定位、运转的尴尬,已经严重与时代发展、社会进步和国家治理现代化的要求不相适应。

二、我省宗教团体组织架构重构和再造的建议

适应坚持我国宗教中国化方向的战略,在推进国家治理体系和治理能力现代化改革的背景下,在机构改革后宗教工作机构人员减少、力量不足的现实情况下,对宗教团体桥梁纽带作用充分发挥的需求加大,为宗教团体提供了更大的作用发挥空间,也为其重构和再造创造了历史性机遇。

(一)实化党对宗教团体的领导,确保坚持中国化方向不偏不迷。"东西南北中,党是领导一切的。"加强和改进党对宗教工作的领导,必然要加强和改进对宗教团体的领导。加强和改进不是一句口号,不能是虚化的,必须实化。这种实化,要体现在党员干部能够参与到宗教团体的日常运转和日常事务处理上,也就是党员干部必须在宗教团体担任一定的领导职务。这也有利于推动宗教团体的正常、高效运转,有利于充分发挥宗教团体的职能作用,有利于实质性推进我省宗教坚持中国化方向。可以借助全国、全省正在推进事业单位改革的机会,参照湖北、江苏等兄弟省份成立事业编制的宗教事务服务中心、与宗教团体合署办公的做法,在

省、市、县（区）分别成立事业编制的宗教事务中心；综合解决宗教团体中党的领导实化问题、宗教团体正常运转问题、经费不足问题，确保宗教团体的正常运转和坚持中国化方向不偏向、不迷航。

（二）改革宗教团体内部组织机制，激活坚持中国化方向动力活力。"实践发展永无止境，解放思想永无止境，改革开放也永无止境，停顿和倒退没有出路，改革开放只有进行时、没有完成时。"宗教团体的改革发展同样如此。改革宗教团体内部组织机制、激活和发挥宗教团体职能作用，既是创新社会治理方式的时代要求，也是团结凝聚广大信教群众坚持我国宗教的中国化方向的战略需要，是保护信教群众合法权益迫切的现实需要。各级党委、政府要站在时代的、全局的、战略的调度，充分认识改革重构宗教团体组织机制的重要社会政治意义，努力建强建好宗教团体这一宗教工作的重要平台和载体。要在省、市、县（区）宗教团体内部增设宗教中国化推进研究机构、法律援助服务机构，强化对宗教中国化思想、教义教规、方式方法等的研究、宣传、讲解、推动，强化对宗教活动场所、宗教职教人员和一般信教群众的法律宣传、法律援助，使中国化真正成为宗教教职人员和宗教信徒的自觉实践。切实解决僵尸、半僵尸团体问题，增加宗教团体正常运转所需工作人员，充实内设机构工作力量，使宗教团体真正运转起来、动力活力充分激发，真正成为推进宗教中国化的主体和主力。

（三）强化宗教团体中国化人才队伍建设，引领宗教坚持中国化方向越走越宽。"要树立强烈的人才意识，寻觅人才求贤若渴，发现人才如获至宝，举荐人才不拘一格，使用人才各尽其能。""人才难得，轻视不得，耽误不得。"要注重并善于从普通信教群众当中发现人才、寻觅人才，把他们举荐、使用、充实到宗教团体当中，培养、建设一支爱国爱教、坚持宗教中国化方向、拥护党的领导和社会主义制度的有素质、有能力、有担当的宗教团体工作人员队伍，打牢宗教中国化的基础。要把加强宗教教职人员队伍建设作为重中之重，把是否坚持宗教中国化方向、能不能传播讲解好中国化的宗教思想和宗教教义教规，作为宗教团体评判、使用宗教教职人员的重要衡量标准,打造一支政治上靠得住、学识上有造诣、品德上能服众、关键时起作用的宗教教职人员队伍,建立宗教中国化的主力军。要充分发挥宗教院校和普通高等院校在研究宗教中国化、培养宗教中国化人才中的积极作用,通过院校教育培养,建设一支高素质的研究、坚持宗教中国化方向的宗教人才队伍,并从中发现、培养一批大师级的研究宗教中国化的宗教人才,吸收到宗教团体宗教中国化研究机构当中,厚植宗教中国化研究、推进的沃壤。

（四）加大党和政府的支持力度,发挥宗教团体坚持中国化方向的主体作用。"宗教团体是党和政府团结、联系宗教界人士和广大信教群众的桥梁和纽带,要为他们开展工作提供必要的支持和帮助,尊重和发挥他们在宗教内部事务中的作用,努力建设政治上可信、作风上民主、工作上高效的高素质领导班子。"各级党委、政府既要着力引导宗教团体积极发挥坚持我国宗教的中国化方向中的主体作用,又要注意尊重宗教团体坚持我国宗教的中国化方向上的每一次努力、每一点进步。要特别注意用"导"的方法激发宗教团体坚持我国宗教的中国化方向的动力、活力,在工作部署、人员安排、经费支持上向宗教中国化方向研究、推动倾斜、推进工作。统战、宗教事务部门要积极协调社科基金课题主管部门,对宗教团体和宗教教职人员申报社会科学方面的宗教中国化方向研究课题给予优先和倾斜,引导、支持宗教团体和宗教教职人员积极开展宗教中国化研究。

三、宗教团体重构和再造的几点思考

在党和国家依法加强对宗教事务的管理、西方加紧对我国进行宗教渗透的时代背景下,为确保坚持我国宗教的中国化方向的有效实施,对宗教团体进行重构和再造势在必行,但在其中,也要一些需要研究和注意的事项。

（一）对宗教团体进行重构再造急不得、慢不得。对宗教团体进行重构再造是一项重大决策,是一个系统工程。急了,就容易考虑不周,影响改革重构效果。慢了,就拖延了宗教中国化的进程,对抵御境外宗教渗透不利。其中,速度、进度的把握考验各级党委、政府的执政能力和社会治理能力,需要慎重决策、兼顾各方、配套推进。

(二)宗教团体领导班子组成需要讲究五湖四海。宗教团体领导班子由绝大部分或者纯宗教教职人员组成,或者由师徒、师兄弟、家族信徒为主导,都不利于其职能作用的发挥和运转,不利于党的宗教工作基本方针的贯彻落实。宗教团体班子成员要由宗教教职人员、党员干部、普通宗教信徒按一定比例组成,才有利于宗教关系健康和谐,有利于宗教工作的有效开展。这个比例,需要认真研究。

(三)时代呼唤建设高水平、高标准宗教院校。我省宗教人才缺乏、宗教教职人员素质不高是宗教团体职能作用发挥不充分、运转不正常,以及宗教领域出现许多乱象和违法违规问题的主要根源,也与宗教院校在宗教人才和宗教教职人员培养方面作为不力、水平不高、效率低下密切相关。进入新时代,宗教院校建设得到重视和加强,这是大喜事、大好事。但如何建设几所高水平、高标准的宗教院校,需要相关方面高度重视、统筹谋划、着力解决。

(四)坚持宗教中国化方向需要绵绵用力、久久为功。宗教团体编制和实施坚持中国化工作规划方案、开展"四进"宗教活动场所、治理宗教领域乱象和违法违规问题,只是坚持我国宗教的中国化方向的长征第一步。用中国故事、中国语言、中国思想阐释和讲授中国化的宗教思想、中国化的宗教教义教规,需要长期、艰难的探索和努力,需要有关各方协力攻关、绵绵用力、久久为功。

浅谈支持我国宗教坚持中国化方向的任务

江西省民宗局宗教一处处长　林剑卫

习近平总书记在全国宗教工作会议上指出，做好新形势下宗教工作，就要坚持用马克思主义立场、观点、方法认识和对待宗教，遵循宗教和宗教工作规律，深入研究和妥善处理宗教领域各种问题，结合我国宗教发展变化和宗教工作实际，我国宗教工作实践。积极引导宗教与社会主义社会相适应，一个重要的任务就是支持我国宗教坚持中国化方向。总书记的讲话把准了引导宗教与社会主义社会相适应的本质，明确了新时代做好宗教工作的一个重要任务。

"知理则不屈，知势则不沮。"支持我国宗教坚持中国化方向的方向到底是什么，这是我们宗教工作部门和宗教界在贯彻落实习总书记讲话精神和中央宗教工作会议精神时，应该正确认识、正确理解、正确实践的保障。有人认为方向很明晰，就是中国化。可中国化又是什么？又包含什么？宗教中国化应从哪方面去做？宗教坚持中国化不是简单的名词组合，而是一个动态的、与时俱进状态的，具有中国的时代特征、社会属性、文化内涵、传统理念等十分丰富内涵的行为。道德经有云："天下难事，必作于易；天下大事，必作于细。"笔者认为，要全面、科学、准确地把握支持宗教坚持中国化方向的方向，应从以下三个方面去认识。

一、认识方向，要从"支持我国宗教坚持中国化"这个内在结构来把握

总书记提出的"支持我国宗教坚持中国化"这个重要任务，这句话看

似简洁,但视野极为高远,反映出的内容也十分全面,包含人物主体、区域范围、时间状态、目的任务。

人物主体。人物主体有两个层面,一个是谁来支持,即谁来支持我国宗教坚持中国化。一个是谁来坚持,即谁来坚持中国化。谁来支持,笔者认为主体应该是各级党委政府、统战、宗教和相关工作部门以及学术界、宗教团体。即党委领导,政府主管,统战部门牵头,宗教和相关工作部门具体指导,学术界智力支撑,宗教团体组织并实施;谁来坚持,笔者认为这个主体就是宗教界,即宗教团体、宗教场所负责人、宗教教职人员和信教群众。宗教团体为一体两层面,既为支持者又为坚持者。人物主体定位准确很重要,也很有必要。

区域范围。这个定性很明确,即我国宗教。也是两个层面,区域层面,就是中华人民共和国领土范围,由于"一国两制"的因素,当下暂时还不应该包括香港、澳门特别行政区和台湾地区,但未来也将以此为方向;范围层面,就是我国的五大宗教,即佛教、道教、伊斯兰教、天主教和基督教。

时间状态。主要表现在"坚持"这两个字上。坚持既有时间状态,又有行为状态。这就说明坚持宗教中国化方向,不是一朝一夕就能完成的,是一个渐进的历史过程,要有历史耐心,不能急于求成,要克服因渐进、漫长就消极等待、被动不作为,而是要从大处着眼、小处入手,抓住关键环节、找准切入点,持续努力,一点一点浸润、一个阶段一个阶段地推进,精耕细作、久久为功。

目的任务。就是通过宗教坚持中国化,实现宗教与社会主义社会相适应。宗教坚持中国化其实质是中国的宗教真正融入中国社会和中华文化的过程,即认同中国、中国文化、中华民族,适应中国社会,吸收、融入中国文化。让"宗教在中国"向"中国的宗教"的转变。

二、认识方向,要从"积极引导宗教与
社会主义社会相适应"这个根本方向和目的来把握

积极引导宗教与社会主义社会相适应,对支持我国宗教坚持中国化方

向来说,既是前提条件也是根本方向和最终目的。离开了这个前提方向和目的,宗教中国化就不是真正意义上的中国化或者说是不纯粹的中国化。这就要求中国化的方向必须以实现"相适应"的方向为指南,也就是说,"宗教中国化方向"要符合"宗教与社会主义社会相适应"的现实美好状态。这个现实美好状态是怎么样的呢? 笔者具体理解为以下四个方面:

一是达到政治认同。政治认同是宗教"相适应"的关键。政治认同,就是自觉认同中国的国体和政体。在思想上能够接受党和国家的政策、方针和理论,遵守国家法律法规;在心理上有国家的归属感,时时不忘记自己是中华民族的一部分,以爱国为荣,以社稷为上。政治认同,就是自觉认同党和国家的理想追求。能够自觉地为了共同的理想和追求努力奋斗,新的时代,宗教界应自觉投身为国家全面建成小康社会,顺利实现两个百年奋斗目标和中华民族伟大复兴中国梦而不懈奋斗中。

二是达到文化认同。"文化是一个国家、一个民族的灵魂。文化自信是更基础、更广泛、更深厚的自信,是一个国家、一个民族发展中更基本、更深沉、更持久的力量。"中国文化包含着有利于国家安全、宗教和睦、社会进步的诸种核心理念。文化认同,就是要认同中华优秀文化,中华优秀文化是中华民族的根和魂,宗教若要植根这片沃土,就应当以肯定和吸取中华民族和中国传统文化中的精髓和积极内容。文化认同,就是认同和积极践行近代革命文化、红色文化和社会主义先进文化,并自觉践行、全方位贯穿、深层次融入社会主义核心价值观。

三是达到社会适应。宗教的生存与发展一定要同所在社会相适应,这是必然趋势和基本规律,违背这个规律,就容易引发社会分歧,产生社会矛盾,小则摩擦不断,大则天下大乱,就无法扎根,甚至无法生存。社会适应,就是宗教自愿接受并且在行为上符合,社会在政治、经济、文化等方面对其社会成员的行为提出法律性、道德性、习俗性的要求,遵循公序良俗、遵循规矩规则。社会适应,就是要适应中国人的价值评判标准,让中国人通过自己的文化、道德、眼光来理解认知宗教,使宗教得到社会的接纳和认同,以和合为贵,以伦理为重。

四是达到与时俱进。"中国化"有其永恒的国家属性,有其独特的传统文化固性,同时有其鲜明的时代发展特性。与时俱进,重点在"与时",就是宗教应与客观世界的发展变化同步,根据时代的要求、变化,不断进行自我调适顺应时代的发展,融入时代。与时俱进,关键在"俱进",就是宗教要随着社会的进步而进步,不能固步自封、墨守成规、刻舟求剑。当前,我国正处于新时代中国特色社会主义社会建设时期,2020 年全面建成小康社会,2035 年基本实现社会主义现代化,21 世纪中叶全面建成富强民主文明和谐美丽的社会主义现代化强国的战略宏图已描绘。中国实现现代化,是人类历史上前所未有的大变革,需要社会各个方面、各个环节协调发展。宗教为意识形态,应顺应时代进步而进步,不断发挥有利于社会和谐的积极作用,体现"功成不必在我,但成功路上一定有我"的利世功能,把一个新风貌、更健康的宗教带入新世纪新阶段。

三、认识方向,要从实现我国宗教坚持"中国化"这个重要任务来把握

习总书记在全国宗教工作会议上指出,要用社会主义核心价值观来引领和教育宗教界人士和信教群众,弘扬中华民族优良传统,用团结进步、和平宽容等观念引导广大信教群众,支持各宗教在保持基本信仰、核心教义、礼仪制度的同时,深入挖掘教义教规中有利于社会和谐、时代进步、健康文明的内容,对教规教义作出符合当代中国发展进步要求、符合中华优秀传统文化的阐释。习总书记的讲话赋予了中国化概念以新的内涵,提出了新的要求,指明了我国现有各宗教的前进方向和发展道路。"方向决定道路,道路决定命运。"实现我国宗教坚持中国化方向这个重要任务,既要有理论指导上的自信,但又不能仅仅停留在理论的探讨上,关键是通过理论指导在实践中具体运用和作为。中国化怎么化,结合前面的论述笔者觉得,应该从以下四点来把握。

其一,引导宗教界人士和信教群众热爱祖国、拥护中国共产党的领

导、拥护社会主义制度,坚持走中国特色社会主义道路,服从服务于国家最高利益和中华民族整体利益;引导宗教界自觉遵循社会主义核心价值观,接受核心价值观的引领和教育,按照核心价值观去行为处事,努力坚守中华民族优良传统,实现团结进步、和平宽容,积极为实现中华民族伟大复兴的中国梦贡献力量。

其二,引导宗教界自觉把宗教教义同中华文化相融合,在保持基本信仰、核心教义、礼仪制度的同时,深入挖掘教义教规中有利于社会和谐、时代进步、健康文明的内容,对教规教义作出符合当代中国发展进步要求、符合中华优秀传统文化的阐释。在新时代中国特色社会主义社会时期,必须积极引导宗教走文化宗教与道德宗教之路,引导宗教礼仪制度的"中国化"建设,引导佛教坚持人间佛教思想,适应时代;引导道教对教理体系做出新的诠释,互鉴发展;引导伊斯兰教继承中道传统、发扬中道思想、抵制极端主义,海纳百川;引导天主教和基督教传承并构建中国特色神学体系,兼容并蓄。

其三,引导宗教界人士和信教群众自觉遵守国家法律法规,自觉接受国家依法管理,坚持政教分离,不干预行政、司法、教育等国家职能实施;引导宗教界人士和信教群众主动坚决抵御境外利用宗教进行渗透,积极防范宗教极端思想侵害,正知正见、正信正行。

其四,引导宗教界道风纯和,严持戒律和严守教规,培养造就一大批"政治上靠得住、宗教上有造诣、品德上能服众、关键时起作用"的宗教界代表人士;发挥好宗教界代表人士在引导信教群众、推动宗教与社会主义社会相适应的积极作用。

四、认识方向,要从破解宗教中国化的误区来把握

习近平总书记提出坚持我国宗教中国化方向这一重要要求后,宗教工作部门、宗教界、学术界等方面反响热烈、响应积极,各个层面都在以不同方式推进此项工作,且势头很好。但我们也发现其中存在一些认识等

方面的误区,这些误区如不破解,会影响中国化方向的进程。

误区之一,宗教坚持中国化与引导宗教与社会主义社会相适应是一回事。之前我们已论述过,总书记的讲话也很清楚,引导宗教与社会主义社会相适应(简称"相适应"),是支持我国宗教坚持中国化方向(简称"中国化")的前提和目的,"中国化"不是独立存在的,是引导"相适应"的一个重要任务,"中国化"是具体化工作,是根据"相适应"的要求,一项一项具体落实的任务,离开"相适应"谈"中国化"是没有目标和方向,离开"中国化"谈"相适应"就没有实质性的内容和依托。

误区之二,"中国化"是改造宗教。一些宗教界人士认为"中国化"就是中国宗教"被同化",让中国宗教彻底隔断与国际宗教组织的联系,与宗教的"普世性""国际性"相对立;一些宗教界人士担心"中国化"是要去掉某些宗教的民族特色,对坚持中国化方向存在顾虑。"中国化"不是改造宗教,不是改变宗教,更不是消灭宗教,而是改进或改善我国宗教,引导我国宗教更能适应我国新的时代、新的社会的发展,克服宗教的消极因素,充分发挥宗教的积极因素,让宗教更富有生命力,让宗教更能为人类社会发挥积极作用,"中国化"不仅不是破坏宗教信仰自由,相反的是为了更好地保障宗教信仰自由,让宗教能够健康有序地发展下去。

误区之三,"中国化"只是针对外来宗教。我国五大宗教为佛教、道教、伊斯兰教、天主教、基督教。从我国宗教产生的源头来讲,除道教为本土宗教外,佛教、伊斯兰教、天主教、基督教都是从外部传入,但经历了长期的、主动的本土化过程,与中国政治、经济、文化和社会逐步相适应。而这个相适应,只是初始化的相适应,或者说只是与过去的中国历史状态相适应,还没有完全与中国社会相融合,尤其是与新时代的中国社会相融合。当前,由于国际国内形势深刻变化、社会急速转型、思想多元碰撞,有些宗教还在固步自封,一些信徒还在迷恋原产地,盲从原教旨,殊不知"室内一天方外已数年",有些宗教甚至在发展过程中还出现一些"逆本土化""去中国化""泛清真化""商业化""庸俗化"的苗头和倾向,这对我国宗教健康发展产生了不良影响,对宗教领域的和谐稳定,对国家的长治久安等都埋下可怕的隐患。我国宗教包括道教在内,只有跟上时代的步伐,坚持与中国特色社会主义现代相适应的"中国化"方向,用"中国人的眼光"去看待宗教的社会功能;用中国传统文化的精髓去理解宗教的价值观;用中国人能够理解的语言文字去解释宗教信仰,形成中国文化理解下的神学表达。

误区之四,"中国化"就要去除宗教外来的标识和元素。"中国化"符合辩证法思想,不是简单的全盘否定,是"有鉴别地加以对待,有扬弃地予以继承",是在不改变其根本信仰和核心教义的基础上,既吸收保留其好的、积极的因素,但又摆脱原有消极的落后的窠臼,体现中国属性,展示中国特征,适应中国土壤。现在有那么一些地方的教堂,在大门上或在房屋顶端塑造巨大或沉重的十字架,既不安全也有碍观瞻;有那么一些地方佛道教违法违规随意建设大型露天宗教造像,并有建大建高不断攀比之风;有那么一些地方清真寺的宣教塔、大圆顶建设也是越来越高、越来越大;有那么一些地方的宗教活动场所,建设得金碧辉煌像外国宫殿似的,信众都不敢进入;有那么一些宗教活动场所盲目媚外,完全照搬其他国家的建筑模式,墙里墙外都是外国文字,有些文字连宗教教职人员自己都不认识,也不知道什么意思,更何况信教群众?如果这些文字是与宗教教义相背离的呢?不就容易闹出笑话,甚至引发不稳定的事端?其实,这些都不是符合宗教本身教义教规精神的,也不符合中国人自己对宗教认知的。目前,外来宗教元素有很多,有些高雅的、积极的、文化艺术的元素,如有些宗教音乐、绘画、雕塑、造像等艺术形式进入中国后得到很好的展示,也有一些宗教元素因吸收了当地艺术营养、融入当地文化元素,形成了富有当地特色的文化艺术形式,同样得到了很好的传承。这都足以说明,中国容得下各种文化艺术的百花齐放、万紫千红;也足以说明,富含中国特性的文化艺术(包括宗教)在中国的社会上才会有旺盛的生命力。

方向明,则不惑。支持我国宗教坚持中国化方向,是一项长期而艰巨的重要任务,党政、相关部门和宗教界应各履其责、各尽其能、相互配合、形成合力。"千淘万漉虽辛苦,吹尽狂沙始到金。"支持我国宗教坚持中国化方向,是当代进行时,没有止境,永远在路上!

坚持我国宗教中国化方向
积极引导宗教与社会主义社会相适应

江西省民宗局宗教二处处长　陈　艳

自从习近平总书记首次在 2015 年的中央统战工作会议上提出"积极引导宗教与社会主义社会相适应,必须坚持中国化方向"以来,坚持我国宗教中国化方向成为我国宗教界坚持和努力的方向,成为党和政府推动宗教与社会主义社会相适应的一项重要工作。近年来各地各宗教界坚决拥护、热烈响应习近平总书记的号召,积极探索我国宗教坚持中国化方向的途径,各地相关部门采取有力措施不断推动各宗教开展宗教中国化的工作,积累不少经验,取得一些明显成效。本文拟从坚持我国宗教中国化方向的提出、重要意义、基本要求及努力途径等方面阐述对推动我国宗教中国化方向一些粗浅认识。

一、坚持我国宗教中国化方向的提出及重要意义

(一)坚持我国宗教中国化方向的提出

习近平总书记在三次重要会议上提出了关于"坚持我国宗教中国化方向"的重要论述,2015 年中央统战工作会议上,习近平总书记提出,积极引导宗教与社会主义社会相适应,必须坚持中国化方向,必须提高宗教工作法治化水平,必须重视发挥宗教界人士作用,引导宗教努力为促进经济发展、社会和谐、文化繁荣、民族团结、祖国统一服务。习近平总书记指

出,历史地看,宗教同所在社会相适应是宗教生存发展的趋势和规律。无论本土宗教还是外来宗教,都要不断适应我国社会发展,充实时代内涵。在坚持我国宗教中国化方向的工作要求和目标上,习近平总书记强调,要用社会主义核心价值观引领,用中华文化浸润我国各种宗教,支持宗教界对宗教思想、教规教义进行符合时代进步要求的阐释,坚决防范西方意识形态渗透,自觉抵制极端主义思潮影响。2016 年全国宗教工作会议上,习近平总书记提出,积极引导宗教与社会主义社会相适应,一个重要任务就是支持我国宗教坚持中国化方向。要用社会主义核心价值观来引领和教育宗教界人士和信教群众,弘扬中华民族优良传统,用团结进步、和平宽容等观念引导广大信教群众,支持各教在保持基本信仰、核心教义、礼仪制度的同时,深入挖掘教义教规中有利于社会和谐、时代进步、健康文明的内容,对教义教规做出符合当代中国发展进步要求,符合中华优秀传统的阐释。2017 年党的十九大提出"全面贯彻党的宗教工作基本方针,坚持我国宗教宗教化方向,积极引导宗教与社会主义社会相适应"。

习近平总书记在三次重要会议上对坚持我国宗教中国化方向的重要论述是一脉相承和不断发展的,是中国特色社会主义理论宗教篇的重要组成部分和最新成果,总书记为宗教界坚持中国化方向提出了明确的原则、工作要求和目标,更为我们积极指导和推动宗教界坚持中国化方向工作提出了基本遵循。

(二)坚持我国宗教中国化方向的重要意义

坚持我国宗教中国化方向,就是在党和政府的支持引导下,宗教界根据当代中国发展进步要求进行自我调整,在经典阐释、宗教制度、宗教组织、宗教礼仪、宗教禁忌、宗教建筑、宗教服饰、宗教艺术等方面,传承和弘扬优良传统,改变不适应我国社会主义核心价值观、文化传统、道德规范和公序良俗的内容,自觉与中国文化和国情特点相融合,塑造爱国进步、平和包容、与时俱进的中国宗教品格,实现健康传承发展。

1.坚持我国宗教中国化方向是党和政府对宗教界提出的殷切希望。

坚持中国化方向,是党和政府对我国宗教的期望,也是我国各宗教扎根中国,融入社会,平稳发展的必由之路,是我国各宗教健康发展的动力。当今,境外敌对势力利用伊斯兰教、藏传佛教、基督教、天主教等对我进行渗透,境外宗教极端思想蔓延,达赖集团利用宗教进行分裂破坏活动,佛道教界商业化等等问题,干扰了我国宗教的正常秩序,破坏了我国宗教和谐和社会稳定的良好局面,如何正确引导我国各宗教自觉抵御各种渗透活动,防止宗教极端思想和分裂主义的侵蚀和影响,自觉抵御各种商业化庸俗化的侵扰,引导各宗教健康有序发展,是我们面临的重大挑战和必须解决的难题,更是宗教界必须解决的问题和克服的难题。习近平总书记指出,积极引导宗教与社会主义社会相适应,一个重要任务就是支持我国宗教坚持中国化方向。要用社会主义核心价值观来引领和教育宗教界人士和信教群众,弘扬中华民族优良传统,用团结进步、和平宽容等观念引导广大信教群众,支持各教在保持基本信仰、核心教义、礼仪制度的同时,深入挖掘教义教规中有利于社会和谐、时代进步、健康文明的内容,对教义教规做出符合当代中国发展进步要求,符合中华优秀传统的阐释。总书记寄希望我国各宗教在当代社会发展和进步的环境中,保持自身信仰核心,努力与中华传统文化、当代先进文化交流融汇,汲取营养,革除弊端和落后,做到与中华文化相交融、与社会发展节奏相和谐,希望各宗教界代表人士与时代进步同频共振,与党和政府同心协力,希望每一个信众拥有一份浓浓的中国情和强烈的爱国心。

2.坚持我国宗教中国化方向符合宗教自身发展的规律要求。习近平总书记关于坚持我国宗教中国化方向的重要论述,既符合中国的特定国情,也体现了一种历史趋势和文化发展的客观规律。总书记历史地总结了我国宗教发展的规律,指明了各宗教健康发展的努力方向。宗教的本土化,是世界各宗教生存和发展的普遍规律,我国的佛教、伊斯兰教、天主教和基督教都是从外部传入,都经历了长期的主动的中国化进程。佛教传入中国两千多年的历史就是扎根中华大地,不断汲取中华民族文化、宗教养分、不断中国化的历史,它不仅适应了中国历代的政治情势,还要适应中国的儒家道家思想,适应中国的民间习俗等。明清时期,我国伊斯兰教界就发起了"以儒诠经"运动,推动伊斯兰教中国化,为伊斯兰教在中国健康发展作出了历史性贡献。基督教、天主教传入中国的过程曲折,20世纪50年代我国天主教、基督教爱国的有识之士领导全国广大信众开展的轰轰烈烈的反帝爱国运动就是中国化最好的努力和尝试,虽然天主教、基督教中国化进程缓慢,其实这本身就是中西方文化对弈、抗衡和相融的进程,中国化进程道路曲折,但前途一定是光明的。任何宗教只有不断与所处时代和所在社会相适应,相融洽,才能立足,各教也只有从所处社会吸取营养才能传承发展。

3.坚持我国宗教中国化方向是积极引导宗教与社会主义社会相适应的一项重要任务。2016年年全国宗教工作会议上习近平总书记指出,积极引导宗教与社会主义社会相适应,一个重要任务就是支持我国宗教坚持中国化方向。提出坚持我国宗教中国化方向的初衷就是要从本国国情和宗教实际出发,实行宗教信仰自由政策,保障公民信仰自由权利,构建积极健康的宗教关系,维护宗教和谐和社会和谐,充分发挥宗教的积极作用,促进信教群众和不信教群众相互尊重、和谐相处,引导宗教界积极投身中国特色社会主义建设,为实现中华民族伟大复兴的中国梦贡献力量。宗教中国化就是用当今中国社会统一的、全体中国人民共同的利益、价值来消融、减少、削弱中国宗教同社会之间、同其他各宗教之间可能导致冲突、分裂的元素,增加可以增进它们之间和谐的元素,维系中华文化多元一体格局,维护社会长期的和谐稳定。坚持我国宗教中国化方向是宗教和谐、社会稳定、国家安全的重要保障,为我们更好地贯彻党的宗教工作基本方针,进一步提高引领宗教与社会主义社会相适应的广度和深度提供了保障。

二、坚持我国宗教中国化方向的基本要求

习近平总书记在2016年全国宗教工作会议上强调,支持我国宗教坚

持中国化方向。要用社会主义核心价值观来引领和教育宗教界人士和信教群众，弘扬中华民族优良传统，用团结进步、和平宽容等观念引导广大信教群众，支持各教在保持基本信仰、核心教义、礼仪制度的同时，深入挖掘教义教规中有利于社会和谐、时代进步、健康文明的内容，对教义教规做出符合当代中国发展进步要求，符合中华优秀传统的阐释。这是习近平总书记对各宗教界坚持中国化方向提出的具体明确的要求和期望。"中国化"的重点和核心是落脚于"化"上，就是要求各宗教切切实实地融入中国文化、中华民族和中国社会中，通过吸取中华优秀传统文化和中华现代文明合理地诠释教义教规，使各宗教真正成为具有中国精神、中国风格、中国气派的宗教。坚持中国化关键要做到政治上的自觉认同、文化上的自觉认同、社会上的自觉适应。

（一）坚持我国宗教中国化方向必须做到政治上的自觉认同。各宗教界要做到政治上自觉认同中国共产党的领导，坚持社会主义制度，首先必须要做到听党话，感党恩，跟党走，接受党的领导；其次要做到拥护社会主义制度，热爱祖国、热爱人民，服从服务于国家最高利益和中华民族整体利益；第三要做到在维护法律权威、社会稳定、民族团结、祖国统一等一系列重大问题上形成广泛共识；第四要做到爱国爱教的高度一致，引导广大信教群众与祖国和人民一起，凝聚起同心共祝中国梦的磅礴力量，为实现中华民族伟大复兴的中国梦做贡献。

（二）坚持我国宗教中国方向必须做到文化上的自觉融合。中华传统优秀文化不仅积淀着中华民族最深层的精神追求，也代表着中华民族独特的精神标识。坚持我国宗教中国化方向，要求我国各宗教必须树立和坚持正确的历史观、民族观、国家观、文化观，增强对中华文化的认同，增强中华民族共同体的意识，自觉接受中华传统文化浸润，从中华文化中汲取营养，不断滋养和丰富自己，并自觉成为中华文化的传承者和弘扬者。各宗教还要利用中华文化和社会主义先进文化阐释教义教规，让宗教礼仪、宗教建筑、宗教音乐体现中国风格和时代特色，使各宗教真正融入中国文化和时代特点。各教也要在自觉践行社会主义核心价值观上下工夫,重点培育和践行爱国、法治、和谐等理念,努力夯实与社会主义社会相适应的思想基础,使社会主义核心价值观真正融入广大信徒的日常生活,内化为精神追求,外化为自觉行动。

(三)坚持我国宗教中国化方向必须做到社会上自觉适应。适应社会,服务社会,履行社会责任,一是各教号召广大信教群众做好公民、好信徒,积极投身于经济发展,社会建设上来,为实现中华民族伟大复兴中国梦贡献力量;二是积极发挥宗教界扶贫济困捐资初学的优良传统,号召广大宗教界人士积极参与扶贫、济困、救灾、助残等慈善事业;三是各宗教要积极融入社会,要为社会主义精神文明创建、社会新风尚的建立作贡献,做到真正融于中华民族大家庭里,融入中华文化宝库中,融进建设美好国家的大潮里,建立与中华民族血脉相连、与祖国荣辱与共、与人民相濡以沫的深厚感情。

(四)坚持中国化各宗教努力的方向。坚持我国宗教中国化方向,是对我国五大宗教共同要求,涵盖面广,适用性强,但各教的因历史传统、发展特点各不相同,所以面临的任务和要求也不尽相同,我国佛道教存在的是商业化和道风不正的问题,中国化的主要任务是加强自身建设,积极跟上时代步伐,大力弘扬中华民族优秀传统文化,回应社会发展挑战,顺应时代进步潮流,引导正信正行。我国伊斯兰教要努力做到防止"沙化""阿化",积极宣扬中道、和谐、爱国、向善思想,引导广大穆斯林融入当代社会和先进文化,为经济发展和社会进步做贡献。针对我国天主教、基督教在某些思维模式、信仰表达和行为方式等方面保留了一些与当代社会不相适应的东西,有"去中国化"、易政治化的问题,成为我国天主教、基督教与社会进步相融合的障碍,天主教、基督教的主要任务是加强神学思想的中国化的研究和建设,竭力改变"洋教"形象,坚决抵御境外渗透,从深度和广度上坚持中国化方向,在爱国爱教的旗帜下凝聚强大的感召力和引导力,为实现中华民族伟大复兴的中国梦做贡献。

三、坚持我国宗教中国化方向的工作举措

（一）广泛宣传，形成共识，充分调动宗教界的积极性推动我国宗教中国化方向。坚持我国宗教中国化方向，各级党委和政府要积极支持、引导和推动，但主体是宗教界，必须充分调动宗教界的自觉性，充分发挥他们的主观能动性，以自觉自愿的态度、积极有为的行动，从各个层面实现自身的中国化。一是通过开展各种形式的学习、宣传、教育和培训，提高认识，形成坚持中国化的广泛共识，营造坚持中国化方向的良好氛围，让宗教界真正做到内化于心、外化于行；二是要充分发挥各宗教团体、宗教院校、宗教场所、宗教界代表人士的作用，从发掘研究教义教规中有利于社会和谐、时代进步、健康文明的内容着手，积极赋予宗教礼仪、服饰、音乐、建筑等方面中国风格和民族特色，将理论研究和实践探索结合起来，形成一系列中国化思想共识和工作成果，为解决宗教界的认识和实践问题提供理论支撑和实践规范；三是各地党委统战和宗教工作部门要加强对各教推进中国化方向工作进行认真的支持和引导，不仅要做到积极推动、指导、支持、服务，还要加强管理、督促和检查，把坚持我国宗教中国化方向工作落到实处。

（二）实化举措，示范引领，积极指导和推动宗教界扎实开展中国化工作。一是要求全省性宗教团体制定和下发推进宗教中国化工作五年规划纲要，结合工作要求和本教实际，明确各教推进中国化工作的目标任务、重点工作和推进举措；二是稳步推进，全省性宗教团体力争每年推进一项结合实际、切实可行和有针对性的工作，稳扎稳打，逐步推进。省基督教"两会"着重在神学思想中国化培训、研讨取得共识上推进了一些扎实的工作，取得一些成效；三是注意探索方法，推广典型，近年来，我们鼓励和支持省天主教"两会"在赣南王姆渡、赣州蓉江新区、景德镇等地将天主教礼仪、建筑、艺术等文化与我国清明祭祖传统文化、客家围屋建筑和景德镇陶瓷文化有机融合，彰显中国元素，体现江西风采，用实际工作

践行天主教中国化,这些好的经验和做法积极在全省推广。

　　(三)扎根基层,推广成果,积极扩大中国化成果的运用范围。一是坚持我国宗教中国化一定要结合各教特点,联系当地实际,接地气,要切实可行,不能搞一刀切,不能搞运动;二是坚持我国宗教中国化方向要注意推广成果,积极运用成果,把中国化成果落到宗教界和信教群众的道德实践、信仰生活、宗教活动和日常生活中,积极推动各教将中国化的思想共识及工作成果送下基层,融入讲经讲道和各类培训中,不断影响和引导广大信教群众,引领各教中国化方向落地生根;三是坚持我国宗教中国化方向一定要与各教的实际工作结合起来,做到两不误,两促进,各教要不断将自身建设、人才培养、经典阐释、宗教建设、与推进中国化方向结合起来,相互融合,彼此融合,共同促进。

关于推进宗教中国化的思考

江西省民宗局人事处处长　　洪跃明

2015 年 5 月,习近平总书记在中央统战工作会议上第一次指出,"要积极引导宗教与社会主义社会相适应,必须坚持中国化方向";2016 年 4 月,在全国宗教工作会议上,习近平总书记强调,"积极引导宗教与社会主义社会相适应,一个重要的任务就是支持我国宗教坚持中国化方向";2017 年 10 月,在十九大报告中,总书记再次提出,"要全面贯彻党的宗教工作基本方针,坚持我国宗教的中国化方向"。习近平总书记关于宗教"中国化"的三次重要论述,充分体现了这一历史命题的非凡意义,更为推进宗教中国化的实施路径提供了理论指导及破解策略。

一、宗教中国化的重要意义

(一)坚持宗教中国化是适应新时代中国国情的根本要求

1.宗教中国化事关社会和谐、民族团结、祖国统一

从习近平总书记关于宗教中国化的系列讲话来看,宗教中国化是全局性工作,是战略性任务,与党和国家以及民族有重大联系,能够促进人民和衷共济、经济欣欣向荣、社会和谐进步、民族和睦团结、国家安全强大。宗教工作实质上就是群众工作,目前我国信教群众高达 2 亿人[①],重

---

①　中华人民共和国国务院新闻办公室:《中国保障宗教信仰自由的政策和实践》白皮书,北京:人民出版社,2018 年。

视并坚持宗教中国化工作,引领 2 亿信教群众成为建设新时代中国特色社会主义社会的新鲜活力与中坚力量,是一项长期而重要的任务。

2.宗教中国化是紧跟国家发展及时代进步的重要体现

十九大指出,我国已进入新时代中国特色社会主义社会,社会的主要矛盾转化为"人民日益增长的美好生活需要和不平衡不充分的发展之间的矛盾"。人民在物质文化生活得到基本满足后,必然追求更美好的发展和精神文化需要。这种社会主要矛盾的转化一定会涉及宗教方面的变化,因此,宗教转型将势不可挡,必须审时度势,与时俱进,将教义教规、礼仪制度、传颂方式与新时代社会思潮、主流文化、传播媒介有效结合并融会贯通。

(二)坚持宗教中国化是尊重宗教发展史规律的必然要求

1.各大宗教传入中国的曲折历程及经验教训

中国五大宗教:道教、佛教、天主教、基督教(新教)、伊斯兰教,除道教为土生土长外,其他宗教均从国外传入,并无一例外地与中国文化习俗经历了长期抗衡、碰撞、交流和融合的过程。比如佛教有在皇权时代"不依国主,则法事难立"的古训,有"三武一宗之厄"的灭佛惨痛教训,有超凡脱俗的出家修行与世俗礼仪的忠孝之辩;再如明末清初的基督教因固守原教旨主义而被中国上层强烈抵制;又如天主教在传播过程中,因传教士与康熙就儒教崇拜引发的"礼仪之争"而遭到百年禁止的艰辛过程。正因为这些不断冲突的曲折传教经验,才让外来宗教意识到,只有尊重中国法律,包容社会习俗,适应主流思想,融合传统文化,认同共同价值,才能让宗教在中国的沃土中扎根发芽。

2.佛教中国化的成功经验启示

在联合国教科文组织总部的演讲中,习近平总书记提到,佛教产生于古代印度,但传入中国后,经过长期演化,佛教同中国儒家文化和道家文化融合发展,最终形成了具有中国特色的佛教文化,给中国人的宗教信仰、哲学观念、文学艺术、礼仪习俗等留下了深刻影响。佛教在经历过长期的对抗、妥协及适应后,将自己的教义与在中国文化中占据重要地位的儒家思想深入结合,逐步在中国完成了创新与转型,并形成独具特色的中国佛教理论。所以,外来宗教只有与中国文化深度交流融合,才能落地生根、遍地开花。

综上,坚持宗教中国化,既是党和人民对当代中国宗教发展的根本要求①,也是中国宗教健康持续发展的内在要求。

二、宗教中国化的基本内涵

坚持宗教中国化方向,要用社会主义核心价值观来引领和教育宗教界人士和信教群众,弘扬中华民族优良传统,用团结进步、和平宽容等观念引导广大信教群众,支持各宗教在保持基本信仰、核心教义、礼仪制度的同时,深入挖掘教义教规中有利于社会和谐、时代进步、健康文明的内容,对教规教义作出符合当代中国发展进步要求、符合中华优秀传统文化的阐释②。

宗教中国化不是一刀切的强迫和同化,而是求同存异的包容和感化,保持基本信仰、核心教义、礼仪制度是中国化的首要前提,开展爱国主义教育、核心价值观教育、传统文化教育是中国化的主要任务,认同中华民族、适应中国社会、吸收中国文化、转化并运用宗教思想建设成果是中国化的最终标准。

---

① 戴继诚:《"宗教中国化"的三个维度》,《中国无神论研究》2019 年第 1 期,第 51 页。
② 习近平:《全面提高新形势下宗教工作水平》,在全国宗教工作会议上的讲话,2016 年 4 月 23 日。

三、宗教中国化的现实困境

(一)部分地方政府引导浮于形式

部分地方政府在宗教中国化的过程中只走过场,不注重实质效果,没有真正贯彻落实依法管理宗教事务的相关政策。实际工作并未因地制宜,结合实际情况,方法简单粗暴,没有深入解读宗教中国化的相关政策,没有运用群众喜闻乐见的方式将中国化讲深讲透,甚至在抵制渗透、打击非法宗教活动方面的工作也有懈怠。

(二)宗教界头绪混乱无从下手

宗教界高度重视宗教中国化工作,主动性和积极性很高,但在中国化的具体实施过程中,未指定详细的执行方案,对中国化的度难以把握,操作性不强,存在"不敢管、不愿管、不会管"的现象。一是难以把握"保持基本信仰"与"符合中华优秀传统文化"之间的程度。中国文化博大精深,可以将哪些建筑风格、服饰、艺术等含有中国元素的文化与教规戒律相结合,一直让宗教界迟疑不决。二是难以处理"宗教文化消极落后"与"适应时代发展进步"之间的关系。目前部分信教群众仍在信奉一些消极落后的宗教习俗、宗教古籍或宗教礼仪,传教士一方面倡导信徒要温良忠诚,而另一方面又未及时对宗教中狂热、极端的文化进行清理摒弃,宗教界自我管理的能力还有待提高。

(三)宗教团体自身建设力不从心

目前我国部分地区的宗教团体建设非常薄弱,尤其在基层,不管从人才培养、活动场所,还是政策保障、条件支持方面,宗教团体都面临着诸多实际困难,无法真正发挥团体引导、宣传以及教育的作用。组织建设跟不上,宗教团体在宗教中国化过程中的主体地位、管理宗教内部事务的能力、联系宗教界人士的凝聚力和在广大信教群众中的影响力就被大大削弱。

（四）社会环境因素导致中国化问题百出

宗教中国化一定会受到国内国际政治、经济、文化等形式的干扰，并引发许多新的矛盾与问题。比如有些宗教商业化现象严重，景区和宗教联合借教敛财；有些宗教被影视作品歪曲形象①；有些宗教崇洋媚外，展露"逆中国化""去中国化"现象；有些宗教发展混乱无序，存在宗教活动场所私有化现象；有些宗教有境外敌对势力渗透，存在极端、狂热思想，严重危害国家安全和社会稳定。

四、宗教中国化的实现路径

（一）关于党政界：积极引导，给予政策保障

1.良好的政教关系是前提

习近平总书记在全国宗教会议上强调，宗教问题始终是我们党治国理政必须处理好的重大问题。我国一直致力于构建健康的政教关系，坚持政教分离的原则，坚持信仰上互相尊重，政治上团结协作。宪法规定，我国公民有信仰自由，国家保护正常的宗教活动，宗教可在国家法律、政策允许的范围内开展活动，但不得干预行政、司法、教育等国家职能的实施。此外，为保障全国各族人民的根本利益及信教群众的合法权益，政府依法管理宗教事务，但对于宗教团体内部的教务活动不予干预，宗教组织必须服从政府依法依规的管理。

政府要引导、支持、帮助宗教走向中国化。所以，以政教分离为原则，以政教和谐为导向，是积极引导宗教与社会主义社会相适应的前提。

---

① 陈宗荣：《坚持我国宗教中国化方向要做好六个方面的工作》，《中国宗教》2017年第12期，第12页。

2.有效的规划引导是关键

（1）尊重客观规律,统筹规划实施。一方面,不仅要遵循宗教自身生存发展的规律,引导宗教适应它所处的社会环境,逐步实现本土化,更要把握宗教工作的规律,尤其是要将群众路线、实践原则和文化演进规律始终贯穿在处理宗教问题、管理宗教事务的过程中;另一方面,推进宗教中国化,既是一项复杂艰巨的系统工程,也是一个长期发展和深化的历史过程,政府要坚持党的宗教工作基本方针,统一制定实施规划,列好时间图、任务表,不断探索新方法,实践新路径。

（2）聚焦宣传教育,加强示范引领。要深入到广大信教群体中、宗教团体中、宗教院校或宗教活动场所中,利用新媒体在宗教网站及相关报刊上,广泛开展中国化教育,持续开展爱国主义教育,进一步强化政策宣传,使宗教中国化的总体要求真正入脑入心。同时,也要留心挖掘、培养、总结宗教中国化的典型事件,充分发挥榜样带动及先锋模范作用,进一步推广宗教中国化的成果。引导广大信教群众及宗教界人士积极、主动、自觉地认同中国化、融入中国文化、适应中国社会,成为建设社会主义的重要力量。

（3）分析主要矛盾,解决实际困难。习近平总书记在全国宗教会议上指出,要结合各宗教情况,抓住主要矛盾,解决突出问题,以做好重点工作推进全局工作。政府要深入到基层开展调查研究,及时掌握各大宗教的主要矛盾,了解宗教团体的现实困境,大力支持宗教团体在宗教内部事务及中国化过程中发挥的主体作用,采取积极有效的措施,为他们开展相关工作创造必要条件、解决实际困难,切实解决基层宗教团体配置不强、组织薄弱、话语权发挥不够的问题。

3.有力的政策法规是保障

各级政府要认真学习习近平总书记关于宗教工作的一系列新思想、新观点、新论断,切实贯彻落实党中央关于宗教中国化的决策部署,及时制定和完善宗教中国化的管理制度、实行机制、组织建设,落实相关政策;运用法律引领教规,清理宗教中与国家法律相冲突、与科学相背离的内容;对宗教中国化实施科学的指导,进一步为宗教中国化提供理论指导、法律法规及制度保障,营造健康的政策环境、法治环境和社会环境。

（二）关于宗教界:主动担当,发挥主体作用

1.统一思想,树立大局意识

宗教界是宗教中国化的主体和内因,他们必须主动适应社会主义社会,高度认同国家的方针政策,引导广大信教群众热爱祖国、热爱人民、维护国家安全稳定。在日常生活及宗教活动中,自觉遵守国家法律,严格恪守社会到的,积极践行社会主义核心价值观,大力弘扬中国优秀传统文化。时刻树立对维护祖国统一、民族团结、社会进步、宗教和睦的责任与意识。

2.自上而下,强化理论基础

要充分调动宗教界的主动性和积极性,发挥宗教团体的组织引领及带头作用,自上而下地开展宗教团体建设工作及教职人员培训工作。一方面,宗教界人士要正言正行,通过举办专题学习班,深入学习十九大精神、全国宗教会议精神等最新的宗教政策,进一步提升团体的理论性,展现团体的时代性与进步性;另一方面,全国性、省级、自治区、直辖市的宗教团体,要深入基层开展巡讲及走访活动,引领广大信教群众在掌握宗教知识的基础上,进一步学习国家的政策方针、法律制度和科技文化,为宗教中国化过程中的事务管理及日常教务活动提供扎实的理论指导。

3.强化队伍,培养可靠人才

所谓"十年树木百年树人",坚持宗教中国化,人才支撑不可或缺。梯队化的人才搭建、合格的队伍、现代的宗教教育、特色的宗教院校,都是宗教中国化过程中可持续发展的人才保障。宗教界要严格按照"政治上靠得住、宗教上有造诣、品德上能服众、关键时起作用"的标准[1],进一步加强宗教界的队伍建设工作。此外,必须坚持正确的办学方向,加强各级宗教院校建设和经学人才培养,进一步提高教学质量,强化师资队伍,充

---

[1] 王作安:《引领宗教中国化进程行稳致远》,《中国宗教》,2019 年第 5 期,第 11 页。

分发挥现代文化教育功能,培养新时代、中国化的宗教界人才。

(三)关于学术界:专注研究,提供理论支撑

1.营造学术氛围

中国宗教学已经成为一门独立的学科体系,其重要性也与日俱增,关于宗教学的中国化、学术性、现实性、学科特色等其他方面的研究和发展已经引起了学术界的高度重视和关注。学术界应该弘扬认真钻研的学术精神,深入开展宗教学基础研究与宗教中国化的应用研究,随时关注国际、国内宗教领域出现的新气象,研究宗教发展历史等相关问题,营造科学浓厚的学术氛围,为党和国家的宗教政策和决策部署提供理论支持。

2.开展理论研究

学术界应围绕中国特色宗教学学科、宗教中国化政策研究、宗教中国化的历史经验以及相关研究机构建设、研究项目立项与理论研究开展深入交流与研讨,进一步构建宗教中国化的学科体系与话语体系。同时,考虑将社会学、心理学等学科交叉的研究方法纳入宗教中国化研究中,也可从实证主义与人文主义的视角出发,从定性研究与定量研究的维度入手,进一步丰富宗教中国化的理论基础与研究成果。

宗教教义中国化及其历史启示

江西省民宗局后勤服务中心主任　庄养谷

引　言

在五大宗教中,道教属于土生土长的教派;佛教传入中国的时间最早,在中国传播的时间最长,中国化程度也最为彻底;伊斯兰教、基督教和天主教传入中国的时间相对较晚,中国的传统文化、统治体系已较为完善,所以基督教、天主教和伊斯兰教在中国化的过程中出现的问题最多,要处理的事情也最为棘手。基督教、天主教的中国化涉及很多问题,中国伊斯兰教的信徒主要是少数民族,中国化主要涉及"沙化""阿化"和"清真概念泛化"等现象,这些不是简单的宗教和民族问题,是政治问题。

基督教和伊斯兰教都是世界性宗教。已在各国深耕,有的成为国教,与政体合一,因此在处理基督教、天主教和伊斯兰教的事务上,都或多或少的有一些国际关系。而我们提倡的宗教中国化,是要坚持宗教事务本国化,中国政府独立自主地处理本国的宗教事务,不受外国的各种势力干扰。坚持宗教的中国化方向,积极引导宗教与社会主义社会相适应是当前中国政府宗教工作的主要方针。这需要我们不断努力探索新方法,从基督教和伊斯兰教的教义中国化入手,走有中国特色的社会主义宗教道路。

从古代基督教和伊斯兰教传入中国开始,到现代两教的教义中国化已经有上千年的时间。这期间基督教和伊斯兰教的教义中国化,其历史过程是充满着曲折和坎坷的,并非一帆风顺。因为基督教和伊斯兰教是外国人在西亚、中东地区创建的宗教,并主要是在欧洲、西亚、中亚、中东和北非传播发展。基督教和伊斯兰教所赖以生存发展的社会环境与中国实际情况有很大的不同。基督教和伊斯兰教在古代刚刚传到中国的时候难免会水土不服,基督教和伊斯兰教的教义与中国传统的政治文化并非是完全一致的,有很多相通之处,也有一些冲突的地方,中国文化在历史上占主流思想是儒家,道家和法家;基督教和伊斯兰教的教义在传入中国后必须适应中国国情,才能被中国传统社会所接受,这需要有一个相互磨合的长期过程。历史上基督教和伊斯兰教的教义中国化过程,是中国人对其教义即有所保留,又有所改造的过程。其教义适应中国国情的部分则取其精华,为我所用;其教义不符合中国国情的部分则将其摒弃,用中国优秀的传统思想文化填补。基督教和伊斯兰教的中国化,就是在两教的教义里面加入具有中国特色的元素。几百年来基督教和伊斯兰教的教义中国化过程,为今天宗教工作提供了很多的历史启示。总结前人处理宗教中国化的经验和教训,为今天的宗教工作提供历史借鉴,仍然是很有现实意义的。

一、基督教教义的阐述

首先谈谈基督教教义中国化的历史过程及其历史启示。基督教的教义主要来自《圣经》,以后随社会的发展,新教派也不断涌现,各派的教义侧重点也各异,但基本的信条有以下内容:

(一)"十诫"

第一条:我是耶和华你的神,曾将你从埃及地为奴之家领出来。除了我以外,你不可有别的神。

第二条:不可为自己雕刻偶像,也不可作什么形象,仿佛上天、下地,和地底下、水中的百物;不可跪拜那些像,也不可事奉它,因为我耶和华你的神是忌邪的神,恨我的,我必追讨他的罪,自父及子,直到三四代;爱我,守我诫命的,我必向他们发慈爱,直到千代。

第三条:不可妄称耶和华你神的名,因为妄称耶和华名的,耶和华必不以他为无罪。

第四条:当记念安息日,守为圣日。六日要劳碌作你一切的工,但第七日是向耶和华你神当守的安息日;这一日你和你的儿女、仆婢、牲畜,并你城里寄居的客旅,无论何工都不可作;因为六日之内,耶和华造天、地、海,和其中的万物,第七日便安息;所以耶和华赐福与安息日,定为圣日。

第五条:当孝敬父母,使你的日子,在耶和华你神所赐你的地上,得以长久。

第六条:不可杀人。

第七条:不可奸淫。

第八条:不可偷盗。

第九条:不可作假见证陷害人。

第十条:不可贪恋人的房屋,也不可贪恋人的妻子、仆婢、牛驴,并他一切所有的。①

"十诫"里面第一条和第二条"我是耶和华你的神,曾将你从埃及地为奴之家领出来。除了我以外,你不可有别的神",强调了唯一性;"不可为自己雕刻偶像,也不可作什么形象,仿佛上天、下地,和地底下、水中的百物;不可跪拜那些像,也不可事奉它",强调了独尊性②。这与中国的传统思想文化有所抵触,与中国人历来有祖先崇拜、祭孔和祭祖的风俗相矛盾,在历史上曾经引起著名的"中西礼仪之争"。这场源自基督教教义与中国传统礼仪之间的矛盾,导致罗马教廷最终发布命令,要求中国教徒禁止拜祭孔子和祭祀祖先。教廷的态度先后令康熙和雍正两任皇帝震怒,引发清廷反制,下令禁教。雍正帝下谕旨说:"中国有中国之教,西洋有西洋之教;彼西洋之教,不必行于中国,亦如中国之教,岂能行于西洋?"③

① 《圣经》,《旧约·出埃及记》,中国基督教协会,2009 年,第 72 页。
② 《闽南圣诗》,福建省基督教两会,2001 年,第 289 页。
③ 《世宗宪皇帝上谕内阁》卷 56,载于影印文渊阁四库全书第 414 册,台北:台湾商务印书馆,1986 年,第 597 页。

乾隆时期,传教士虽在宫廷受到很高礼遇,但仍不能在华展开传教。嘉庆、道光两朝继续执行禁教政策。基督教在中国只能采取地下发展的形式。直到1939年,罗马教廷才撤销了禁止中国教徒祭祖的禁令,认为过去宗教性的祭祖、祭孔观念,历经数百年后已变成了世俗性活动,故可以被酌情允许。这说明基督教的教义必须符合中国的国情,主动做适度的改造,才能够被允许在中国合法地传教。第三条"不可妄称耶和华你神的名,因为妄称耶和华名的,耶和华必不以他为无罪"①,意思是对上帝要有敬畏之心,以轻慢的心态去称神的名,拿神的名来开玩笑,作口头禅,都是直接的得罪神的。这与同中国古代专制社会臣子对皇帝的敬畏有相似之处。臣子对皇帝的姓名要有所避讳,不能随便拿皇帝姓名开玩笑,否则便是欺君之罪。《论语·季氏》孔子曰:"君子有三畏:畏天命,畏大人,畏圣人之言。小人不知天命而不畏也,狎大人,侮圣人之言。"②中国的儒家思想也强调君子有三项让他敬畏的事:他敬畏天理,敬畏大德,敬畏圣人的言论。小人不了解义理天意,所以不敬畏,并且轻慢大德者,以及把圣人的言论当戏玩。儒家的经典与基督教的教义也有相通之处。第四条"当记念安息日,守为圣日。六日要劳碌作你一切的工,但第七日是向耶和华你神当守的安息日;这一日你和你的儿女、仆婢、牲畜,并你城里寄居的客旅,无论何工都不可作;因为六日之内,耶和华造天、地、海,和其中的万物,第七日便安息;所以耶和华赐福与安息日,定为圣日"③,今天中国人普遍接受一星期有七天的时间,工作六天,休息一天。中国人现在基本上把星期日也就是安息日当成休息的一天。第五条"当孝敬父母"④,与中国儒家的孝道思想高度一致,也被中国人普遍接受,与中国传统文化高度融合。第六条至第十条"不可杀人;不可奸淫;不可偷盗;不可作假见证陷害人;不可贪恋人的房屋,也不可贪恋人的妻子、仆婢、牛驴,并他一

---

① 《闽南圣诗》,福建省基督教两会,2001年,第289页。
② 《论语·季氏》,北京:中华书局,2015年。
③ 《闽南圣诗》,福建省基督教两会,2001年,第289页。
④ 《闽南圣诗》,福建省基督教两会,2001年,第289页。

切所有的"①,这是着重从宗教道德方面对人内心的管治,引导教徒遵循基本的社会公德,和中国的法律所禁止的犯罪行为有相通之处,有利于维护社会稳定。

(二)"三位一体"

这是基督教的基本信条之一。相信上帝是唯一的,但有三个"位格",即圣父——上帝,天地万物的创造者和主宰;圣子——耶稣基督,上帝之子,受上帝之遣,通过童贞女玛利亚降生为人,道成肉身,并"受死""复活""升天",为全人类作了救赎,必将再来,审判世人;圣灵——上帝圣灵。三者是一个本体,却有三个不同的位格。

基督教"三位一体"的神学信仰体系体现在,圣父,圣子,圣灵三者虽然名位不同,所承担的责任不同,发挥着不同的作用,但是最后却合为一个整体,全面领导教徒的精神信仰和行为方式。

(三)"信原罪"

这是基督教伦理道德观的基础,认为人类的祖先亚当和夏娃因偷食禁果犯的罪传给了后代子孙,成为人类一切罪恶的根源。人生来就有这种原罪,此外还有违背上帝意志而犯种种"本罪",人不能自我拯救,而要靠耶稣基督的救赎。因而,原罪说以后逐渐发展为西方的"罪感文化",对欧美人的心理及价值观念影响深远。

在中国传统的伦理道德观也有关于"性善论"和"性恶论"的争论。儒家学说主张"性善论",《三字经》开头前一句就是"人之初,性本善;性相近,习相远"②。认为人出生之初,禀性本身都是善良的,天性也都相差不多,只是后天所处的环境不同和所受教育不同,彼此的习性才形成了巨大的差别。中国传统思想文化里面没有"罪感文化",所以大部分中国人没有出生以来人就带有原罪的思想。或许只是认为人是啼哭着出生的,

---

① 《闽南圣诗》,福建省基督教两会,2001 年,第 289 页。
② 《三字经》,北京:人民教育出版社,2013 版。

到人间来是来经历各种艰难痛苦的,但绝对不会认为自己一出生就带有原罪。除非是成长以后因为某种过失犯了罪,那也是自小没有被教育好的结果。法家思想主张"性恶论"。《商君书》:"民之性:饥而求食,劳而求佚,苦则索乐,辱则求荣,此民之情也。"①认为人有贪欲有趋利避害的本性,人与人之间主要是利害关系。如果有人犯罪,则用严刑峻法处罚,但也并不认为人出生就带有原罪。道家思想主张人是从自然而来,应回归到原始纯真的状态,达到人与自然的和谐统一,也没有涉及原罪思想。基督教的原罪思想本意是人来到世间以后就带有原罪,以后人一生的活动都要吃苦受累,积德行善,通过修行从而达到去恶从善的目的。

(四)"信救赎"

基督教教义认为,人类因有原罪和本罪而无法自救,要靠上帝派遣其独生子耶稣基督降世为人做牺牲,成为"赎价",作了人类偿还上帝的债项。

基督教"信救赎"的教义,主要是要突出耶稣基督作为上帝派遣到人间的儿子,牺牲自己的生命,用自己的鲜血救赎人类的原罪。也正因如此,耶稣成为全世界十几亿基督教徒顶礼膜拜的对象。相信耶稣牺牲自己救赎世人是每一个基督教徒的坚定信仰。中国的基督教徒相信耶稣的救赎,向耶稣祷告赦免自己犯下的罪过。基督教徒在精神世界里找到耶稣可以作为倾诉自己内心苦闷的对象,并能够从耶稣的救赎中得到安慰和解脱。这对于在社会化浪潮中无助迷茫的人们来说,有了一个精神依靠的港湾,不会迷失自己,走上违法犯罪的道路。

(五)"因信称义"

基督教教义认为,人类凭信仰就可得救赎,而且这是在上帝面前成为义人的必要条件。

因信称义主要是近代欧洲宗教改革后产生的。按基督教教义,人自

---

① 《商君书·算地》,北京:中华书局,2018 版。

犯有原罪以来,已经失去理性的能力,因而不能自行有正义的行为成为正义的人,要想成为正义的人只能由上帝的拯救而获得。在此之前的中世纪欧洲基督教《圣经》的解释权被罗马教廷及其下属的牧师控制,教徒必须听牧师讲解《圣经》才能够信仰基督教,而且教徒还要参加很多教堂的宗教仪式,给教会捐纳很多财产。教徒的人身依附于教会,教会控制了教徒的生活方式。罗马教廷因此拥有了与世俗政府分庭抗礼的实力,这也是欧洲政教冲突的根源。中世纪神学强调圣功(也就是给教会捐钱)是获救的重要步骤。但后来流于形式,不重人的行为与信仰。马丁·路德从保罗致罗马人书中的因信称义的观点引申出信徒可以由于信仰而直接成为义人,可以免去中世纪的繁文缛节。

基督教改革后"因信称义"的教义被中国的宗教界所广泛接受。中国的基督徒只要靠个人虔诚的信仰就能够在宗教教义上获得上帝拯救,成为义人。不必一定要全面听从传教人员讲授《圣经》或者给教会捐献多少财物才算获得上帝的拯救,成为义人。教堂和教会只是为中国基督教徒的个人信仰提供辅助性的帮助。在中国,基督教的主体是广大的信教群众,而不是少数的传教人员。传教人员只能在教堂组织信教群众进行宗教活动,不得在国家法律不允许的场所开展宗教活动。更不能通过传教对教徒进行人身控制,形成对抗政府的宗教势力。

(六)"信天国和永生"

基督教教义认为,人的生命是有限的,但人的灵魂会因信仰而重生,并可得上帝的拯救而获永生,在上帝的国——天国里得永福。

在现实世界里人的生老病死是自然规律。人一旦死亡,生命就永远地结束了,也没有什么灵魂可以重生。宇宙中也没有所谓的天国。让人的灵魂在天国里得永福。基督教的教义宣传天国和永生,主要的目的是鼓励教徒虔诚地信教,给教徒以精神上的安慰,让教徒在人生的尽头可以坦然地面对死亡。因为人的灵魂会因信仰而重生,所以要坚定地信仰,可得上帝的拯救而获永生,并在上帝的国——天国里得永福。这可以说是人类在面对短暂有限的人生与不可避免的死亡之时,因逃避不了永恒的死亡而无可奈何之际,基督教神学给予人类一条自我解脱的道路。

基督教"信天国和永生"的教义和中国的传统民间思想没有什么大的冲突。中国的本土宗教思想里也有人死后灵魂不灭的说法。佛教讲生死轮回,来生来世。道教讲修炼成仙,长生不老。大凡是宗教都有追求生死解脱倾向。这也是宗教吸引信众的主要原因。

(七)"信地狱和永罚"

基督教教义认为,人若不信或不思悔改,就会受到上帝的永罚,要在地狱里受煎熬。

在宗教上相信地狱和永罚的,东西方文明都有的广泛的存在。"地狱和永罚"其实是人类社会的一种特有的思想现象。因为在世俗社会里,总是会有一些作恶多端的人物。虽然人类社会发明了法律制裁犯罪行为,但是历史上还是有一些大奸大恶之辈干了丧尽天良的坏事仍然逍遥法外。人们希望这种大恶之人死后仍然会受到惩罚。最典型的就是历史上南宋时期杀害抗金名将岳飞的大奸臣秦桧。秦桧生前尽管干尽坏事,但是并没有受到什么惩罚。但是他死后,人们铸造他的铁像跪在岳飞墓前,800多年来受尽后人的唾骂,秦桧因此在历史上遗臭万年。这也算是对秦桧的一种"地狱和永罚"。

基督教"信地狱和永罚"的教义主要是要告诫教徒生前不能作恶事,要痛改前非,否则死后就会受到上帝的永罚,要在地狱里受煎熬。"信地狱和永罚"的目的是要在心灵深处消除教徒作恶的意念。

(八)"信末世"

基督教教义认为,相信在世界末日之时,人类包括死去的人都将在上帝面前接受最后的审判,无罪的人将进入天堂,而有罪者将下地狱。

"末日的审判"[①]是基督教教义的特殊提法。中国的传统思想文化里

---

① 《圣经》,《新约·启示录》,中国基督教协会,2009年,第290页。

没有"末日的审判"的概念。在基督教"末日的审判",所有的人都要接受上帝的最后审判,无罪的上天堂,有罪的下地狱。一个人一生的是非功过直到他死后才能下最后的定论。因为只要一个人还活着就有可能干好事,也有可能干坏事。到底这个人是好是坏,只有他死了以后才能分辨清楚。基督教的"世界末日"概念对中国思想界最大的影响就是,给中国的史学界带来了全新的"线性史观"。中国传统的史观是"循环史观",认为历史循环复始的。基督教的"线性史观"则认为人类的历史是线性发展的,有起点和终点。人类的历史从开始以后就不断向前发展的,中间有各种各样的过程,最后到达终点结束。

二、伊斯兰教教义的阐述

伊斯兰教义主要由两部分组成:一、基本信仰,指信真主、信天使、信经典、信使者、信后世、信前定;二、宗教义务,指穆斯林必须完成的五项基本功课,简称念、礼、斋、课、朝。伊斯兰基本信条为"万物非主,唯有真主,穆罕默德是安拉的使者"。中国穆斯林习惯将其称为"清真言",代表伊斯兰教"认主独一"的基本信念。

伊斯兰教中国化的历史过程及其历史启示,主要是伊斯兰与儒学的会通。在历史上伊斯兰教义思想中,最有价值的是其主张伊斯兰教必须因时因地有所革新,中国的伊斯兰上层人士和学者在思考如何适应中国传统社会,并被中国传统社会所吸纳时,提倡用儒学阐述和宣传伊斯兰教义,并随着历史的推移而在其教义、教理中注入时代精神,在教义学理论上做适当调整,适应中国社会的文化氛围。伊斯兰教的中国化历程,中国的制度和文化等诸多方面因素都对伊斯兰教的发展有方向性的约束力。明清时期中国的伊斯兰学者"以儒诠回",通过吸收、改造儒家传统中的思想资料来阐释伊斯兰教的教义和内涵。这些伊斯兰教学者大多通晓儒家、佛教、道教学说,被称为"中阿兼通""怀西方(指伊斯兰教)之学问,习东土之儒书"的"回儒",甚至是儒家、佛教、道教、伊斯兰教"四教兼通"的宗教学者。他们将《古兰经》的内容由阿拉伯语翻译成汉语,并且加以注释其意义。他们将儒家经典所阐述的内容与伊斯兰教的教义互相理解,认识到伊斯兰教与儒家学说有相同的源头,所阐明的道理并不是完全不一样的。中国伊斯兰教义学家认为,伊斯兰教基本教义与儒家思想是一致的,称之为"教理同源"。至此,带有浓厚中国风格的伊斯兰哲学思想便在儒家思想的影响和渗透下形成了。伊斯兰教为了获得在中国的生存发展,在维护伊斯兰教信仰独一的前提下把儒家忠孝融合进来,建立起了一整套道德规范,并与中国封建社会的伦理道德形成互补。中国伊斯兰教义学家不仅认为伊斯兰教与儒家同源,而且还认为伊斯兰教可以弥补儒家之不足。这一运动的意义不仅仅使伊斯兰学者在学术思想上成果斐然,丰富了伊斯兰教的理论宝库,更有助于消除民族隔阂与民族偏见,中国封建官僚和士大夫对伊斯兰教有了一定了解,促进了伊斯兰文化与中国传统文化的深层次融合。

伊斯兰教的基本信仰主要分为六个方面:

(一) 信安拉

伊斯兰教是严格的一神教信仰,相信除安拉之外别无神灵,安拉是宇宙间至高无上的主宰。《古兰经》第 112 忠诚章称:"安拉是真主,是独一的主,他没有生产,也没有被生产;没有任何物可以做他的匹敌。"据《古兰经》记载,安拉有 99 个美名(99 种德性),是独一无二、永生永存、无所不知、无所不在、创造一切、主宰所有人命运的无上权威。信安拉是伊斯兰教信仰的核心,体现其一神论的主要特点。

伊斯兰教的核心思想是"安拉"(真主)本体论。中国伊斯兰教学者吸收宋明理学家的"太极说"与伊斯兰教认主独一的教义相结合,提出伊斯兰教认主学的基本理论"真一说",构建了中国特色的伊斯兰哲学体系的核心内容。

(二) 信天使

伊斯兰教认为,天使是安拉用光创造的无形妙体,受安拉的差遣管理天园和火狱,并向人间传达安拉的旨意,记录人间的功过。《古兰经》中有四大天使,分别负责传达安拉命令、降示经典、掌管世俗事务、死亡和吹末日审判号角。

(三)信经典

伊斯兰教认为,《古兰经》是安拉启示的一部天经,穆斯林必须宣读、信仰、遵奉,不得诋毁和篡改。伊斯兰教同时也承认《古兰经》之前安拉曾降示过的经典,如《圣经》等。但《古兰经》是比其他一切经典都更优越、更完善的天启文献,《古兰经》包罗一切经典的意义。中国的伊斯兰学者将阿拉伯语版本的《古兰经》翻译成汉语版本,方便中国的各族穆斯林学习《古兰经》。

(四)信使者

《古兰经》中曾提到的先知使者多达 25 位。其中最重要的有阿丹、努海、易卜拉欣、穆萨和尔撒,即《圣经》中提到的亚当、诺亚、亚伯拉罕、摩西和耶稣。穆罕默德是最后一位使者,也是最伟大的使者、至圣的使者、封印的使者,负有传达安拉之道的光荣使命;凡信仰安拉的人,都应服从安拉的使者。中国穆斯林称先知穆罕默德为"穆圣"。

(五)信后世

伊斯兰教认为,宇宙间一切生命,终将有一天要全部毁灭。然后安拉使一切生命复活,进行复活日审判。《古兰经》第五十五章第二十六节说:"大地上所有的一切将终朽坏。只有你的具有庄严和尊贵的主的本然长存。"又说:"的确,你们在复生日将被复活。"

穆斯林相信,复生日到来之时,一切生命的灵魂都将复返于原始的肉体,并接受安拉最终的判决:行善的将进入天堂,永享欢乐;作恶的将被驱入地狱,永食恶果。这同基督教"世界末日"的教义有相同之处。

伊斯兰教提倡两世兼顾,号召穆斯林要在现世努力创造美满生活,多做善功为未来的后世归宿创造条件,两者相辅相成。穆斯林相信,后世审判可以有效制约人类今生的行为。这同佛教"生死轮回"的教义有相似之处。

(六)信前定

伊斯兰教认为,宇宙间一切事物都受安拉制定的法则制约,任何人都不能变更其法则,唯有对真主的顺从和忍耐,才能赢得真主的喜悦,因此,前定并非宿命。人类只有通过虔诚地向安拉祈祷,然后努力履行宗教义务和职责,真主才会使其结局发生变化。

伊斯兰教的五项基本功课:

伊斯兰学者根据《古兰经》内容,将伊斯兰教的五项基本功课概括为:念功、礼功、斋功、课功、朝功。遵守五功是穆斯林信仰虔诚的基本体现。五功中"念"为本,"礼"为纲,五项天命互为因果,相辅相成,共同构成了系统完整的伊斯兰教基本功修制度。先知穆罕默德说:"伊斯兰是建筑于五项基础之上的,诚信除安拉外别无他主,穆罕默德是主的使者;履行拜功;缴纳天课;朝觐、封莱迈丹月之斋。"中国明末清初著名的回族伊斯兰教学者王岱舆说:"正教之五常,乃真主之明命,即念、施、戒、拜、聚之五事也。"①

中国伊斯兰学者根据《古兰经》和《圣训》,结合儒家"三纲五常"的伦理道德观念并对之作了自己的理解和发挥,提出了"五典"说。所谓"五典",即儒家所讲的"五伦",指君臣之义、父子之亲、夫妇有别、长幼之序、朋友之信。五典是"天理当然之则,一定不移之礼"②的"常经",与伊斯兰教宣扬的天命五功同等重要,是互为表里的关系:"圣教(伊斯兰教)讲五功,以尽天道;又立五典,以尽人道。天道人道,原相表里,而非二也。盖尽人道而返乎天道,斯天道有以立其基;尽天道而存乎人道,斯人道以正其本。天道人道尽,而为人之事毕矣。"③伊斯兰教讲究五功,是为了处

---

① 王岱舆:《正教真诠·五常章》。
② 刘智:《天方典礼·五典篇》。
③ 刘智:《天方典礼·五典篇》。

理天与人的关系；又创立五典，是为了处理人与人的关系。天与人的关系和人与人的关系，是互为表里的，而不是没有关系的两者。天与人的关系反映的是人与人的关系，所以天与人的关系建立在人与人关系的基础上。天与人的关系是人与人的关系的延伸，所以天与人的关系是靠人与人的关系确定的。搞清楚天与人的关系和人与人的关系，那么处理各种各样的人与事就畅通无阻了。三纲和五典是什么关系呢？中国伊斯兰学者认为三纲则是人伦之礼的"本"，而五典是人伦之礼的具体体现。三纲制约着五典的义，五典统于三纲之名。三纲之中，以君为臣纲为基础："人极之贵，莫尊于君。君者，所以代主宣化，摄理乾坤万物，各得其所。""命曰天子，天之子民之父也。三纲由兹而立，五伦由此而立。""夫忠于真主，更忠于君父，方为正道。"①所有人中地位最高的是君主，君主代替真主宣传教化，总理天地之间的万物，让他们都能发挥各自的作用。君主号称天子，是天的儿子，百姓的父亲，三纲和五伦因此而建立。穆斯林既要忠于真主，更要忠于君主，这才是穆斯林应该遵守的正道。这种既忠于主又忠于君的思想，就是回族学者在伊斯兰教中国化过程中实现了从"一元忠诚"向"二元忠诚"的转变。"人生在世有三大正事，乃顺主也，顺君也、顺亲也。凡违兹三者，则为不忠、不义、不孝矣。"②人生活在世界上有三大正确的事情，顺从真主，顺从君主，顺从父母亲。凡是违反这三条的，就是不忠诚，不正义，不孝顺。中国伊斯兰学者对于顺主与顺君的关系是这样阐述："君者，主之影，忠于君即所以忠于主也。"③"王者，代真主以治世者也。王者体主，若影之随行。"④国王是代替真主治理国家的人。国王体现的是真主的意志，就像影子跟随着人行走一样。故而"念主而忘君，非念主也；念君而忘主，非念君也。"⑤只知道信仰真主而忘记效忠君主，不是真正的信仰真主。只知道效忠君主而忘记信仰真主，不是真正的效忠

---

① 王岱舆：《正教真诠·真忠篇》。
② 王岱舆：《正教真诠·真忠篇》。
③ 王岱舆：《天方典礼·臣道篇》。
④ 王岱舆：《天方典礼·君道篇》。
⑤ 王岱舆：《天方典礼·臣道篇》。

君主。顺主,就要坚守念、礼、斋、课、朝的"天道五功";顺君、顺亲,就要尽心维护君臣、父子、兄弟、夫妇、朋友这"人道五典"的社会秩序。只有这样,做人的义务才算完成。伊斯兰教传入中国之后,在中国这样一个非教权而重皇权的国家里,面临着一个非常现实而又难以回避的具体问题,那就是如何认识和处理真主与皇权的关系。这种"二元忠诚"思想就很好地解决了穆斯林对非穆斯林君主的政治认同问题。

(一)念功

念清真言。即"万物非主,唯有真主,穆罕默德是安拉的使者",这是对真主信仰的表白(作证)。当众表白一次,名义上就是一名穆斯林。

王岱舆对念功的诠释:"念有二,曰:意念,曰:赞念。意念者,念念不忘于主,忘者丧心也,念者仁心也。""赞念者,感赞主恩,歌颂圣德也。"[①]念清真言有两层意思,一层叫意念,一层叫赞念。意念的意思是心中念念不忘真主。忘记了真主的人就如同丧失了心智,时刻想念真主的人内心充满仁义。清初回族伊斯兰教著名学者刘智对念功的诠释:"念,知所归也。""念主则心有所归,而不致流荡忘返。盖真主为大化根源,万命所自出。凡欲返本命之初,务以真主为准向,斯得所要归,而身心俱有收束矣。"[②]念清真言就知道心灵的归宿。念真主则心灵有所归宿,而不在于在外游荡不知道归宿。真主是一切事物变化的根源,世间万物都是从真主那里产生。凡是想要找到生命的最初状态,就必须为真主作为探索的方向。心灵得到了归宿,则人的身体和精神就都有了依靠。

(二)礼功

每日五次礼拜,每周一次的聚礼拜(即主麻拜),一年两次的会礼拜(即古尔邦节和开斋节的礼拜)。礼功是督促穆斯林坚守正道,对自己过错加以反省,避免犯罪,给社会减少不安定因素,为人类和平共处提供条

---

① 王岱舆:《正教真诠·五功章》。
② 刘智:《天方典礼·五功篇》。

件。

王岱舆对礼功的诠释:"礼者,朝拜真主,祝佑君亲,乃天理自然之节文也。真主清净无形,不落方位,朝拜者,统万形而浑于无形也。"①礼拜就是朝拜真主,祝福保佑亲人,这是合乎天理和自然的礼数。真主清净没有形状,不在具体的某个方位。朝拜的人存在于各种形式事物之中,而又远离了各种无形的事物之外。刘智对礼功的诠释:"礼,践所归之路也。""礼拜者,践其原来所历之境,而步步渐次以返之也。当日自主命,步步邮递,以至于今生;今日即由此生,步步邮递,以复归于主命,此礼拜之至义也。"②礼拜就是回顾原来所经历的各种事情,然后慢慢地回归的最初的状态。当日从真主的命令开始,一步一步地发展,直到成为今天的状态。从今天的状态开始,又一步一步地发展,轮回到接受真主命令的开始。这就是穆斯林做礼拜的真正意义。

(三)斋功

即成年穆斯林在伊斯兰教历的莱麦丹月(伊历九月),白昼戒饮、食和房事一个月。黎明前而食,日落后方开。但封斋有困难者,如病人、年老体弱者和出门旅行者、孕妇和哺乳者可以暂免,或过时再补,或纳一定的济品施舍。

王岱舆对斋功的诠释:"斋者,戒持也,戒自性而持智慧也。"③斋的意思就是保持一段时间戒律。通过克制自己的本性欲望来获得智慧。刘智对斋功的诠释:"斋,以绝物也。用无为之功,而效无求之法也。无求于物,自能绝物,绝物而无扰于性,则本性复而不二于主矣。"④斋就是跟一些事物隔绝开来。采用无作为的方式,和无所欲求的方法。对事物没有欲求,所以能够与事物隔绝。与事物隔绝就能使自己的本性不受干扰,则自己的本性就恢复到最佳的状态。

---

① 王岱舆:《正教真诠·五功章》。
② 刘智:《天方典礼·五功篇》。
③ 王岱舆:《正教真诠·五功章》。
④ 刘智:《天方典礼·五功篇》。

（四）课功

也被称为天课，是伊斯兰对占有一定财力的穆斯林规定的一种税赋功修。伊斯兰认为，财富是真主所赐，富裕者有义务从自己所拥有的财富中拿出一定份额，用于济贫和进行慈善事业。对天课的用途，《古兰经》有明确的规定，但是随着社会经济的变化，天课的用途在各国或各地区不完全相同。

王岱舆对课功的诠释："课施有二：曰己之施，乃身心智慧，施于主，施于君亲，施于天下也，物之施，乃以财帛谷粟之类，施于危困，济其饥寒也。"①课功施舍分为两种：一种是从精神上施舍，主要施舍自己的身心智慧，施舍给真主，施舍给亲人，施舍给天底下所有的人；另一种是物质上的施舍，主要是施舍布匹粮食之类的生活必需品，施舍给处于贫穷困苦的人，救济他们脱离饥饿和贫寒。刘智对课功的诠释："课，以亡己也。""求道之士，外亡诸物，内亡诸己，则系恋之念全消，沾染之事悉化，不必刻意求道而道，自不觉其浑融妙合矣。"②课功，就是自己有所损失。求道的人，对外流失一些物质，对内流失一些精神，所以平时所贪恋的思想都消失了，所沾染的不良事物都消失了。没有刻意地去求道而得道，自己不知不觉中到达一种非常奥妙的境界。

（五）朝功

健康、有能力的穆斯林在规定时间内，前往麦加履行一系列功课活动。伊斯兰历每年 12 月 8 日至 10 日为法定朝觐日期（即正朝），在此时间外去瞻仰麦加天房称为"欧姆尔"（即"副朝"）。所谓"朝觐"，一般是指"正朝"。凡身体健康，有足够财力的穆斯林在路途平安的情况下，一生中到圣地麦加朝觐一次是必尽的义务。不具备此条件者则可以请人代朝。

---

① 王岱舆：《正教真诠·五功章》。
② 刘智：《天方典礼·五功篇》。

王岱舆对朝功的诠释："朝者，太聚天下万国之人，以全约信也。爱之开辟之初，降人祖于天房，阐主明命，修道立教，及化行日久，人物日增，则渐流于四方。流被渐远，日趋于迷，旁枝侧派，始于此矣。真主悯世人离散，忘自己之从来，乃命阿丹阐扬大众，平生一次，朝觐天房，参悟正道。"①随着传教的时间久了，信教的人数越来越多，教义传播到世界各地。信教的人离伊斯兰教的中心天房越来越远，对教义也越来越迷茫。各种各样的教派产生，都是因为这样。真主怜悯世人离散，忘记自己是从哪里来的，就命令阿丹阐明教义给信教的大众。穆斯林一生至少要有一次来天房朝觐，参悟伊斯兰教的真正教义。刘智对朝功的诠释："朝，复命而归真也。""命朝觐者，使绝域登途，去其贪恋，以近本原也。"②朝觐是回伊斯兰教的发源地复命，回归到信仰最纯真的状态，让去朝觐的人，长途跋涉，穿越各种艰难险阻，消去贪恋的事物，回归到伊斯兰教最本原的信仰。

三、宗教教义中国化的结论

2016年习近平总书记在全国宗教工作会议上强调："要用社会主义核心价值观来引领和教育宗教界人士和信教群众，弘扬中华民族优良传统，用团结进步、和平宽容等观念引导广大信教群众，支持各宗教在保持基本信仰、核心教义、礼仪制度的同时，深入挖掘教义教规中有利于社会和谐、时代进步、健康文明的内容，对教规教义作出符合当代中国发展进步要求、符合中华优秀传统文化的阐释。"

宗教教义中国化的历史过程很长，还有很长的路要走，还有很多的工作要做。纵观人类宗教史，任何宗教（尤其是外来宗教）的生存和发展都必须与其所在的社会相适应、与其所处的文化相融合，否则，不是水土不

---

① 王岱舆：《正教真诠·五功章》。
② 刘智：《天方典礼·五功篇》。

服,就是销声匿迹。历史证明,坚持中国化方向,是所有中国宗教生存发展的基本趋势和规律。世界三大宗教,佛教传入中国的时间最长,佛教在中国落地生根后,佛教的教义全面的中国化本土化。基督教传入中国后,经多次挫折后,认识到要想在中国传播基督教教义,必须处理好基督教与在中国占统治地位的儒家学说的关系,走中西合璧的路线,有些西方的传教士努力钻研儒家经典,向人们表明他既是西方神学家,也是东方儒者,以此增加中国士大夫对他们宣讲的基督教教义的认同感。伊斯兰教自唐代传入中国后,就自觉强调政治认同、主动适应中国社会、积极吸纳中国文化,成功走上了一条伊斯兰教中国化的发展道路,特别是到了明清时期,中国穆斯林学者立足伊斯兰教经典教义,融合宋明理学,政治认同上提出"二元忠诚"思想,社会伦理上强调人伦的"五典"准则,历史上伊斯兰教文化传入中国以后给中国传统文化注入了新鲜的血液。

宗教教义中国化的历史启示是:各宗教都要自觉接受中国优秀传统文化浸润,除了在宗教教义阐释上要符合当代中国发展进步要求,也要在礼仪、习俗、艺术等各个方面体现中国化风格。外来宗教教义的中国化,除了保持基本信仰与核心教义,关键是采纳其教义中有利于社会和谐、时代进步、健康文明的内容,将其融入中国优秀本土文化之中。对于宗教中带有消极、迷信、暴力的那部分教义内容要给予坚决的取缔。宗教教义的中国化,还体现在国内宗教问题的处理不受国外宗教势力的干涉,警惕国外极端主义宗教思想的渗透,打击宗教分裂势力和宗教恐怖主义势力等方面。

基督教中国化过程中的若干问题分析与思考

——基于江西省余干县地区的调查

南昌大学公共管理学院民族宗教事务研究所所长、教授　文卫勇

江西省宗教院校教育服务中心主任　李根如

前　言

　　基督教的中国化是基督教在中国处境中存在、发展的必由之路,这一过程充满着众多本土基督教领袖和基督教思想家的深入思考和实践努力。自 20 世纪初以来,实现基督教中国化就成为一批中国基督教内的有识之士不遗余力的努力方向,中国教会内兴起了一系列自立运动和本色化运动,如早在 1906 年俞国桢就提出"有志信徒,图谋自立、自养、自传"的思想;1922 年诚静怡代表中国教会发布了"自养、自治、自传"的原则。①近年来,基督教中国化问题更是在政教学三界引起广泛热议,基督教中国化俨然成为基督教研究领域最热门的课题。2015 年 9 月,基督教全国两会在北京召开"丁光训主教诞辰 100 周年暨基督教中国化研讨会",体现了政教学三界合作探讨这一话题的迫切性和必要性。习近平总书记在 2016 年的全国宗教工作会议上讲话中和党的十九大报告中同时强调,要坚持我国宗教的中国化方向,积极引导宗教与社会主义社会相适应。而关于基督教中国化内涵和外延的界定一直是一个开放的话题,学界对于其概念界定也莫衷一是,并未有一个较为一致的定义,而本文赞同张志刚

---

① 　卓新平:《基督教"中国化"问题的政治意义》,《中国宗教》,2018 年第 12 期,第 34-35 页。

教授的看法,即基督教能完全融入中国文化、中华民族和中国社会。① 但大部分学者都认同要从政治、文化、社会这三个层面推动及实施基督教中国化,做到"政治认同、文化融合和社会适应",即认同中国共产党的领导和中国特色社会主义道路;融入中国传统和主流文化和参与到中国文化的创造更新过程中;积极开展社会慈善公益和参与提供社会服务。②

现在中国正处于全面建成小康社会决胜阶段、中国特色社会主义进入新时代的关键时期,如何实现基督教中国化和如何推进基督教顺应时代潮流,这是需要认真考虑的时代课题,需要对其历史演进和经验教训加以认真梳理与总结,并提出在新的历史阶段和经济社会发展新常态下,推进基督教中国化的基本思路和举措。本研究基于江西省余干县的基督教中国化发展过程为案例,对该县的玉亭镇、黄金埠镇、瑞洪镇、杨埠镇、社庚镇、白马桥乡、九龙乡、江埠乡、梅港乡、禾斛岭垦殖场、李梅岭生态林场等乡镇的一些村庄断断续续地进行近二十次的实地调查走访,通过问卷调查、半结构访谈、参与观察等方式获取不少相关第一手研究资料和数据。通过对这些以往相关文献研究和自身获取的资料分析发现,当前的基督教中国化过程中存在不少问题与不足之处,围绕这些主要问题进行较为全面的分析,以便为基督教中国化课题增加研究参考范本。

一、余干基督教信仰渊源及其历史演进

余干县位于江西省的东北部,古称干越,总面积为 2331 平方公里,2016 年户籍总人口高达 108.3 万,自古以来就是一个农业大县,县城距离江西省省会南昌市不足一百公里,交通十分便利。近十几年以来,余干县

---

① 张志刚:《"基督教中国化"三思》,《世界宗教文化》,2011 年第 5 期,第 7-12、94 页。

② 顾传勇:《我国基督教中国化问题研究》,《江苏省社会主义学院学报》,2016 年第 5 期,第 57-64 页。汪振仁:《基督教中国化面临的问题及对策》,《中央社会主义学院学报》,2017 年第 4 期,第 113-116 页。邱永辉:《宗教蓝皮书·中国宗教报告(2016)》,北京:社会科学文献出版社,2017 年。徐勇斌:《基督教中国化的思考与实践——以长沙市城南堂为例》,上海:《天风》,2018 年第 11 期,第 27-29 页。

基督教信徒增长迅速,每年大约以 3 千人的速度增加,截至到 2015 年,相关数据显示余干县有基督教信徒近 10 万人,约占全省信徒总数的五分之一,登记场所 373 个,未登记场所 194 个,这引起众多学者的广泛关注,使其成为宗教学界的重点研究对象,如 2009 年,国家宗教事务局专门派人来余干县进行调研。任何宗教,突破了其原有地域界限,传播到更广大的其他地区,都会有其历史渊源,基督教在余干县地区的传播及本土化也不例外。

清光绪二十七年(1901)由德国籍传教士衡湟斯传入九江创立的中华基督江西内地会(原名为中华内地会)派施快发和张才金到余干黄金埠传教,1914 年,又派夏其中来余干县城传教,并宣告成立余干县基督教内地会,推选张才金牧师为会长,刘远昌为副会长。发展了一定信徒后,夏与上海内地会总会取得联系,拨来银洋 160 元,并发动余干信徒捐款,在县城北门口(县民政招待所范围)建了一座总堂,该总堂能容千人在内举行宗教活动,同时经余干信徒奉献,在教堂西北边又建了一幢专供来余干的外籍传教士居住的平房。[①] 县城总堂建成后,推选张才金牧师主持教务,并驻堂传教,随后又在余干各乡多处设分堂,到 1920 年已在凤港、江埠、禾山、石溪、山背、洪贤等乡设立分堂,其间上级内地会曾派英籍女传教士林德国及美籍女传教士胡里曼(西波舍斯)来余干传教,先后在余干县城总堂 10 余年。1927 年,80 多岁的张才金牧师病逝,遂聘请万年县人陈德声(又名陈桂生)牧师来余干总堂主持教务,并改选李德生为余干内地会会长,李显太为副会长。

抗战期间,陈德声等人从 1936 年至 1943 年连续七年组织全县性规模的布道团,选派全县各乡分堂中的一些传教人员在全县边沿乡村及邻县交界地区进行为期半年的布道活动。陈德声牧师是位极有爱国心志的基督教人士,一开始就对外籍传教士在余干的指手画脚行为深感不满,一直想摆脱外国差会对余干基督教的控制和影响,从而实现余干地区基督

[①] 《江西省宗教志》编辑委员会:《江西省志江西省宗教志》,北京:方志出版社,2003 年,第 340－342 页。

教的"本土化"。1948 年,陈牧师开始酝酿筹备成立不受外籍传教士控制的教会组织,经与其他华人教职人员协商,于 12 月 25 日圣诞节,乘全县教徒云集县城总堂之机,宣告成立"余干自立中华基督教会",并制有《自立教会纪念歌》,这些充分体现了余干基督教徒争取传教主权独立、不受外籍传教士控制的决心。同年,江西省内地会主任米生普来余干县开办圣经学校,办学经费由南昌内地会支拨,为余干县内地会培养传教人士。米生普自任为校长,把校址设在县城北门,并任请了华人牛旭武、韩文质牧师和美籍爱恩源及英籍柯懿德两位女传教士担任教师,在该校停办前共招收学生 70 名。新中国成立前夕,此时余干县就有 42 座教堂,这些教堂在余干县各乡镇均有分布,在这些教堂中,有 33 座教堂有负责人,负责人不明的教堂有 9 座。全县信徒人数约一万人,为全省各市县内地会教徒人数最多之县。

新中国成立之后,由于罗马教廷推行反华政策,教皇庇护十二世下令禁止中国教徒同共产党合作,与中国政府关系持续恶化,使得"要做基督徒又要做中国人似乎变成不可能"。[①] 因此,这直接导致余干基督教信徒人数骤减,全县 42 所教堂也减至 6 所,同时余干教会也响应全国基督教领袖吴耀宗的号召,走自治、自养、自传的爱国道路,成立"余干县基督教三自爱国运动筹备委员会",由李德生任主任委员,张平康、詹宏仁、毛淑女为副主任委员。1956 年选派詹宏仁到金陵协和神学院深造,陈德声年老携家眷回原籍万年,而牛旭武也前往赣州市,教务由李文鑫主持。1966 年,余干县基督教教会也受到了冲击,信仰活动也由明面转为暗地,由集中变为分散,"文革"结束后,1979 年后,基督教发展很快。1985 年,余干县信徒有 23000 人左右,主要是"文革"期间坚持信仰的信徒,从 1979 年至 1990 年,每年有 3000 人受洗成为基督徒。而后随着人口的流动,慕道友外出打工剧增,即便如此,2009 年的一年内受洗人数也高达 2000 多

---

① 秦家懿,孔汉思:《中国宗教与基督教》,北京:生活・读书・新知三联书店,1997 年,第 224 页。

人。①

二、余干基督教中国化进程中面临的若干问题及分析

基督教在余干传播的过程,既是基督教通过吸取有益自身发展的因素进行自身改革以实现基督教在余干地区的地方化、本土化和本色化的过程,也是基督教通过适应地方社会背景和顺应时代潮流的过程。通过调查发现,余干县基督教经过一个多世纪跌宕起伏的发展,其价值取向与意识形态明显日渐倾于世俗化,使得基督教深深打上了中华民族文化烙印,但与此同时,余干地区的基督教中国化过程中还存在不少值得注意的问题,应引起足够重视与关注。

(一)信教动机异化问题

为深入了解当前余干县地区基督教发展现状,本课题组于 2019 年 1 月通过发放问卷方式对该地区进行相关调查。研究团队选择采用分层随机抽样法,在余干县境内选取黄金埠镇、社庚镇、白马桥乡、梅港乡和李梅岭生态林场 5 个乡镇单位 15 个乡村 300 个基督教徒,总共发放问卷 300 份,收回 291 份,其中有效问卷为 284 份。问卷调查数据统计结果显示,其中女性教徒比例为 76%;50 岁以上的教徒占比 65% 以上;初中及初中以下学历的教徒比例高达 82.75%;而关于信教最主要的原因,其中救助消灾、家庭影响、祈福保平安、精神空虚分别占比为 56%、22%、12%、6%,而其他原因为 4%。从中可以看出,在余干地区信教群众表现出与其他地区类似的特征,信徒中以女性、老人、病弱群体为主,文化水平程度普遍偏低,而且信教带有明显的功利性目的。

改革开放以后,由于传统宗教恢复缓慢,基督教的祈祷救助就成了许

---

① 王荣伟:《复兴的余干教会》,上海:《天风》,2009 年第 12 期,第 26-27 页。

多贫困村民的选择。① 中国信徒信仰基督具有很强的实用性和功利性,有的是为了救助,有的是为了排解心中的孤寂与忧郁,有的是为了抵御现实生活的贫富差距,而真正发自内心地将基督教作为精神信仰的信徒并不是很多。通过在余干县多个乡镇的村庄教堂问卷调查和走访调查,发现大多数基督徒是因病信教,这完全违背了西方基督教"原罪说"和"救赎说"因信称义的信仰核心。

> SP,女,年龄 80 岁左右,余干县人,她说:"当初我信仰基督教是因为我的朋友告诉我信教好,在我所处的教堂中,应该有一半多的人是由于生病而信仰基督教,同时信耶稣能让你找个好工作,保佑你身体健康。"

> TXS,男,年龄 30 多岁,白马乡岭下舒家村人,他说:"我信仰基督教有七八年了,信教原因是因为周边大多数人都信仰基督教,于是,我也跟着信了。"

在以血缘关系和地域构建的乡村社会网络中,村民之间相互都比较熟悉,一旦有人认为自身是通过信仰基督教获得其他好处,信徒基于互助心理同时也是为了获得社会认同感,他们会给周边的亲朋好友传教,而大多慕教者会抱着宁可信其有,不可信其无的侥幸心理信仰基督教。从中可以看出,存在不少基督教信徒的信仰动机被"异化""物化"的现象。

(二)宗教文化差异问题

基督教作为具有西方政治、文化背景的宗教,蕴含着一种与中国传统文化不同的价值观,与中国固有的思想、信仰、风俗、习惯存在巨大的差异。中国自古以来深受儒、道、佛思想影响,其中传统的儒家文化对国人影响尤甚,它已经不仅是一种简单的信仰,更是一套通过以君权为中心的等级制度来寻求社会和谐的政治哲学和道德体系。基督教是近代帝国主

---

① 梁振华,齐顾波:《疾病的宗教性建构:理解农民因病信教的行为和动机——以一个河南乡村基督教会为例》,《中国农业大学学报》(社会科学版),2015 年,32 卷第 4 期,第 39-47 页。

义侵略和掠夺中国的工具,各国教会通过依靠帝国主义的武力在中国传教,而事实上却在从事侵华行为。① 这就导致清末民初时期,中国各地发生"反洋教"事件和掀起"非基督教运动",导致"民教对立"冲突日益激化。② 虽然改革开放以来,中国政府实行宗教信仰自由政策,大部分国人也改变了对基督教偏于负面的看法,将其作为当代西方精神文明建设的组成部分加以吸收,但作为舶来品的基督教还是与数千年的传统宗教信仰和文化习俗存在不少不适甚至冲突的地方。通过在余干地区的调研,发现基督教文化不可避免地对中国社会的民间信仰、传统民俗、道德伦理、生活方式产生重大影响。

基督教礼仪体系与中国传统的礼仪习俗(特别是祀孔祭祖)的冲突,始终困扰着宗教界人士,成为基督教传播的一大障碍。目前来看,冲突比较明显的是在一些祭拜仪式方面,教会严格禁止偶像崇拜,反对祭拜祖宗亡灵等习俗。祭拜祖宗是中国经数千年积淀的社会习俗,儒家文化中的"孝""礼"是乡村文化的根基,而教会不允许信徒从事祖先崇拜活动。

> QJL,女,年龄73岁,社庚镇稠源村人,她说:"信仰基督教给我带来最大的不便就是在祖先崇拜这一方面,我丈夫前两年去世,按照当地民俗,头七需要为他守棺,每年的清明节和七月半按道理也要去我丈夫坟前烧纸钱,这样我丈夫才能在下面保佑自己一家。但由于基督教反对祖先崇拜,禁止教徒从事扫墓、祭奠逝世亲人活动,所以这些事我都没做,现在感觉很对不起我死去的丈夫。"

基督教认为上帝是唯一的真神,反对一切偶像崇拜,不允许他们祭拜祖先,否则便得不到上帝的恩典。在此种价值观念的影响下,基督教信徒

---

① 陈建明:《略论基督教与中国社会的冲突与适应》,《宗教学研究》,2000年第4期,第77—84页。

② 金刚,苏龙斌:《基督教中国化历程考察》,《中共济南市委党校济南市行政学院济南市社会主义学院学报》,2001年第1期,第103—107页。

在祭拜祖先时陷入两难境地,若祭拜祖先则是违背《圣经》教义,若不祭拜,则与当地的乡村风俗相违背,这充分体现了基督教教义与乡村习俗的不相容。

同时,基督教与中国其他传统宗教(特别是与佛教)在信仰上存在不少分歧,这直接导致各不同宗教群体存在或多或少的冲突及各宗教信徒间身份认同问题。对于教会来说,身份认同是宗教的"行动单位",宗教群体赋予信仰者一种身份,因此信徒对信仰的选择,亦会影响信徒的行为举止和价值观念,他们会将所信仰的宗教团体价值观念认同渐渐内化为对自我身份的认同,但由于此种认同是发生在宗教团体内部,所以信徒的价值观念并不一定为其他宗教团体的信徒所接受,这就极易导致不同宗教群体之间的冲突。

> SXS,男,年龄52岁,白马乡岭下舒家村人,佛教信徒。他说:"信仰基督教和信仰佛教的信徒基本上是不沟通的。"

不同的宗教文化影响不同宗教群体的价值体系和思维观念,宗教对话所面临的理论难题可归结为"相互冲突的宗教观",即各种宗教信仰皆将自身所信仰的宗教当作"唯一或绝对的真理"。由于所属宗教团体不同,不同宗教群体在对话时易产生分歧,将自身的宗教信仰"自称为真"。

> TSN,男,年龄23岁,白马乡岭下舒家村人,当问及他们信仰基督教会不会影响他们和信仰佛教的亲朋好友相处时,他说:"影响肯定会有些影响的,毕竟信仰不同,即使有芥蒂大家一般也都放在心里不说出来,但还是会影响彼此之间的关系。"

由于信徒对自身信仰宗教的文化认同,他们会不自觉地排斥异教文化,基督教反对"偶像"崇拜,其教义与民间的祖先崇拜和佛教文化相冲突。

(三)教会管理无序问题

通过对余干地区大部分乡镇地区教堂内的48名教牧人员(包括牧

师、长老、传道员）访谈得知，其中高中及高中以上学历人数仅有 9 人，比例不足 20%。教牧人员自身文化素养程度不高，导致教会自身管理不力问题，如基督信徒未实现登记造册、私设聚会点、教牧人员素质不高、教内民主和财务管理不规范等问题。

白马乡詹湾村，据当地带路人说信仰基督教的人数较多，但由于经济能力受限，未在该村建立教堂，信徒做礼拜一般是去隔壁村的教堂或者去教友家，家庭教会较多。而基督教私设聚会点在"黑箱"中活动，容易出现信仰狂热，偏离正常信仰轨道，容易同宗教渗透、邪教传播扯上关系。

在黄金埠镇、社庚镇、白马乡、九龙乡、李梅岭生态林场和禾斛岭垦殖场等多个地方实地走访，调查发现这些教会中基督信徒实现姓名登记造册不多。

> DCZ，男，年龄 26 岁，白马乡凤凰村人，他说："登记造册其实一直有提倡，我们最近这个教会也在执行，但难度太大了，第一，信徒流动性大，她们大都是因为灵验信仰基督教，如果发现不灵的话很可能转信异教，所以这个姓名登记不好操作；第二，农村外出务工人员较多，他们可能在家的时候会来教堂做祷告，但大多数的时候都是外出务工，造成登记困难；第三，程序比较麻烦。"

近十几年来，随着基督徒在余干县的快速增长，基督徒的聚会点也越来越多，所需要的教牧人员亦随之增长，加上现有教牧人员素质不高，这就导致出现聚会点的专业教牧人员严重匮乏的现象。

> ZHY，女，年龄 50 岁，李梅林场桃源村人，她说："原本村中的基督信徒都是每逢周日去社庚镇做礼拜，后来村中信基督教的人渐渐多了起来，我们村去镇上又比较远，不太方便，于是我们就在村中自己建了一个教堂，牧师是别的村的，平时这位牧师不在这，我们又有事的话，就只能找一位当过老师的教徒代替做一些牧师需要做的事。"

同时调查发现,在余干县一些农村地区的教会存在教内民主问题和财务管理不规范问题。一些教堂的教职人员"半路出家",不具备传教布道的能力和素质,只是凭借自身家族人多势众、学历较高等原因当上牧师或长老一职,而教内大小事务都是由他一人或少数几人决定,不严格按照规章制度办事,有的教会因财务管理制度不完善,对奉献款使用情况纷争不断,引起了不少信徒的强烈不满。

(四)社会参与不足问题

举办社会慈善事业和提供社会服务是基督教会在华争取民心的一个重要手段,基督教传入中国初期,教会在华慈善事业和社会服务主要集中在医疗、慈幼和救济三方面。① 而随着中国教会"本色化运动"和"三自爱国运动"发生以来,中国基督教逐渐走上了"自治、自养、自传"的独立自主办教会的道路,但由于种种原因限制,基督教徒慈善事业和社会服务参与度并未达到预期效果。根据在余干地区的问卷调查结果显示,95.4%的基督教徒认为基督教对现代中国社会有积极影响,其中45%的教徒认为积极影响主要体现在社会服务方面,但在现实生活中参与社会服务活动的教徒占比为28.5%,而参与过社会捐款、捐物的教徒仅为4.8%。

> HWJ,男,年龄48岁,黄金埠镇胡家洲村人,当问到为什么教徒们参与社会服务活动或捐款、捐物比例不高时,他说:"首先,在农村信基督教的大部分是老人、妇女和病残的人,自身就属于贫弱群体,能力有限,没什么经济来源,能把自家养活就不错了;其次,教会一般在逢年过节只会组织一些教内庆祝活动,不会组织我们去参与那些社会服务活动,大家也没什么途径参与;最后,我们也不想为村集体搞公共事务捐款,因为那是世俗的事情。"

从中可以看出,基督教徒自我身份的认同感很强,尽管基督教对西方

---

① 顾长声:《传教士与近代中国》,上海:上海人民出版社,1991年,第278-289页。

社会承担着不少的积极社会服务功能(消除贫困、预防犯罪、反对酗酒和毒品、提供医疗卫生援助、发展文化与教育等方面),且其教义和思想有导人向善、宽以待人、乐善好施和互帮互助等要求,但还是带有一定的保守性与排他性。基督教在中国化过程中,这一点就愈发明显,就如在余干地区,基督教以基督信仰为载体,为信徒提供医疗、救济、帮扶等公共服务,但这些活动的开展也仅局限在基督教堂等有限的公共空间里,基督教信徒们的公共交往也较多地局限于所在教会内部。这导致相比整个社会事务,基督教信徒对教堂内的事务更上心,基督教信徒之间的信任程度更高,严重限制基督教发挥其该有的更大社会服务作用。基督教组织具有相对的封闭性,这种封闭性从某种程度上也促使教会内部的信仰认同更为牢固与执着,促使教会信徒之间的关系以及对教会的归属感更加强烈与持久,而这些在一定程度上会制约公共性从基督教组织内部扩展到非信徒乃至整个乡村社会。[1]

三、基督教中国化未来发展的路径思考及建议

从世界宗教史来看,千百年来几大世界性宗教之所以能够广为传播,其首要条件无疑在于,他们均能适应不同的文化、民族、国家或社会境遇,并以不同的方式来实现地方化、本土化和民族化。那么作为世界第一大宗教的基督教在中国未来发展中应既保留其独特性普世价值和确定信仰的同时又不断融入中国现有社会和文化传统,通过转变其具体形式和内容,从而更好地满足信仰需要。

针对如何实现基督教中国化这个旷日持久且备受争议的课题,学者们基于不同视角,从不同方面提出自己的建议和对策。王美秀(1996)认为要通过提高和改善观念、人才和氛围三方面来发展具有中国特色的基

---

① 李向平:《当代中国宗教格局的关系建构——以佛教、基督教的交往关系为例》,《宗教学研究》,2010 年第 1 期,第 122-129 页。

督教,实现真正意义上的中国的基督教。① 莫法有(1999)提出应从"中国化"和"现代化"两个维度进行思考,要借鉴历史,也要注重现实,从神学思想、伦理道德和礼仪习俗三方面入手解决基督教中国化这一难题。② 洪修平(2006)以印度佛教的中国化为视点,认为基督教要在解决中国社会和中华民族现代化转型所面临的各种问题和进一步处理好与中国社会文化的关系,特别是与社会主义社会相适应这一课题基础上,才能进一步中国化和本土化。③ 张志刚(2011)通过"中韩基督教史比较""当代中国宗教生态"和"国际宗教对话动向"三方面的思考,认为"基督教中国化"的必由之路在于重新反省宗教信仰与社会责任的关系,为当代中国社会的发展进步做出积极的重要贡献。④ 刘明等人(2015)从教界、政界和学界三个视角,从主体、理论到环境三个方面探讨了黑龙江基督教中国化的基本路径。⑤ 顾传勇(2016)认为需要从政治环境、文化融合、自身建设、国法与教规的关系和妥善治理基督教领域热点难点问题五个方面引导和推动基督教沿着中国化方向发展。⑥ 王伟等人(2017)认为基督教的中国化需要在政治、文化、神学、法制和社会五个维度和层面付诸探索和实践。⑦ 黄海波(2017)基于长三角宗教信仰调查数据的实证分析,拓展对基督教中国化的理解,认为要从培育政府信任和建立各宗教以及世俗信仰体系间的公共互动空间两方面来进一步推进基督教中国化。⑧ 卓新平

① 王美秀:《基督教的中国化及其难点》,《世界宗教研究》,1996 年第 1 期,第 74-82 页。
② 莫法有:《基督教的中国化:历史和现实》,《复旦学报》(社会科学版),1999 年第 3 期,第 61-66 页。
③ 洪修平:《从佛教的中国化看基督教在中国的发展》,《世界宗教研究》,2006 年第 4 期,第 7-14 页、第 157-158 页。
④ 张志刚:《"基督教中国化"三思》,《世界宗教文化》,2011 年第 5 期,第 7-12、94 页。
⑤ 刘明,马国利,梁天元:《基督教中国化进程中的问题与思考——以黑龙江地区为例》,《黑龙江民族丛刊》,2015 年第 6 期,第 1-12 页。
⑥ 顾传勇:《我国基督教中国化问题研究》,《江苏省社会主义学院学报》,2016 年第 5 期,第 57-64 页。
⑦ 王伟,多海,张广亮:《论坚持基督教中国化方向的途径和方法》,《黑龙江民族丛刊》,2017 年第 4 期,第 189-193 页。
⑧ 黄海波:《信任视域下的宗教:兼论基督教中国化——基于长三角宗教信仰调查数据的分析》,《世界宗教研究》,2017 年第 3 期,第 144-156 页。

（2018）从政治处境视角出发，认为基督教中国化的第一步且关键的一步是要在政治层面实现中国化，即认同社会主义核心价值观和社会主义制度、体制，拥护共产党的领导，只有这样才可能进而推动社会、文化层面的中国化。

基于对以往关于基督教中国化的相关文献分析和自身在余干地区的实际调查研究，本文认为基督教中国化未来发展的路径应从政治处境认同、文化融合实践、神学思想建设和教会组织更新四方面着手，这样才能使中国基督教（Chinese Christianity）变为现实，完全实现基督教中国化这一伟大且艰巨的任务。

（一）政治处境认同方面

自 20 世纪初至今，中国基督教历经上百年时间还未完全实现基督教中国化这一主要任务，其中政治因素占有很大比重。基督教中国化的政治处境认同其实蕴涵着一个互动的过程：一方面，中国基督教对中国政治的认同，即要承认中国现有国家政权、具体政治制度；另一方面，中国基督教要得到中国政治的认可，即要遵守中国现有的法律法规及相关宗教政策，认真贯彻落实党和国家的宗教方针、政策。中国基督徒对于自己身份认同的顺序应该是：中国人—基督徒—中国基督徒。这就要求基督教信徒首先要做一个道德高尚的好公民，热爱祖国，拥护共产党的领导，遵守法律法规，尽职尽责地做好自身本职工作，其次才是去追求和掌握高深的神学知识。另外，教会应该用社会主义核心价值观引领和教育宗教界人士和信教群众，带领教徒积极投身社会服务和参与公益慈善活动，为当代中国社会的发展进步做出积极的重要贡献。同时，各级宗教管理部门应依法保护公民宗教信仰自由和正常的宗教活动，宗教干部应当提升自身法律、责任和服务意识，积极引导宗教活动在宪法、法律、政策允许的范围内进行，严厉打击各种邪教和非法宗教势力，防范利用基督教名义进行的非法、违法活动，维护社会稳定。

（二）文化融合实践方面

作为一种信仰,基督教等宗教是具有文化属性的,是一种特殊文化形态。基督教中国化是西方文明文化与中国固有文化不断交往交流,是适应中国社会背景与文化传统而必然发生的一种文化嬗变,也是所有外来文化在中国命运走向的一个缩影。中华文化历史悠久,博大精深,自古以来就主张"和而不同、求同存异、海纳百川、兼容并包"。中国基督教不仅要弘扬中华民族和基督教文化的优良传统,还要应机接物,顺应时代变化、社会发展和大众需求而不断地更新发展自己,要尊重地方风俗习惯,理解当地文化礼仪,主动参与一些传统节日庆典仪式(婚丧嫁娶、节日庆典等)。基督教中国化要扎根于中国文化、社会的沃土之中,对基督教在当代中国社会中的定位问题重新展开思考,将宗教目标转变为服务社会,积极参与慈善、募捐、扶贫等活动,为公益事业贡献力量。因此,基督教中国化在文化融合实践成功与否最终的判断标准在于能否探索出具有中国特色和风格的基督教文化,融入中华文化,同儒、道、佛为代表的传统思想文化一起发挥各自的社会服务功能和展现出参与社会文化建设的努力与追求。

（三）神学思想建设方面

基督教中国化的核心问题是神学问题,建设一种有中国特色的和谐神学是基督教中国化的关键所在。基督教的神学家虽然认为《圣经》的真理和基督的福音是不受时空和地域限制的,但是神学的思考却不能脱离教会所处的时代、地域、民族和文化传统。目前,西方社会福音派和基要派的神学已不再适合正处于中国特色社会主义新时代背景下的中国教会,中国基督教神学界有必要加强神学思想建设。当前,中国基督教在学理层面或神学层面的探索方面比较薄弱,神学中国化还处于零星探讨、不成形、不系统的阶段。[①] 中国基督教在神学思想建设方面,要消除对西方

---

① 赵晓阳,郭荣刚:《近现代基督教的中国化》,北京:中国社会科学出版社,2015年,第29页。

的依赖,驱除不适宜中国国情的内容,形成具有中国特色的神学思想体系,真正实现基督教教会身份的中国化。而神学思想建设的宗旨要立足《圣经》,需要对基督教的教义学说有深刻的理解和消化,汲取教会传统的精华,凡是符合《圣经》,有利于适应社会主义社会,有利于建设好中国教会的神学观点都应该进行深入研究。同时,中国化的基督教神学应该是大众化的神学,不但要用中国文化诠释基督教理论,而且还要与中国各地区教徒的实际生活相适应,考虑到广大教徒的实际信仰水平,以当代人能够明了的语言来阐述基督教的信仰与道德规范,引导信徒正确地认识神,激发人们产生积极向上的人生态度。另外,针对中国当下的社会热点问题及基督徒可能面临的困境("空巢老人""非法集资""互联网+""手机控"等),中国基督教应积极从神学方面进行思索、解读和应答,切实为信徒守望一片"神圣的帷幕"。

(四)教会组织更新方面

教会具有两重性,一方面,教会是基督的奥秘,有其属灵的一面;另一方面,教会又是一个社会组织,应该具有适合国情且与时俱进的管理体制、组织形态和规章制度。因此,为更好地服务中国信徒和中国社会,并为基督教的正常发展和其中国化进程提供保障,教会应加强自身建设,及时进行组织更新。一是为适应互联网时代和社会变化的新趋势,及时关注社会及教会热点问题,积极学习运用互联网等先进的传播手段提供网络服务,并努力抵制商业化,以使教会服务更加规范;二是继续推进社会服务和慈善事业,进行常规化的社会服务事工培训与社会服务项目,并成立专门性团契组织和社会服务组织,面向社会,开展赈灾救济、扶贫助困、慈善救助等活动;三是继续加强神学院校和教职人员队伍建设,以推进院校正规化建设为契机,着力规范基督教神学院建设,在全国各地区成立基督教神学院或者举办神学班以便培养专职传教人员,吸引有较高文化水平的青年人加入传教队伍,为推进基督教中国化提供人才支撑,同时对现有牧师、长老、传道人等传道者进行神学知识的再培训,努力提高其传正道、讲真经的能力和水平，促进基督教教职人员整体能力水平和综合素质的提高；四是加强基督教场所建设，在硬件方面要逐步完善基督教场所功能设施，以满足信教群众信仰生活的需要，在软件方面要按照法治的理念和思维完善各项规章制度，并切实贯彻执行现有的规章制度。

文化遗产视域下道教中国化路径探析

——以江西省为例

江西省民宗局宗教一处副调研员　胡　卓

在 2016 年全国宗教工作会议上，习近平总书记强调，积极引导宗教与社会主义社会相适应，一个重要的任务就是支持我国宗教坚持中国化方向。坚持中国化方向，对于外来宗教而言，重点解决的是如何适应中国环境，也就是如何根据中国的历史与现实、习俗与信仰、伦理与制度等多层面的社会文化情状来进行教理教义的重新解读与传播方式的调整；对于本土产生的宗教——道教而言，重点解决的是如何保持本色、适应本国新时期新情况的问题。[①]

道教作为我国土生土长的宗教，如何保持本色是道教界应该深入思索的问题。道教有着丰富荟萃、底蕴深厚的文化内涵。道教文化是独具中国特色的文化资源，其中所蕴含的养生、医学、绘画、雕塑、音乐等是中国传统文化的重要组成部分，这些闪烁着智慧光芒的道教优秀文化一直对经济社会发展发挥着积极作用。所以，道教文化遗产的发掘、保护及利用，是推动道教优秀文化良好传承、树立文化自信、坚持道教中国化的有效手段。江西是中国道教的重要发源地之一，在历史上乃至今天都扮演着举足轻重的角色。本文梳理江西省道教文化历史脉络，分析道教文化遗产发掘、保护及利用的现状，研判存在的问题，从道教文化遗产的角度出发，探索道教中国化的有效途径。

[①]　詹石窗：《树立文化自信，坚持道教中国化方向》，《中国民族报》，2019 年 1 月 1 日。

一、江西道教文化历史

江西省位于我国中部,是中国道教的重要发祥地之一。第一代天师张道陵在江西省鹰潭市龙虎山炼丹传道始,创建天师道,世袭相传长达六十多代,迄今绵延近两千年。江西还有开创于东吴时的清江灵宝派,有奉晋代许逊为祖师、创立于宋末元初的净明道。自古以来,省内名山大川、风景胜地是神仙方士和黄老道门活动的重要场所。

从文化上看,江西地处吴头楚尾,受吴楚文化及越文化影响颇深。有学者指出,"道教的主要源头,接近古代荆楚文化和燕齐文化,道家、黄老和神仙方术皆发源于这两大文化区域"。① 因此,江西道教历史源远流长、教派叠起、高道辈出、影响突出。从宗教地理学上看,道教素有三十六洞天、七十二福地之说。根据杜光庭的《洞天福地岳渎名山记》,江西境内有五个洞天和十二个福地,江西道教文化及产物在中国道教文化中占有重要地位。从道教历史上看,宋朝时以江西阁皂山为传播中心发展的阁皂宗,与龙虎宗、茅山宗鼎足而立,合称三山符箓,元朝时江西龙虎宗为"正一教主,主领三山符箓",南方道教的三大宗坛,交由龙虎山天师统领。由此,江西道教文化遗产的传承、保护和利用显得尤为重要。

二、江西省道教文化遗产的现状

道教文化遗产可分为道教文化和道教文化产物两类。道教文化主要为无形的文化,道教文化产物主要为由道教文化衍生出的建筑物、绘画、音乐、舞蹈、器物等文化传承的载体。目前,江西省道教文化及其衍生文化已经列入国家级、省级非物质文化遗产的有 31 项(见下表)。

---

① 牟钟鉴、张践:《中国宗教通史》,北京:中国社会科学出版社,2007 年修订版,上册第 202 页。

序号	项目名称	类别	保护单位	项目批次
1	＊道教音乐（龙虎山正一天师道道教音乐）	传统音乐	龙虎山道教协会	国四
2	龙虎山正一天师道斋醮科仪	传统舞蹈	龙虎山道教协会	省三
3	葛仙山道教音乐	传统音乐	铅山县葛仙山寺观管理委员会	省五
4	＊庙会（西山万寿宫庙会）	民俗	新建区非物质文化遗产研究保护中心	国三
5	万寿宫文化	民俗	西湖区非物质文化遗产研究保护中心	省二
6	上饶石人殿庙会	民俗	上饶县灵山石人殿道观管理委员会	省三
7	鄱阳管驿前晏公庙会	民俗	鄱阳县文化馆	省四
8	南丰妆迎	民俗	南丰县跳傩研究保护中心	省三
9	三僚堪舆文化	民俗	兴国县文化馆	省二
10	会昌赖公庙会	民俗	会昌县非物质文化遗产保护中心	省四
11	乐安罗陵庙会	民俗	乐安县文化馆	省三
12	广丰道士戏	传统戏剧	广丰区文化馆	省五
13	峡江玉笥山传说	民间文学	峡江县非物质文化遗产保护中心	省四
14	都昌老爷庙传说	民间文学	都昌县非物质文化遗产保护中心	省三
15	丰城许真君传说	民间文学	丰城市非物质文化遗产研究保护中心	省三
16	樟树阁皂山传说	民间文学	樟树市非物质文化遗产研究保护中心	省四
17	龙虎山张天师传说	民间文学	鹰潭市道文化研究会	省四
18	麻姑仙女传说《沧海桑田》	民间文学	南城县文化馆	省一
19	＊万载开口傩	传统舞蹈	万载县非物质文化遗产研究保护中心	国二

20	宁都中村傩戏	传统戏剧	宁都县非物质文化遗产保护中心	省一
21	永丰傩舞	传统舞蹈	永丰县非物质文化遗产保护中心	省三
22	*傩舞（婺源傩舞）	传统舞蹈	婺源县文化研究所	国一
23	上栗傩舞	传统舞蹈	萍乡市上栗县文化馆	省三
24	安源傩舞	传统舞蹈	安源区文化馆	省四
25	芦溪南坑车湘傩舞	传统舞蹈	萍乡市芦溪县文化馆	省三
26	*傩舞（乐安傩舞）	传统舞蹈	乐安县文化馆	国一
27	崇仁尧岗傩戏	传统舞蹈	崇仁县文化馆	省五
28	宜黄神岗傩舞	传统舞蹈	宜黄县文化馆	省四
29	*萍乡湘东傩面具	传统美术	萍乡市湘东区文化馆	国一
30	*傩舞（南丰跳傩）	传统舞蹈	南丰跳傩研究保护中心	国一
31	南丰傩面具雕刻	传统美术	南丰跳傩研究保护中心	省三

（一）道教文化

1."洞天福地"文化

按照道教的说法,洞天福地是人间仙境,在那里能得到神灵的佑护和仙人的指点,是凡人得道成仙的地方。洞天福地多以名山为主,或兼有水域。"洞言通也,一方面称洞室可以通达上天,另一方面又认为居山修道可以成神通天;福指福祥,谓就地修道可以福度世。"①千百年来,众多道士遁迹于洞天福地之中,"得山川之灵气,受日月之精华"。随着历史的变迁与道教文化的传承,洞天福地文化不断完善、发扬,在道教文化长河

---

① 卿希泰:《中国道教》第四卷,上海:上海知识出版社,1994 年。

中占据了重要的位置。历代道士多往其间建设宫观修道修仙,留下了不少璀璨文化于山水之间。布在江西境内,其中洞天福地兼而有之的有5座名山,即龙虎山、西山、庐山、麻姑山和玉笥山,这在全国来说是很少见的。

（1）"洞天"文化

据《洞天福地岳渎名山记》记载,江西共有5处洞天,分别是庐山洞、西山洞、鬼谷山洞、玉笥山洞、麻姑山洞。其中西山的许真君传说、万寿宫庙会,麻姑山的麻姑文化已经列入省级非物质文化遗产名录。

玉笥山洞（太玄法乐天——第十七洞天,吉安市峡江县）。峡江玉笥山传说被列入第四批省级非物质文化遗产名录。玉笥山洞,又名笥山洞,在峡江县九仙峰南彤霞谷内,属三阳之地,象八卦之形,称为太玄法乐天,又称大秀法乐洞天,是真人梁伯鸾主治之所。

麻姑山洞（丹霞天——第二十八洞天,抚州市南城县）。麻姑仙女传说"沧海桑田"被列入第四批省级非物质文化遗产名录。麻姑山原名丹霞山,位于南城县西部,主峰海拔1176米。唐玄宗开元年间（735—746）,因本山道士邓紫阳奏立麻姑庙而得名,洞天福地兼而有之。麻姑庙的建立,在道教中开创了单独祀奉麻姑的先例。唐大历六年（771）四月,唐代大书法家、抚州刺史颜真卿再次登麻姑山游览仙坛,挥笔写下了记述麻姑仙女和仙人王方平在麻姑山蔡经家里相会的神话故事的楷书字碑《有唐抚州南城县麻姑山仙坛记》。宋时,麻姑山为南方天师道的一个活动中心。清同治五年（1866）编纂《重弄麻姑山志》记载说:"盛朝定鼎之后,海宇升平,渐次修葺,蔚为巨观。"因而成为我国东南道教活动中心之一。

庐山洞（洞灵真天——第八洞天,九江市庐山）。仙人洞位于庐山牯岭西锦谷侧,洞为砂岩构成的天然岩洞,高6米,宽12米,纵深14米。相传吕洞宾曾在此洞中修炼,直至成仙,后人为奉祀吕洞宾,将此洞窟更名为仙人洞。"天生一个仙人洞,无限风光在险峰",毛泽东于1961年题咏的诗名,使仙人洞名扬四海。

西山洞（天柱宝及玄天——第十二洞天,南昌市新建区）。王勃的名篇《滕王阁序》中"画栋朝飞南浦云,珠帘暮卷西山雨"里的"西山"指的是今逍遥山之西山洞天胜境,在南昌市新建区。西山万寿宫初名许仙祠,晋宁康二年(374)八月初一,净明道祖许逊功行圆满,得道成仙,携家四十二口"拔宅飞升",族民乡绅立许仙祠祀之。宋太宗、真宗、仁宗等先后赐书"游帷观"为"玉隆宫",宋徽宗手书"玉隆万寿宫"匾额,册封许逊为"神功妙济真君"的尊号,并下旨塑仁宗皇帝像,供奉在西山万寿宫里,所以民间有"真君神像仁宗貌"的传说。元代,玉隆万寿宫为江南正一符箓道派四大宗坛之"净明宗坛"。1957年7月,西山万寿宫列为江西省文物保护单位。许真君的传说还作为民间文学列入省级非物质文化遗产名录。

西山万寿宫是净明忠孝道的祖庭,倡行忠孝净明,以天地和一、心净无染、大忠大孝为根本的一种修行方法,以"忠、孝、廉、慎、宽、裕、容、忍"为源,依此修行自然可以得道成仙。净明道以忠孝伦理道德为主要教义,并将忠孝扩展到整个社会,让天下不讲忠孝的人悔悟。重点突出忠孝的社会教化作用。

万寿宫文化。"九州三省有会馆,江西只认万寿宫",千百年来,净明道祖许真君在江西民间享有崇高虔诚的信仰,尊为"江西福主"。万寿宫成为多行业、多层次人士朝拜的祠庙,是保护航运商贸安全,安定民心的精神支柱。在全国乃至全世界,只要是江西人聚集谋生的地方,都会建有万寿宫,据不完全统计明清时期全国20多个省市有1300多处供奉许真君的万寿宫。中国台湾、中国香港及东南亚国家如新加坡、马来西亚等都有供奉许真君的万寿宫。在两湖和云贵川,万寿宫遍城乡,表明江西先民虔诚崇拜许真君的家乡观念,为赣文化谱写了一篇辉煌灿烂的史诗。万寿宫文化是赣文化的典型代表,而万寿宫文化主要精粹是许真君的忠孝伦理文化。西山万寿宫作为净明道的祖庭,在海内外千余座万寿宫中地位尊崇,誉名海内外道教界。

鬼谷洞(贵玄司真天——第十五洞天,鹰潭贵溪市)。鬼谷山又名云梦山,位于贵溪市,因鬼谷先生到此云游讲学而得名。《龙虎山志》载:

"鬼谷山者,在贵溪县南八十里,第十五洞天,号'贵元思真'。是山周回七十里,峰峦郁峻,溪壑幽深,迥出人寰,实为仙府。按《洞天记》:即鬼谷先生修真之所。"古时建有凝真观和天乐道院。凝真观位于上清宫南七十里之鬼谷洞的山脚处,属正一道观,由南唐中主李璟及后主李煜出资修建。天乐道院位于凝真观之东,与凝真观同年代兴建。后大部分被毁,仅留长 33 米高 10 米的石壁还保存完好。除此之外,《龙虎山志》还记载,在鬼谷洞周围有"苏秦台、张仪井 、孙膑寨、庞涓井"等,是闻名千古的遗迹。鬼谷洞于 1986 年列为贵溪县文物保护单位。2006 年 12 月列为江西省文物保护单位。

（2）"福地"文化

《天宫地府图》云:"七十二福地,在大地名山之间,上帝命真人治之,其间多得到之所。"①江西有三十六福地中的十二个福地。

郁木洞(第九福地,吉安市峡江县)。郁木洞,又名郁木坑,在吉安市峡江县玉笥山南。承天宫即是郁木福地之宫。初名"玉梁观",相传,西汉初年天坠玉梁于洞,东汉建安元年(196),曹操挟天子迁都许昌,大兴土木,遣人取梁,使者至此,玉梁化白龙飞逝,建观遂号"玉梁",因梅福曾居此修炼,故又名"梅仙观",嗣后陆续建有几十座观院。唐朝景云和开元年间,睿宗李旦、玄宗李隆基两朝遣使建河图,设金箓大醮,因之名声大振。北宋大中祥符元年(1008),真宗敕改为"承天观",并赐额,宣和元年(1119),徽宗下诏升承天观为"承天宫"。至元二十六年(1289)元世祖降旨加"万寿承天宫"。元朝毁于兵燹。

龙虎山(第三十二福地,鹰潭市)。龙虎山张天师传说被列入第四批省级非物质文化遗产名录。龙虎山位于江西省鹰潭市西南 20 公里处。清雍正《江西通志》卷十一云:"龙虎山在贵溪县南八十里,两峰对峙,状若龙虎。"②龙虎山是天师道发展到龙虎宗时张陵后嗣居住之地,是龙虎

---

① 《道藏》第 22 册,北京、上海、天津:文物出版社、上海书店、天津古籍出版社联合出版,1988 年,第 201 页。

② 《景印文渊阁四库全书》,台北:台湾商务印书馆,1986 年,第 363 页。

宗、正一道的中心，在道教诸多名山中居重要地位。"南国无双地，西江第一家"，龙虎山不仅创建了道教龙虎宗，而且以龙虎宗为主干，融汇了符箓各派，进而形成了以历代天师为教主的正一道，成为我国江南地区的传教布道中心。现尚保存完好的"嗣汉天师府"是历代张天师起居之所，规模宏伟，建筑瑰丽，号称"南国第一家"。

天师府原称"真仙观"，宋崇宁四年（1105），始建于上清镇关门口。元延祐六年（1319），迁建至上清长庆坊，在今上清镇西。现存木构建筑均为明清遗物。1983年被列为全国重点宫观保护单位。现在的天师府占地4.2万余平方米，尚存古建筑6000余平方米。它坐北朝南，在保持明清建筑的基础上，以府门、二门、私第为中轴线，修建了玉皇殿、天师殿、玄坛殿、法局和提举署、万法宗坛等，从而把宫观与王府建筑合为一体。门前庭院正中镶嵌着八卦太极图。八卦代表宇宙间的"天地水火风雷山泽"，太极图显示阴阳对立统一的辩证法和动态平衡的哲理内蕴。府门上楹联"麒麟殿上神仙客，龙虎山中宰相家"，形象地表达了历代天师既是"神仙"，又是"宰相"的双重显赫地位，阐明了天师道与历代皇权的密切关系以及对追求成仙的渴望。明代朱元璋则更对道教恩宠有加，有"北孔（孔夫子）南张（张天师）"之称，而龙虎山天师府的建筑规模是全国所有私家府第中唯一可与孔府相媲美的。龙虎山景区现为世界地质公园、国家自然文化双遗产地、国家5A级风景名胜区、国家森林公园、国家重点文物保护单位。

灵山（第三十三福地，上饶县东北）。上饶石人殿庙会被列入第三批省级非物质文化遗产名录。东晋升平年间（357-361），葛洪遍游灵山，先择麒麟峰结庐传道，后择葛仙峰为址，广收道徒传道。灵山道教鼎盛于唐、宋。鼎盛时期，山山道教音乐悠扬，处处道士诵经之声不断。据唐《云典》记载，上饶共有宫观99所，绝大部分都建在灵山的奇峰秀谷之中。

金精山（第三十五福地，赣州市宁都县）。金精山，位于赣州市宁都县西北郊。相传西汉初（220年后），民女张丽英在金精山修道成仙。后宋徽宗亲笔御赐张丽英为"灵泉普应真人"①。金精洞洞内洞外还保留有大量的古代崖刻、遗迹，北宋皇祐年间摩崖石刻竖写"金精福地"仍清晰可见。金精山道教文化，一是倡导精、气、神的修炼，二是体现"三教归一"的和谐理念，三是充满爱民、济世、守道的人文精神。

阁皂山（第三十六福地，樟树市）。樟树阁皂山传说被列入第四批省级非物质文化遗产名录。阁皂山是道教灵宝派的祖山，位于樟树市区东南。主峰凌云峰海拔800余米，极有利于野生中药材的生长，历来以药灵、道灵、山水空灵著称于世。灵宝派祖师的葛玄在游历诸名山后，"最后于阁皂山东峰卧云庵筑坛立灶，以炼金丹"②。自葛玄之后又有道人张道陵、葛洪、丁令威、陶弘景等在阁皂山采药炼丹、行医布道，阁皂山被称为灵宝基地。大万寿崇真宫位于阁皂山东峰之南麓，原为吴嘉禾二年（233）葛玄再次入山时所结的卧云庵，1246年南宋理宗崇封为"大万寿崇真宫"。道教宫观前冠"万寿"者很多，而冠"大万寿"者，则是绝无仅有的。在宋代，阁皂山与金陵（今南京）茅山、广信（今贵溪）龙虎山为我国道教三大传箓圣地，有"天下名山，道教福地，神仙之馆"的誉称。

元晨山（第五十一福地，九江市都昌县）。苏山原名元辰山，地处都昌县境内西北部左里镇与苏山乡交界处。相传晋湖南郴州人苏耽奉母结庐修炼于山上得道成仙。据晋代葛洪所著《神仙传》载：苏耽修炼得道后，乃跪别母，说："某受命当仙，被召有期，仪卫已到，当违奉养。"母含泪说："汝去之后，我如何存活？"苏耽说："明年天下瘟疫，岩边井水，井旁桔树，可以代养。井水一升，桔叶一枚，可活一人。"次年，果然发生大瘟疫。苏母用井水、桔叶救活无数人，亦得道仙去。后人遂称此井为桔井，名闻天下。

马蹄山（第五十二福地，上饶市鄱阳县）。马蹄山位于鄱阳县鄱阳镇。相传东汉建安十二年（207），有仙人王遥入山修炼后于此处白日飞

---

① 江西省地方志编纂委员会：《江西省宗教志》，北京：方志出版社，2003年，第211页。

② 《道藏》第6册，北京、上海、天津：文物出版社、上海书店、天津古籍出版社联合出版，1988年，第849页。

升,不但留下诸如仙人骑马飞升时的马蹄印记,这里也成为道家择观的福址。隋大业二年(606),道士曹志虚正式建观,仙坛观鼎盛时,观宇巍峨,香火旺盛,占地规模极大,当时观有十景之说,即:马迹山势、道汉湖光、延祥观宇、朝斗灵坛、药炉苔藓、丹井清泉、方池珠漾、驾虹渡马、马迹波谷、柏潭降虎。范仲淹曾赋诗:"灵台拱上百神清,碧坞红霞相映明。曲径犹无青草合,乱峰时有白云生。亭亭翠蘑高山蠹,隐隐狂雷落石轰。待得丸霄弯鹤驭,玉书应改地仙名。"可见,在北宋时,仙坛观(当时叫延祥观)便已闻名遐迩,声名显赫。此后,仙坛观见证朝代更迭兴废,到清代同治后观宇倾圮。

2.其他道教文化

葛仙山——道教灵宝派的起源处。葛仙山道教音乐被列入第五批省级非物质文化遗产名录。葛仙山原名云岗山,位于上饶市铅山县中部。据《铅山县志》载,葛仙山为中国道教灵宝派开宗立派的始祖葛玄"修炼升天处","铅山邑小而道集其大",故后人将云岗山易名为葛仙山。葛仙山因"仙"而名,玉虚观立"观"为祀。唐宋四帝先后敕封,宋明三相登山朝谒,明代天师奉诏降香,历代邑宰循例祭祀,地方史志著文记载,百姓朝拜香火不断,千年传颂世代流传。葛仙山奉行灵宝道派"尊道贵德、无量度人""齐同慈爱、异骨成亲"的宗旨,以忠孝和顺仁信为本,伦理道德教化为源,圆融三教文化。葛仙山集道教文化、民俗文化于一体,集自然景观、人文景观于一山。葛仙山每年举行各种传统活动,如:"开山门""关山门"活动、朝圣庙会、葛仙翁诞辰庆典、除夕葛仙殿千人守岁等,年久不衰,形成了葛仙山道教文化的独特风貌。

灵宝道派的教义思想、宗派旨趣、经教学术、斋醮科仪、符箓丹道、法术仪轨等精义,对道门各派的影响是深远而巨大的。灵宝斋仪依然是道教最常用的仪式和轨范,为各门派所融摄和吸收。葛仙山从2008年开始,成立了道教文化研究室,配备了具有一定专业水平的人员,加强了道教文化研究,《葛仙山民间故事》由宗教文化出版社出版。

三清山。东晋时葛洪率弟子"结庐炼丹"于此,建道观碧莲宫,并在此著书立说,宣扬道教教义。根据《沪田王氏重修宗谱》残卷《三清宫记》所载,三清山的道统是丹鼎和符箓两派的融汇。其记云:三清山"昔吴葛仙翁、李尚书、李仙姑炼丹登真之所"。唐乾符年间(874—879)信州太守王鉴,奉僖宗旨抚民至三清山北麓,见山奇水美,仙气飘逸,遂携家归隐三清山北,宋代乾道六年(1170),王鉴后裔王霖捐资开发三清山,寻找古人炼丹遗址,创建道观殿宇,供奉道教神灵。明景泰七年(1456),王霖后裔王祐又捐集巨资,再建三清宫,并以三清宫为中心,按《易经》八卦太极图式布局修建了龙虎殿、演教殿、九天应元府、纠察府、风雷塔、飞仙台等建筑,气势宏大、内容丰富、布局缜密,凸显了道教文化意蕴和理念。古建筑群包括宫、观、府、殿、亭、台、坊、塔、桥、池、泉、井以及山门、华表、石造像、石香炉、石刻楹联、摩崖题刻等 100 余处。

3.由道教衍生或影响的民间信仰文化

道教是我国本土宗教,自古以来就与民间鬼神传说、民俗等文化相互融合、相互滋长。"道教的神灵系统,原本根植于民间信仰,它是与民间信仰最接近的宗教。"①"民间神信仰与道教是互动关系,相互影响相互促进并发展。"②一些民俗风物因为在道教因素的影响下,呈现出了一定程度的宗教色彩,并以文化的形式传承和影响人类。

婺源县五显文化。五显文化起源于唐朝光启年间。相传五显神下降于婺源县城北王瑜家园林中,王瑜闻之有司,捐地输币肖像建庙,因五显神有五种神通,故庙名定为"五通庙",建立最早的五显信仰。明弘治:《徽州府志》卷五《祀典》记载:至宋大观三年,灵应事迹颇多,宋徽宗赐庙额曰"灵顺庙"。后宋高宗梦中得五显神治疗疾病,对五显神极为推崇,以婺源"灵顺庙"为蓝本在杭州修有七座灵顺庙。到元朝,五显信仰进入高速发展期,五显神在宋明时不仅被封为王,并且被列为官方祭祀对象,晚明以后又由于其"使人乍富"的神通而被尊奉为财神。一千多年来,婺

① 复旦大学文史研究院编:《民间何在谁之信仰》,北京:中华书局,2009 年。
② 范正义:《民间神信仰与道教的互动 以闽台保生大帝信仰为例》,《华侨大学学报》,2005 年第 4 期。

源五显信仰无论在官方还是在民间都延续着,随着徽州商人的足迹而逐渐分布到江浙、福建等地,后进入台湾。经过历代发展,在全国有着广泛的信仰基础。其中以客家人聚集地传播最为广泛,特别是在我国东南沿海、台湾地区,乃至东南亚华人聚集地,是仅次于妈祖的第二大信仰。

作为五显发源地,婺源具有潜在的深厚影响力和文化底蕴,具有相当大的保护和发掘价值。婺源县开展了婺源境内五显庙宇普查,整理民间五显信仰的基本状况,并于 2013 年 7 月成立了婺源县五显文化研究会,聚集本县地方文化研究人才,深入开展五显文化研究,经中国道教协会的认定和支持,已与台湾中华五显大帝庙宇发展协会、台湾天显宫就恢复和重建五显大帝祖庭进行了多次沟通和交流,并召开首届中华五显大帝信仰文化交流暨研讨会,理清历史脉络,商谈恢复和重建祖庭。

水神信仰:萧公水神信仰。萧公信仰是明清时期广泛盛行于内河各流域保障舟楫安全的水神信仰,源于江西省新干县大洋洲镇一萧姓祖孙三代。早期萧公庙只是以宗族家庙的形式存在,逐渐成为地方性水神信仰,后在明朝朝廷的赐封下成功登上了国家正祀的舞台。萧公信仰也开始向江西以外地区迅速扩展。在萧公信仰对外扩展的过程中,其信仰群体不断增加,由最初的乡民、水手拓展到囊括社会的各个阶层,而且萧公神职越趋丰富,从单纯的水神演变为全能之神。从明弘治开始,萧公信仰的发展趋势由官方开始转向民间化,体现了祠神信仰具有很强的社会适应性。萧公信仰成为明清时期一种影响广泛的社会信仰现象。

鄱阳水神信仰。鄱阳管驿前晏公庙会被列入第四批省级非物质文化遗产名录。鄱阳水神信仰以晏公、定将王神为主。晏公庙始建于明洪武年间,是古饶州地区较有影响的水神庙宇,"官民舟楫,出泊必祷"。它与本地黄龙庙上下呼应,成为饶河水道进出饶州的"关隘"所在。晏公原是江西一带的地方水神。《三教源流搜神大全》卷七记载朱元璋屡见其灵,曾封宴公为神霄玉府晏公都督大元帅,命人司祀。从此,晏公走出江西,成为全国性的河神。从水乡民众对水神的崇拜中可以看出神祇信仰与地方民情风俗之渊源。

傩文化。素有吴头楚尾之称的萍乡市,历史地域文化处于古巫楚文化和百越文化的交汇点,其文化形态有着华夏文化与蛮夷文化融合的鲜明特征,古老、神秘、完整的傩在这里得到了繁衍传续,有"五里一将军,十里一傩神"之称。赣西傩自商周就相当兴盛。宋时,由于赣西"正一教"道士进入傩班,将道教与巫傩相结合,一大群出自道教的鬼神进入傩坛,扎红头巾,吹牛角号是赣西傩与道教结合的典型特征。在历史递衍中,经儒、释、道家及地方风俗的介入和改造,傩在民间迅速发展,众多傩庙建立于山野村间,傩祭、傩戏相映,图腾、面具共崇,傩事活动长盛不衰。傩这种原生态的文化活动,承载着百姓对先灵的崇拜,对美好生活的憧憬。法国艺术委员会主任吉莱姆先生对希腊、印度、孟加拉国等地的傩进行比较研究后赞叹:"湘东丰富而多彩的傩文化,生动地表现了原始人类的思想情感,是研究人类社会发展的重要材料,而在保存的完整性和丰富性上,堪称世界的瑰宝。"赣西傩仪沿袭古礼,有出傩、收煞、招兵、造船、荡秽、垫土、藏海、开光等基本内容。2006 年,湘东傩面具被国务院公布为第一批国家级非物质文化遗产,2011 年,湘东又因傩面具被文化部命名为"中国民间文化艺术之乡"。除了湘东,还有乐安傩舞、婺源傩舞、南丰跳傩、宁都中村傩戏、万载开口傩等 13 项被列入省级非物质文化遗产名录。

(二)道教文化产物

1.龙虎山斋醮科仪

龙虎山正一天师道斋醮科仪被列入第三批省级非物质文化遗产名录。正一天师道的斋醮文化,是道教特有的宗教形式,通过斋醮,祈祷神灵保佑、赐福消灾或为亡者追荐超度。东汉顺帝汉安元年,张道陵在四川创立"五斗米道"并编制《天官手书》等与斋醮相关章程礼仪,此时的天师道斋醮以直诵为主,伴以击鼓、敲盆、念咒及喝符水等,仪式相对简单但已初步成形。后经北宋寇谦之、南朝陆修静等道教宗师逐步修订并融入民乐、唱腔、舞蹈等新的形式,制订了一整套完整的斋醮仪范。到唐代,道教为国教,斋醮活动盛行并逐渐成熟。历宋、元、明、清,一部分科仪亡佚,大部分完善并传承至今。

现行道教正一派斋醮科仪分两大类:以祈福、消灾、开光为主的清醮(又称阳醮)和以度亡、追荐为主的幽醮(又称阴醮)。宫观道士逢重大节日或应斋主要求举斋醮,音乐以民乐为主,唱腔以弋阳高腔为主要特色。参加斋醮的道士一般为四至七人,中大型斋醮有几十人或数百人。法师身着金丝银线刺绣的图案花纹服饰。主要舞蹈动作有捐诀、叩齿、步罡、礼拜等。目前,龙虎山天师府设有日常斋醮道场,每年举办正一弟子传度授箓活动,组织青年道士参加科仪培训班等。

2.龙虎山正一天师道道教音乐

龙虎山正一天师道道教音乐被列入第四批国家级非物质文化遗产名录,代表性传承人张金涛国家级代表性传承人。道教认为,在祈愿祝福的斋醮仪式中,道教音乐具有"感动群灵"的作用。正一天师道音乐的渊源,可追溯到三代殷周时的"巫祝"。《书·伊训》:"敢有恒舞于宫,酣歌于室,时谓巫风。"又称:"巫以歌舞事神。"千余年来,天师道音乐在民间音乐和南方戏剧音乐相融合的基础上发展起来,它广泛地吸取了唐、宋以来的宫廷音乐,其区域特色以江西赣剧的"弋阳腔"为主,而道教独创的"上清腔"则是主腔调。宋元以后,张天师"主管三山符箓"又"掌管天下道教事",故天师道音乐又极大地影响了江南的各大道派。故正一道音乐已流传到长江以南各省包括西南少数民族地区。正一天师道音乐唱腔显著特色是"一唱众和",以打击乐和丝、竹、弦、管等乐器配乐伴奏,另有道教宗教文化特色的"磬""木鱼",既具南方温柔敦厚之雅韵,又兼北方慷慨激昂之气质。它对于研究中国古代音乐的发源衍变以及各种派系的发展方向有着重要的参考作用,对研究道教哲学思想具有重大的现实意义和深远的历史意义。龙虎山天师府与武汉音乐学院合作,已搜集并整理正一天师道音乐曲牌100余首,并组织经乐团,多次参加全国道教界及国际性的道乐演奏交流。

3.葛仙山道教音乐

葛仙山道教音乐被列入第五批江西省级非物质文化遗产名录。2019年,铅山县葛仙山寺观管理委员会被命名为"2019—2021 年度江西省非物质文化遗产传播基地"。葛仙山道教音乐始于宋代,是葛仙山太极观(今玉虚观)进行斋醮仪式时,为神仙祝诞,祈求上天赐福,降妖驱魔以及超度亡灵等诸法事活动中使用的音乐。除了打击乐器钟、磬、鼓等,到清代还增加了吹管和弹拨乐器。葛仙山道教音乐经韵曲调,兼具江南丝竹、赣东北赣剧委婉、俊美、清澈、秀丽的韵味。如:西皮、二板、六卜子等赣剧唱腔进入葛仙山道教音乐。葛仙山道教音乐不仅是传统道教文化的一个重要组成部分,而且对中国民族音乐文化的发扬也有重要价值。葛仙山道教音乐声乐的形态分为很多种,有吟诵、念唱、咏唱等。使用的乐器包括锣、鼓、磬、木鱼等打击乐,笛、箫、唢呐等吹管乐以及二胡、板胡、等弹拨乐。目前,葛仙山道教音乐第十代传人饶明亮道长整理了近百首曲谱。

4.三清山道教古建筑群

"道教建筑的建造手法和风格来源于皇室宫殿,又有创新,是研究中国古建筑的重要实物,它既有工程建筑学的研究价值,又有工程艺术学的研究价值。"[1]卿希泰在《中国道教》中提到,道教建筑分为两种,第二种五行八卦式建筑,以三清山丹鼎派建筑为代表。三清山道教古建筑群历史悠久,位于江西省上饶市三清山风景区世界遗产地内,素有"江南第一仙峰,天下无双福地"之誉,为历史上江南道教圣地之一。

三清宫总体建筑按先天八卦图式布局,在三清宫的周围,按八卦方位排列着雷神庙、天一水池、龙虎殿、涵星池、王佑墓、詹碧云墓、演教殿、飞仙台八大建筑,前后两殿为太极图中心的阴阳二极。北方为坎卦,有天一水池;西南为坤卦,有演教殿;东方为震卦,有龙虎殿;南方为离卦,有雷神庙(九元天应府)。正如詹石窗所言:"整个建筑风格随时按后天八卦方位布局的,但又体现了由后天而返先天的炼丹旨趣。"[2]它的南北中轴线

---

[1]　卿希泰:《中国道教》,上海:上海知识出版社,第四卷。
[2]　詹石窗:《易学与道教符号揭秘》,北京:中国书店,2001 年,第 128 页。

特别长,所有其他建筑都在这条中轴线的两端一一展开,构成一个严密的建筑体系。这是由道教内丹学派取人体小宇宙对应于自然大宇宙,同步协调修炼"精气神"思想在建筑上的反映。三清山道教古建筑群既印证了三清山厚重的道教文化,又反映了我国古代江南的灿烂文明,是研究道教文化乃至民族传统文化悠久历史传承的一处丰富的文化宝藏,被誉为"道教建筑的露天博物馆"。1985 年公布为德兴市第一批文物保护单位,1987 年公布为江西省第三批文物保护单位,2013 年被国务院公布为第七批全国重点文物保护单位。

5.西山万寿宫庙会

西山万寿宫庙会被列入第三批国家级非物质文化遗产名录。西山万寿宫庙会源自东晋时期祭祀净明道祖师许逊飞升成仙之日(农历八月初一),至今已有 1600 余年,活动场所位于江西省新建区西山镇万寿宫。万寿宫文化是赣文化典型代表,而万寿宫文化主要精粹是许真君的忠孝伦理文化。千百年来,许真君在江西民间享有崇高虔诚的信仰,西山万寿宫作为净明道唯一祖庭,在海内外千余座万寿宫中地位尊崇,享誉全球道界。参加庙会的人员来自江西省各县市,其中南昌县、新建区、樟树市、丰城市和高安市的居多;不少祖籍是江西的外省人员也来参加,以湖南、湖北、贵州、云南和四川的人员最盛。每年来参加庙会的人数超过五十万人。

朝仙进香团多以宗族为单位,皆冠有其名,如"丰城剑邑万寿进香""樟树熊氏万寿进香"等等,并推选了具体负责人,人数多则数百人,少则几十人,分工较细,进香的香烛礼担在前,后为旌旗,旗上多用金丝线绣有"万寿进香"等字样,随后紧跟民间乐团,乐团一般有鼓、锣、唢、铙等,乐团之后为进香群众,进香群众统一着有地方特色的上装,多为红、黄两种颜色。自万寿宫山门前,进香团便有组织地三跪九叩徐徐而入,场景十分壮观。

6.广丰区道士戏

广丰道士戏被列入第五批省级非物质文化遗产名录。上饶市广丰区地处闽、浙、赣三省交界。清康熙年间,闽北往广丰大量移民带来了闽道文化融合浙道戏曲内容。广丰道士戏是一种在道场斋醮仪式中的表演,融唱、念、做、舞于一体,用以宣传因果报应、劝善惩恶的传统道教声腔说唱艺术。广丰道士戏演唱曲调以乱弹腔为主,辅以昆腔、高腔、西皮等诸多传统曲调形式,又融合了浙江腔、浦江调、婺源调等周边地方戏剧曲调。表演分文场和武场两种,有"翻九楼""滚钉板"等高难度杂技,场面盛大,人员众多,剧情跌宕,内容丰富。道士戏是我国宗教戏曲向世俗戏曲演进发展的原始艺术形态之一。广丰道士戏自90年代恢复以来,每年演出百余场,深受广丰及赣东北周边县市乃至闽浙皖沪百姓欢迎。它传承有序,是具有典型地域特征、具有宗教色彩的传统戏剧类非物质文化遗产项目。

7.麻姑仙女传说《沧海桑田》

麻姑仙女传说《沧海桑田》被列入第一批省级非物质文化遗产名录。麻姑是中国道教中的女仙之一,传说中勤劳美丽的麻姑原是南城人,后得道升天,成为仙女,成为中国神话中有名的女寿仙。相传麻姑本事惊人,曾三次历经沧海桑田,能掷米成丹以救黎民疾苦,"麻姑献寿"的故事在我国更是广为流传。这些优美神奇的神话传说,以及广大民众自古以来争相朝拜麻姑的传统经历,形成了脍炙人口、流传广泛的麻姑文化。南城的麻姑文化主要内容包括民间祭祀、祈禳还愿、抽签问事、神话传说、人生礼俗等。我国不少地方都有妇女祝寿时送麻姑献寿图、春节贴麻姑年画的习俗,在民间绘画和工艺品中多出现麻姑画像。自唐以来,麻姑山在历朝历代都建有庙坛,祭拜香火之盛,典籍中多有记载。明清时期,建昌府(治今江西南城)的府县官吏在每年七月七日上山祭拜麻姑,"日上千人朝拜,夜里万盏明灯"。

8.太平锣鼓

太平锣鼓被列为九江市非物质文化遗产项目。太平锣鼓也叫午朝锣鼓,是武宁县太平山佑圣宫周边赣鄂两省广惠派正一散居道士做建醮法事专用的吹打锣鼓,多用于祭祀、求神、祈求太平和喜庆等活动。该锣鼓使用器乐有大锣、大钹、堂鼓、丝锣、马锣和唢呐。这套锣鼓中有一个核心乐器,就是马锣,但它们演奏曲牌区别于一般戏灯用的锣鼓。对于太平锣鼓的传承、沿革和特征细节以及记谱、演奏手法等都有待于进一步挖掘和整理。

9.傩文化产物

傩面具。萍乡湘东傩面具被列入第一批国家级非物质文化遗产名录。萍乡的傩面具分供奉和舞耍两种,运用夸张与写实相结合的手法,以刀代笔,综合浮雕、透雕、圆雕、线刻等手法雕刻出栩栩如生的众神形象。主要有三大主神唐宏、葛雍、周武面具、十二神兽面具、神话传说人物傩面具、历史人物傩面具。傩面具艺术具有独特的文化内涵和造型特点,鲜明地反映了先民的观念信仰、民俗文化、情感理想与审美趣味,并在一定程度上体现了其心理特质和精神追求。

傩舞。乐安傩舞、婺源傩舞、南丰跳傩被列入第一批国家级非物质文化遗产名录。傩舞是傩在繁衍过程中,先民用以承载对神灵崇拜的酬神活动和对美好生活憧憬的娱人活动结合为一体的一种原始艺术。

傩庙建筑。傩本无庙,只是应时设坛而祭,傩神建庙是赣西的特色,现保存完好的傩庙有 50 余处,多建于明、清时期,最早可溯至唐,赣西傩庙主要有三大特点,一是家族性,多由一姓独建或多姓合建;二是建筑功能的完整性,有正殿、雨亭、戏台、酒楼等;三是硬山顶式建筑,有风火墙,小青瓦盖面,正殿多台柱;四是傩联文化丰富性,傩庙大门、戏台、廊柱、神案等傩联无处不在。还有傩祭和傩舞不可缺少的道具,如傩兵器、傩法器、傩乐器等。

三、江西省道教文化遗产保护和利用的特点

(一)以宗教活动场所为依托,宗教活动为载体,弘扬和传承道教文化遗产。宗教活动场所和宗教活动本身是宗教文化遗产的重要组成部分,另一方面又是弘扬和传承宗教文化遗产的形式所在。宗教活动是宗教的灵魂,是宗教、教职人员和信教群众沟通的重要桥梁。一个宗教的教

义教规大抵通过宗教活动来展现。它的宗教维度体现在神圣感、仪式感。"作为形而下的各种科仪格式,无不具备形而上的道之意蕴。正是这种形上、形下的完美统一,建构出道教斋醮丰富的科仪格式,并在道教的传播、发展过程中发挥重要作用。"①从丰富底蕴的斋醮科仪中,我们能够感受到悠远而庄严的道教文化。"道教宫观是道教神圣的屋化建筑空间,是道教供奉神灵(道教)信徒举行礼拜、祭祀活动以及道士进行集体修道活动的专用场所。"②江西的道教宫观有 900 多所。宫观作为道教最基本的要素,在传播和弘扬道教文化方面发挥了重要且不可替代的作用,是道教文化得以生存和传承的重要依托。江西历史上有名的宫观有很多,流传至今,并且发挥重要宗教功能的有龙虎山天师府、葛仙山玉虚观、庐山仙人洞、三清山上清宫、西山万寿宫、阁皂山大崇真万寿宫等。他们的存在,给道教文化诸观念要素的整合提供了载体,将道教所蕴含的哲学思想、神仙理论,建筑、绘画、雕塑、音乐等要素汇合在一起,相互交融。正是道观与宗教活动的完美结合,他们的荣辱兴衰向世人展示着鲜活的道教文化遗产变迁之路,如今,他们还是凭借着不变的宗教魅力吸引着大批的信教群众和游客,继续弘扬和传承我省的道教文化遗产。

(二)以旅游景区为依托,旅游项目为载体,传播和发扬道教文化遗产。在特殊的历史和文化背景下,宗教和旅游在某种程度上是分离不开的。道教作为土生土长的宗教,与国内名山大川的联系更加紧密。在江西,五个洞天,十二个福地都是山川,道教文化逐渐成为当前旅游业发展的重要资源和热点理念。富有道教文化特色的名山宫观形成了独具特色的旅游文化资源。一是道教名山在自然生态方面保持较好,有可观优秀的自然景观,"从生态保护角度来说,道教的洞天福地就是最早的生态自然保护区"③。二是道教文化和特色赋予了山川神秘感,信众会以烧香求

---

① 张泽洪:《道教斋醮仪式的文化意义》,《中国文化研究》2002 年夏之卷。

② 胡锐:《道教的宫观文化及其现代化——兼论道教宫观文化旅游》,《中国道教》2010 年第 1 期。

③ 李远国:《洞天福地:道教理想的人居环境及其科学价值》,《西南民族大学学报》(人文社科版),2006 年第 12 期。

神为目的参与朝圣,普通游客则把道教文化作为人文景观看待。宗教信仰、自然生态及人文景观,成为江西省道教文化与旅游融合的三大要素。在江西,国家级风景名胜区有十四个,其中龙虎山景区和三清山景区既是世界自然遗产,又是以道教文化为人文主题的景区。武功山风景名胜区、灵山风景名胜区是以道教文化为主题的景区。属于洞天福地的就有庐山风景名胜区(世界文化景观)。像龟峰风景名胜区、神农源风景名胜区及其他省级风景名胜区等大多有道教宫观作为文化特色辅助存在。

(三)以民间信仰为依托,民俗风物为载体,传承和创新道教文化遗产。民间信仰是对道教传承和创新的一个特殊途径,也是民众对于宗教信仰需求的另一个非主流渠道。道教文化在发展的过程中,某些元素为民间信仰所用,再结合民间众多风俗风物,形成了具有某种宗教色彩的民间信仰。在江西,民间信仰与道教的融合自古就存在,它们相互影响、相互促进、共促发展。一方面有纯粹是民间信仰的傩文化和祭祀活动,如湘东、南丰、婺源等地的傩文化和相关产物以及萍乡武功山的古祭坛文化。另一方面有具有一定宗教功能和色彩的鬼神信仰,如水神信仰、五显信仰等。还有受道教斋醮影响的民间风俗,在历史长河中,因道教斋醮的祈福和消灾功能,使斋醮逐渐融入民众精神文化生活,斋醮仪式与民俗活动结下不解之缘。如民间的各种庙会,道教斋醮占据着传统祭祀文化的主流。民间信仰的传播在某种程度上来说是为道教埋下信仰的种子,等到一定时机,定为道教文化的弘扬起到作用。

四、存在的问题

(一)认知困境。道教文化遗产价值在于宗教认知,这才是一个宗教传承数年的终极目标。宗教认知是指对宗教的宗教功能的认可,"所谓认知价值并非说某一文化事象本身是科学的,可以给人们提供真理,而是说通过展现某一文化事象,使得人们认识、了解这一文化事象,简单地说就是保存住现在就等于保存住一份可以获得对过去的认知的标本。因此,认知价值也可称标本价值或化石价值。"①江西道教历史久远,历史底蕴深厚,但就现状来说,存在对道教文化及文化遗产的宗教功能认知不够的问题。认知困境表现之一为轻宗教功能,重旅游功能。目前,对道教文化遗产的开发和利用还仅停留在对道教文化的旅游开发功能,单纯研究道教及道教文化的很少,道教的宗教功能弱化,仅仅成为一种文化符号和文化概念。表现之二为当地政府对道教文化的定位。道教文化长久以来与民间信仰相融合,在弘扬道教文化的同时,当地政府担心在为迷信的传播添砖加瓦,导致对道教正确认知的缺失。

(二)载体困境。文化遗址是宗教文化底蕴深厚的真实见证,是无价之宝。但由于多方面原因,许多有价值的宗教活动场所特别是历史上洞天福地的有名道观都不复存在,也未得以恢复重建。有的道教文化遗址没有得到有效保护,导致许多文化遗迹被风化或人为破坏,损毁较为严重。有的历史悠久的宗教活动场所都在战火中毁于一旦。目前,如果要通过恢复重建宗教活动场所来挖掘道教文化遗产,可操作性不强。根据《宗教事务条例》的相关规定,宗教活动场所的恢复重建,最明确的行政许可条件取决于当地信教群众集体宗教活动的需要。现实中的道教信仰情况与当地历史上道教的辉煌相较还是存在一定的落差,对于修复宗教活动场所遗址来说,满足这个先决条件的不多。缺乏宗教活动场所载体和信仰基础的道教文化遗产挖掘,显得空洞而又具操作性。

(三)主体困境。江西道教文化资源虽点多面广、底蕴深厚,具有挖掘、保护和开发利用的价值,有关部门和宗教界之前也进行过挖掘整理,但很多仅仅停留在理论和史料的挖掘。所以,对全省道教文化遗产的有效挖掘及有目的地将各种资源与优势进行整合,对于保护和利用道教文化遗产来说显得格外重要。从目前非物质文化遗产名录来看,31项中纯粹是道教方面的仅4项(龙虎山正一天师道道教音乐、龙虎山正一天师道斋醮科仪、葛仙山道教音乐、上饶石人殿庙会),占比12.9%,其他均为当

---

① 杨晓新:《关于文化遗产的属性、价值及保护的文化思索》,《殷都学刊》,2011年第2期。

地文化部门。单从道教专业去看,由道教界承担挖掘和保护利用道教文化遗产的主体再合适不过了。从道教的历史脉络和信仰的角度去做相关挖掘保护利用工作会更能把握住道教文化的精髓。但是目前仍存在道教文化研究专业人才缺乏的问题,这也是影响道教文化遗产挖掘的重要因素之一。

(四)机制困境。对江西道教文化资源挖掘、保护和利用工作的主体有多个,有宗教事务部门、旅游部门、文化部门、建设部门、道教协会和道教界人士。正是因为缺乏一个整体性强、分工合作能力强的长效机制,多部门、各方面无法整合资源,资金投入不畅,各项硬件设施不配套,仅靠宗教界的单打独斗,由于财力有限,专业性不够,所以收效不显著。另外,部门间由于存在认识和工作职责上的差异,甚至有利益之争,往往形成谁都有权管,而谁都管不了、谁都管不好、甚至谁都不来管的局面。因此未加强协调配合,更未形成有效的整体合力。

(五)价值困境。虽然历史上江西省道教文化底蕴深厚,但是从个体文化遗产的研究与分析发现,存在着同质性现象严重的问题。也就是说,除了宗派不同的特点外,能够体现鲜明特色的道教遗产数量不多,大部分建筑载体形态基本一致,没有突出的亮点。长久以来,道教界对自身的文化遗产认识不清、重视不够。究其主要原因应该是觉得这些宫观庙宇等文物古迹以及音乐、科仪等非物质文化遗产就是道士们日用常行的内容,而没有意识到其中一些文化遗产的不可再生性,以及有些文化遗产正濒临灭绝的危险。道教界不知道该如何去打造特色亮点,文化部门又不能深入了解道教信仰,就形成了谁也发掘不出道教文化遗产真正价值的局面。另外,遗产保护核心是遗产价值的保护,系统性的遗产价值评价工作为后续的保护规划提供依据。现阶段,我省并没有对全域范围内的道教文化遗产进行价值评价,仅停留在概念阶段。

(六)立法困境。一是我国非物质文化遗产名录中没有单列出宗教类,目前和道教有关的,大多列入舞蹈、音乐、民间文学等名目。许多道教文化中的非遗种类,诸如道医、内丹术等等,无法归类。二是在我国,对于宗教文化遗产的保护并没有专门的法律法规。我国唯一的一部宗教法规《宗教事务条例》里并没有对宗教文化遗产保护制定相关的条款,《文物保护法》、部委和各级政府的行政法规及一些地方的保护条例只有对文物和非物质文化遗产,有的甚至靠行政命令、行政措施实施。三是列为文物或非物质文化遗产的门槛较高,不属于文物或非物质文化遗产的道教文化资源的保护得不到相关法律保障。

五、建议和探索

道教文化遗产保护真正需要的是活态传承,以及能够使活态传承下去的自我生存能力。要充分挖掘、保护和利用道教文化遗产资源,就应遵循"机制长效有力,挖掘科学合理,传承深层活化,推介多维有效,保护有法可依"的原则,力争在科学保护的基础上,充分挖掘、合理利用,完善对道教文化的解读,使道教文化遗产真正发挥出它的文化价值,为中国传统文化的传承和发展添上多彩的一笔,也让道教中国化道路上起到更加积极的作用。

(一)建立健全道教文化遗产保护和利用的长效机制。一是建立联席会议制度。将对道教文化遗产保护和利用相关单位全部纳入联席会议中,相关事宜都由联席会议决议。逐步建立政府主导、宗教界自觉、全社会共同参与的长效机制,并将道教文化遗产保护和利用工作常态化。二是确定专项资金。进一步加大投入,确保有关部门在道教文化资源的挖掘、开发上有人做事,有钱做事和有能力做成事。三是制定发展规划。在对全省道教文化遗产进行全面、系统的调查和分析后,制定保护、利用和开发的近、中、远期发展规划,分轻重缓急,逐步组织实施。四是加强部门间合作,形成整体合力。旅游部门要将宗教文化资源全面纳入规划体系,加强行业指导。宗教部门要加强对宗教场所负责人的培训和联系,增强大局观念,强化保护意识,提高管理水平。林业部门在园林绿化方面予以政策和资金支持。文化部门进一步做好有关文化资源的深挖、整理和推介工作。

（二）充分挖掘和完善道教文化遗产资源。一是全面普查，挖掘整理全省道教文化遗产资源。对全省范围内的道教文化遗产资源进行搜集、挖掘、整理，形成文字资料，对特别有价值的还可以拍成图片或影像资料。二是建立宗教建筑、雕刻绘画、法事音乐、古碑古树以及寺庙典故传说、教规教义、庙观楹联、诗词古赋等资源库，对各种宗教文化遗迹抢救性保护，贯彻保护为主、抢救第一、合理利用、传承发展的方针。三是充分整合政府和民间两个投资主体，进行科学化、市场化开发运作，通过适当注入引导资金、提供贴息、争取贷款、合理运用宗教界募捐等方式，引导更多的社会资金投资宗教文化遗迹保护。四是继续修缮、恢复一些重要的道观，恢复其宗教功能。目前，全省还有许多洞天福地和建筑面临消失的危险，因此，需要对最具代表性的洞天福地进行统一的保护修缮规划。五是发挥道教界主体作用，着力加强正面引导。积极引导道教界作为道教文化遗产保护和利用的权利主体，"对于用于商业开发的道教文化应先征得权利主体的组织许可，并且需要支付费用，可用于道教文化的传承、发展和交流等公益项目。"①

（三）推动道教文化遗产活化传承。2013年12月30日，习近平总书记在主持十八届中央政治局第十二次集体学习时的重要讲话中，明确提出"要系统梳理传统文化资源，让收藏在禁宫里的文物、陈列在广阔大地上的遗产、书写在古籍里的文字都活起来"。文化遗产活起来的实质就是要通过多种举措让文化遗产走进社会大众的日常生活，从而实现文化遗产的生活化利用。我省道教文化遗产包含着建筑、美术、书法、医药、养生、戏曲等内容，其中大部分是可以运用到日常生活当中去的。目前，道教文化遗产都还停留在概念或是欣赏阶段，如道教音乐、道教科仪等，总体活化程度较低。道教建筑、美术、书法、音乐可以活化打造很多周边产品，可参考故宫文化活化的典型做法。道教医药、养生等内容可以有益于

---

① 陈雅岚：《论道教文化资源的保护与开发》，《中国宗教》，2013年第6期。

群众,造福群众,为提高人民群众的获得感和满意度发挥积极作用。

(四)加大宣传,利用多种载体对外宣传推介。一是利用网络、报刊等媒体,充分发挥融媒体的平台作用,大力宣传和推介江西道教文化资源,特别是祖庭文化,建立品牌意识。二是多维推动,运用 Vlog、短视频、专题片、电影和电视剧等手段展现江西道教的历史、人物、故事等内容。三是建设道教文化展览馆,用实物、图片、场景再现或文字阐述的方式,集中展示道教文化资源。同时,在有代表性的宗教场所,建设专题宗教文化展览馆。四是加大道教文化"请进来、走出去"的力度。我省道教文化可以走出省门、走出国门,做相应的推介、宣传和交流,提升美誉度。

(五)完善道教文化遗产保护相关法律建设。一是呼吁国家健全宗教文化遗产保护的法律法规,完善非物质文化遗产保护名录的分类系统,增加宗教类名目,并在政策上和资金投入上给予道教文化遗产与其他文化遗产同等待遇。二是《文物保护法》和《非物质文化遗产法》需要明确对宗教文化遗产保护的规定,或制定专门的关于宗教文化遗产的法规。

浅谈宗教法治化与中国化

江西省民宗局政策法规处副调研员　　沈东然

习近平总书记 2018 年 8 月 24 日在中央全面依法治国委员会第一次会议上指出："我们党执政 60 多年来,虽历经坎坷但对法治矢志不渝,从'五四宪法'到前不久新修订的宪法;从'社会主义法制'到'社会主义法治';从'有法可依、有法必依、执法必严、违法必究'到'科学立法、严格执法、公正司法、全民守法',我们党越来越深刻认识到,治国理政须臾离不开法治。"2016 年习近平总书记在全国宗教工作会议上发表重要讲话,中心就是要坚持和发展中国特色社会主义宗教理论,要大力推进"宗教中国化"和"宗教工作法治化"。理解和把握总书记讲话精神,我们深刻认识到,宗教要"去中国化"、去法治化以及要中国化就不要法治化、要法治化就撇开中国化的观点都是错误的,只有坚持中国特色社会主义宗教理论,把宗教法治化与中国化捆在一起抓,才是对习近平新时代中国特色社会主义理论的补充和完善。宗教事务依法管理、宗教健康发展、宗教领域和谐稳定,必须牢记宗教法治化是宗教中国化的根本保证,宗教中国化是宗教法治化的时代特性。

一、宗教法治化进程

(一)关于马克思和列宁主义的宗教法治观。马克思、恩格斯说:"人权并不是使人摆脱宗教,而是使人有信仰宗教的自由。"列宁对于宗教信仰作为公民权利应受到法律保护有这样的表述:"宗教信仰自由,所有民族一律平等""社会民主党人要求每人都有充分的信仰自由的权利。……一切信仰,一切教会,在法律上都应该是平等的。"以上论述阐明了马克思鲜明的宗教法治观首先是维护宗教信仰自由,并将其作为公民一项基本的权利,所有宗教和教会在法律框架内一律平等,没有教别和教派之间的高低贵贱之分,信教群众和不信教群众之间是平等的关系,同时也进一步明确了宗教必须要依靠法律保障才能促进和发展。

(二)我国宗教法治化的演变进程。1.我国历史上宗教法治化概貌。我国历史上对待宗教在不同时期各不相同,有的进行严密防范和管制,有的以怀柔、保护和扶持为主,限制为辅的政策,还有的采取宽容、保护、限制和同化的政策,但归根结底,都是为了巩固和维护统治阶级利益的需要。以天主教为例,17世纪初,耶稣会传教士利玛窦经广东、江西、湖北等地到达北京,在一路传教过程中,他主张天主教要适应中国国情,明确了以天主教教义与儒家伦理观念相融合为传教策略,教徒保留祭祖祀孔等传统礼仪和社会习俗是中国的传统,是"尽孝思之诚""敬其为人师范"的非宗教礼仪,清朝康熙皇帝则称之为"利玛窦规矩"。"利玛窦规矩"核心就是天主教必须积极主动地适应中国的社会状况,融入中华传统文化,从某种意义上讲,就是从皇家法典上进行明确,要求教会和信教群众都必须遵守这一规定。

2.新民主主义革命时期的宗教法治实践。1945年,毛泽东同志在《论联合政府》中指出:"人民的言论、出版、集会、结社、思想、信仰和身体这几项自由,是最重要的自由。在中国境内,只有解放区是彻底地实现了。"在对少数民族发展问题上,他强调:"他们的语言、文字、风俗、习惯和宗教信仰,应被尊重。""只要教徒们遵守人民政府法律,人民政府就给予保护。信教和不信教的各有他们的自由,不许加以强迫或歧视。"毛泽东同志将尊重信教公民最基本的权利与法律结合起来,就是马克思主义宗教法治观在中国的早期应用并取得了很好的效果。红军长征途中,刘伯承与彝族首领小叶丹"歃血为盟",使党尊重少数民族风俗习惯和宗教信仰的民族宗教政策在彝族地区得到了很好地贯彻执行。新民主主义革命时期一系列少数民族政策和尊重宗教信仰自由政策的执行,为新中国成立后党的民族宗教政策的确定奠定了良好的实践基础,为宗教的健康发展提供了很好的法律支撑。

3.新中国成立初期党领导的宗教法治化概况。新中国成立后,我国宗教的中国化随着每一个时期党和国家的工作重点不同而发生变化。新中国刚成立不久,中央决定派张国华率领 18 军执行解放西藏任务,1951年 5 月,毛泽东同志对张国华说:"你们在西藏考虑任何问题,首先要想到民族和宗教问题这两件事,一切工作必须慎重稳进。"1957 年毛泽东在《关于正确处理人民内部矛盾的问题》中指出,"我们不能用行政命令去消灭宗教,不能强制人们不信教"。这一观点进一步强调了公民信仰宗教的自由,也更深刻地揭示了宗教问题属于人民内部矛盾问题的实质。但是,1958 年至 1966 年,由于受"左"的思想影响,经常会把人民内部矛盾上升为阶级矛盾,宗教问题也不例外,时常会受到冲击。"文化大革命"时期,宗教工作完全背离了马克思主义宗教观和法治思想,宗教法治建设受到了极大的损害。

(三)宗教中国化是新时代我国宗教发展和宗教法治化建设的时代烙印。宗教与文化和社会变革息息相关,每一次新文化推动社会重大变革,都会对宗教产生深远的影响,也会发生一系列变动,形成宗教发展的不同阶段。当前,我国处在空前的经济和社会转型期,社会发展到了新时代,包括宗教在内的各种观念形态的文化也处在重新组合的十字路口,必须要调整创新,积极适应新时代社会发展。党的十六届六中全会通过的《中共中央关于构建社会主义和谐社会若干重大问题的决定》深刻揭示了社会主义核心价值体系的内涵,明确提出了社会主义核心价值体系的内容。2016 年 12 月 25 日,中办、国办下发了《关于进一步把社会主义核心价值观融入法治建设的指导意见》,意见要求全面落实依法治国基本方略,进一步把社会主义核心价值观融入法治国家、法治政府、法治社会建设全过程。习近平总书记在全国宗教工作会议上指出:"支持我国宗教中国化方向,要用社会主义核心价值观来引领和教育宗教界人士和信教群众……支持各宗教在保持基本信仰、核心教义、礼仪制度的同时,深入挖掘教义教规中有利于社会和谐、时代进步、健康文明的内容,对教义教规作出符合当代中国发展进步要求、符合中华优秀传统文化的阐释。"将社会主义核心价值观融入教规教义中,就是宗教中国化的时代烙印,对教义教规作出符合当代中国发展进步要求、符合中华优秀传统文化的阐释是宗教中国化的必由之路,也是宗教发展的必由之路,具有里程碑意义。

二、突出时代特点和地方特色是宗教中国化的重要途径

我国地域辽阔、历史悠久,中华文化博大精深。自外来宗教传入我国以及本土宗教出现以来,无不浸润了中华灿烂文化的精髓,汲取了中华传统文化的营养,将宗教融入时代的经济社会现实,紧跟时代发展进程,顺应当地人民所需、所想、所愿,实现"安身立命"和健康向上的面貌。试想,如果历史上某一宗教故步自封、不与时代发展相同步、相协调,不与当地群众相交融,可能这类宗教早就被时代所淘汰,更不可能发展到今天。因此,宗教中国化很重要的一个途径就是宗教必须突出时代特点和地方特色。江西赣州的王母渡教堂,从建筑形式、使用功能上就具有中国化和本土化的特色。该教堂第一层为祠堂,第二层为教堂,正面为罗马式,侧面为客家牌坊式,意为教会与祖先结合,表达敬天与祭祖合一,把信仰与祭祖完美地融合在一起,契合了中国人所接受的方式,很具地方特色。

2019 年 4 月 1 日,《江西省宗教事务条例》(以下简称《条例》)颁布实施,该《条例》突出了三个方面的特性:一是时代特点。为更好地适应新的时代要求,《条例》对于宗教领域内的疑难问题、突出问题和遗留问题,有了新的举措。如:针对宗教教职人员流动性大、难管理的实际问题,第三十九条规定宗教团体应当建立宗教教职人员档案,按照相关档案法律、法规进行管理。二是地方特色。随着社会化进程的不断深入,宗教活动与民生问题息息相关。现阶段,人民群众的综合素质在不断提高,法治

观念、法治意识都体现在日常生活之中。如，原《条例》对宗教放生问题并未作硬性规定，新《条例》鉴于本省实际，不但把宗教放生活动与人民群众的生产、生活结合起来，还对宗教放生活动可能给正常的生产生活带来的影响、生态系统带来的危害以及利用宗教放生活动从事商业性经营等方面作出了明确规定。《条例》出台以前，对宗教活动场所的建筑高度和场所外设置宗教标识物未作具体规定。一些宗教界人士和宗教活动场所习惯于将标识物设置成"高、大、上"，认为越高越有面子、越大越有底气、越上越有地位，把宗教活动场所想象成"世外桃源""独享之地"，甚至是到了"唯我独尊"的地步。新《条例》则明确要求宗教活动场所的高度应当符合当地人民政府有关部门规定，不得危害公共空间安全、不得影响公共景观；对场所外设置宗教标识物的，除要符合法律法规和本宗教传统规定外，还要与周边整体环境风格相协调，不得影响市容市貌。三是自主特性。《条例》第六条规定，各宗教坚持独立自主自办的原则，宗教团体、宗教院校、宗教活动场所和宗教事务不受外国势力的支配。宗教团体、宗教院校、宗教活动场所、宗教教职人员在相互尊重、平等、友好的基础上开展对外交往；其他组织或者个人在对外经济、文化等合作、交流活动中不得接受附加的宗教条件。传道员是基督教传教的重要力量，在传道员认定上，国外传道员未将其确定为宗教教职人员，也不能开展传教活动。

三、宗教法治化是宗教中国化的根本保证

矩不正不可以为方，规不正不可为圆。矩和规等同于宗教法治化和宗教中国化，宗教法治化对宗教中国化起着指引、规范、惩戒作用。

（一）新时期宗教法治化的推进情况。改革开放以后，1982 年的《关于我国社会主义时期宗教问题的基本观点和基本政策》（中央 19 号文件），同年颁布的《宪法》则以国家根本大法的形式规定了宗教信仰自由和选举权；1991 年，中共中央又下发了《关于进一步做好宗教工作若干意

见的通知》(中央 6 号文件),明确要求"依法对宗教事务进行管理"。2004 年,第一部《宗教事务条例》由国务院颁布,这是国家第一次以综合性行政法规的形式为依法管理宗教事务提供了依据。经过 40 余年的实践,宗教事务实现了从政策主导向依法管理的转变,法规制度体系初现端倪,法治体系建设初见成效。2017 年,国务院颁布了新修订的《宗教事务条例》,该条例紧密结合新时代我国宗教事务管理特点,全面贯彻习近平总书记关于宗教工作重要讲话精神,对宗教事务管理的法律法规体系更加完备,使宗教事务的依法管理更加强化,对公民宗教信仰自由的法治保障更加有力。目前,各地的宗教立法工作也都在紧锣密鼓地进行,由此可见,我国的宗教法律系统从中央到地方已初具规模并走向正轨。

(二)宗教法治化是依法治国的重要组成部分。新中国成立 70 年来的历史,也是宗教法治化从开创、变革到不断完善的历史。加强党对宗教工作的领导,进一步提高我国宗教工作法治化建设质量,是我们党领导中国人民持续推进依法治国、依法执政、依法行政,建设法治国家、法治政府和法治社会历史进程中的一个重要方面。当前,我国正处在实现"两个一百年"奋斗目标的历史交汇期,40 年依法管理宗教事务的实践经验告诉我们,只有坚持党对宗教工作的领导,不断健全完善法规制度和工作机制,将宗教工作纳入法治化轨道,才能实现新时代宗教中国化和法治化的有机统一。

(三)坚持我国宗教中国化方向必须以法治化为保障。坚持全面依法治国是新时代坚持和发展中国特色社会主义的基本方略,全面依法治国是中国特色社会主义本质要求和重要保障。习近平总书记指出,在宗教领域也要提高宗教工作法治化水平,用法律规范政府管理宗教事务的行为,用法律调节涉及宗教的各种社会关系。

1.认清宗教法治化进程中的阻力。一是法治意识不够是法治化进程中的盲点。现阶段,宗教界在场所建设中的土地权属、场所产权等方面的纠纷不断增多,运用法律武器处理涉法问题、维护切身利益的意识还不够;一些宗教场所由于法治意识的欠缺,商业化倾向严重,出现了所谓

"上市""拍卖"等问题;受利益驱使和外国宗教的渗透,天主教地下势力发展迅速,基督教私设聚会点现象屡禁不止。二是自我管理不够是法治化进程中的弱点。当前,宗教团体及宗教活动场所的内部管理情况不容乐观,主要体现在场所民主管理组织作用发挥不明显,尤其还存在家族式的场所,难以实行财务监督;宗教院校教学水平有待于提高,读经、讲经和各种修习法事还不能够与时俱进,法治教育课程安排比较单一。三是依法行政不严是法治化进程中的险点。一直以来,从国家到地方对如何做好宗教领域依法行政工作做出了不少努力和实践,但是总体形势不容乐观,选择执法、畏惧执法、难于执法的现象还比较突出,极大地削弱了依法行政的力量和效果。四是基层法治队伍建设不完善是法治化建设的痛点。通过几轮的机构改革,宗教系统机构建设实现了从无到有、从有到强,但是从强到精、到全的过程还很艰辛和漫长,基层无人做事、懒于做事、不屑做事的现象还普遍存在,基层宗教执法队伍建设上处在难以维系的境地,在执法主体、执法人员、联合执法、经费保障等方面没有形成一个完备的制度体系。

2. 牢固树立法治思维方式。习近平总书记指出"要善于运用法治思维和法治方式解决涉及群众切身利益的矛盾和问题"。宗教领域能否运用法治思维处理矛盾纠纷和涉法问题,不仅体现的是宗教界和信教群众的法治思维意识强弱、法治建设的整体成效,更体现出的是对社会关系造成的影响。国家法律与宗教法典是宗教界都应该遵守的行为准则,国家法律是"外法",宗教法典是"内法",对于一名宗教界人士来说,"外法""内法"都是必须遵守的。因此,宗教行为就必须要用法治思维的方式去处理社会关系,普通公民要做纪律和法律范围内的"自由人",宗教界人士同样也要做教规和法律范围内的"自由人"。

3.积极用法律调节宗教事务涉及的社会关系。什么叫宗教事务?宗教事务是指宗教方面涉及国家利益、社会公共利益的关系和行为,以及社会公共活动涉及宗教界的关系和行为。习近平总书记指出:"宗教作为一种复杂的社会现象,既有积极作用,也有消极作用,积极性与消极性共生共存。"但是如何辩证地看待宗教的社会作用,并把两个作用发挥好、运用好,还要处理好以下两个方面问题:一是处理好"会"的问题。宗教工作干部对涉及宗教问题法律法规知之甚少、掌握不够,在遇到具体问题时能够拿得出来的不多。宗教界只关心自己的"一亩三分地",只种自己的"责任田",对涉及自己的法律法规常常是"两耳不闻窗外事",导致遇到事情后像无头的"苍蝇"。二是处理好"好"的问题。毛泽东同志曾经说过:"政治路线确定以后,干部就是决定因素。"可见干部在执行路线上的重用是决定性的,没有不好的"口令",只有不标准的"动作"。当前,关于宗教方面的法律法规已经比较多的了,应该说相对比较完善,但是在宗教执法方面还是不尽人意,政府职能作用在处理宗教涉法问题上还没有充分发挥出来,始终达不到让政府满意、让宗教界满意的"双赢",影响和制约了宗教中国化方向建设和发展的进一步深入和提高。

四、以高度的使命感推进宗教中国化和法治化建设

推进宗教中国化和宗教法治化,不但是党和政府的迫切要求,同时也是历史发展阶段的迫切需求。"两化"不是宗教工作部门唱的"独角戏",而是与广大宗教界、信教群众一起演的"同台戏"。因此,宗教工作部门要教育引导广大宗教界清醒认识到"两化"任重道远,要有向新时代"取经"的使命感和紧迫感,为"两化"任务完成书写属于自己的浓墨重彩的一页。

就宗教管理层面而言,着重要从以下几方面提高认识:

(一)要认识到党对宗教工作法治化领导的绝对性。习近平总书记指出:"党的领导是社会主义法治最根本的保证。全面依法治国绝不是要削弱党的领导,而是要加强和改进党的领导,不断提高党领导依法治国的能力和水平,巩固党的执政地位。"宗教工作在党和国家工作全局中具有特殊重要性,提升宗教工作法治化建设能力和水平,尤其是要加强党对宗教法治化工作的领导。新时代,宗教法治化建设如何与经济社会发展

的要求相适应、如何与复杂繁重的社会治理和建设相适应等,这些都是宗教法治化建设面临的重大挑战。实现建设社会主义法治国家这样一个宏伟的目标,面对着宗教法治化建设的艰巨任务,党的领导只能加强,不能削弱,必须始终坚持党对宗教工作法治化建设的领导。

(二)要认识到宗教中国化内容的广泛性。对宗教中国化要从文化、人才、制度等方面加以认识和理解。文化是根基,宗教自传入华夏大地或自诞生以来,在汲取精髓、融入中华优秀传统文化的同时,形成了本宗教的文化,这些宗教文化是中华文化的重要载体,就像力的作用力与反作用力一样,中华文化在潜移默化影响宗教的同时,宗教文化自然而然的也就成了中华文化的组成部分,两种文化已经形成了相互交融、互不分开的局面。人才是关键,当前人才问题是宗教领域的突出问题,更是宗教中国化进程中的羁绊。赵朴初在 1992 年就曾指出,"当前和今后相当时期内佛教工作最重要、最紧迫的事情第一是培养人才,第二是培养人才,第三还是培养人才"。各大宗教均存在人才短缺现象,面临着"青黄不接"局面,宗教界要实现主动调试、自我革新和健康发展,宗教人才起着举足轻重的作用。组织制度是保障,宗教团体是培养人才的"孵化器"、选拔人才的"伯乐",健全完善的宗教团体民主管理制度有利于宗教人才的选拔、任用,要建立宗教内外的监督评价机制,实现对宗教人才的自我约束、自我管理、自我反省和自我提升,杜绝宗教教职人员当好当坏一个样,一个场所主要教职一干就是一生的不变格局。通过机制的建立,将发现人才、培训人才、使用人才、评估人才、监督人才连成一个"闭合回路",形成人才培养的动态流程,成就一代或一个时期高水平宗教教职人员去引领宗教中国化的局面。

(三)要认识到宗教中国化的基础性。始终坚持国法大于教规是确保宗教中国化的基础,国法对于社会各界都具有现实性、强制性和凌驾性,任何组织和个人不得凌驾于国法之上,宗教界和信教群众作为社会组织的一部分和公民中的一员也同样不能例外。无论信仰何种宗教、何种宗教组织,触犯了国法同样都要受到法律的制裁,而不能用教规的处罚代替国法的处罚,更不能将自己视为宗教界人士或信教群众而置身于法律制裁之外。

(四)要认识到提升宗教工作法治化水平的重要性。要重视宗教法治化建设工作,将宗教法治化建设列入当地整体法治建设总体规划,同部署、同检查,撇开事情难办理、事务太敏感、尺度难把握、弄不好会出事的消极思想和错误做法,真正将宗教法治化推上健康轨道前行;要在做好宗教事务执法上有所突破,要积极探索执法的新路子,着重在部门联合执法上下功夫、求突破,建立联合执法机制,共同研究工作计划,共同制定工作方案,共同确定执法重点,定期通报执法情况,实现行政执法信息、数据的及时互通共享,切实提高行政执法效能,使联合执法成为宗教法治化建设的重要手段。

就宗教界而言,着重要认识到以下两个方面的问题:

(一)要不忘初心。宗教界也有自己的初心,作为宗教界人士也应该从初心这个层面去思考宗教中国化问题。要经常想想我的初心是什么、怎么去实现,时间久了是不是丢了。要从思想上深挖初心与教规教义相悖的问题,坚决摒弃那些把场所弄得多多的、建的大大的、信众搞的多多的才算是合格的宗教人士、才算是一个修行到家的得道高僧的思想,牢记本宗教的宗旨和入教的初心,少一些繁杂的思想,多一些清净的心灵空间,在造福四方民众上用心思考、多下工夫。

(二)要向时代取经。一段时间以来,全省在宗教活动场所开展"四进"活动,效果很明显,但有些宗教活动场所落实得不是很理想,突出问题表现在社会主义核心价值观如何融入教规教义,并对教义教规作出符合当代中国发展进步要求、符合中华优秀传统文化的阐释方面结合得还不够好,有的对此缺乏深入的研究,最多也只是泛泛的宣读,走走过场而已。要实现宗教"两化",宗教界和信教群众除了要念好本宗教的经外,还要取好、念好两部"真经":一部是法律真经——宗教及其相关的法律法规,始终做到尊法、学法、守法、用法;另一部是道德真经——社会主义核心价值观,要像教规教义一样潜心钻研、真信真念。

从宫观经济运行规律探究道教中国化路径

——以道教正一派祖庭龙虎山为例

江西省民宗局宗教二处副处长　缪星宇

引　言

（一）问题提出

何兹全先生说："寺院经济的研究,是中国经济史研究的一个重要方面,僧侣世界和世俗世界一样,是整个社会的一面,这一时代的社会经济面貌、特性,有时在僧侣世界表现得比世俗世界更清楚,对一个时代寺院经济的研究和认识,对我们研究、认识这一整个时代的社会是极重要的。"①自 20 世纪 30 年代以来,学界对于宗教经济尤其是寺院经济的研究兴趣便长盛不衰,尽管新中国成立初曾因政治原因一度中断,80 年代以后,寺院经济的研究成果便又蔚然可观:不仅有透过寺院经济来理解宗教与当时社会经济形态的适应路径,也有从寺院经济的角度来理解宗教本身的兴衰毁誉。正如何蓉先生所言,"中国佛学及至佛教的发展与演变,是与一定的供养方式和经济模式直接相关的","佛学讲论最兴盛的年代,正是佛教寺院经济蒸蒸日上之时,而唐武宗灭佛在相当程度上截去了当时佛教赖以依托的经济根基,并昭示着中国佛教将由新的方向而

---

① 何兹全:《五十年来汉唐佛教研究寺院经济研究》,北京:北京师范大学出版社,1986 年,第 1 页。

去"。①

由此可见，佛教发展样式受制于佛教与当时社会形态适应的程度。但寺院经济的研究并未完全揭示宗教经济运行规律与社会形态适应程度的必然关系，因而少有通过当下宗教经济运行的关注，解释宗教经济与社会形态发展关系比较的研究。因此，宗教的经济基础、经济形态并非完全由宗教自身选择和决定，其背后有另外一种社会力量驱使宗教接受某种特定的经济形态。这种社会力量会是什么呢？

与佛教寺院经济史研究枝繁叶茂、竞相争鸣相比，道教宫观经济的研究则大体仍处于起步阶段。搜索中国知网的文献，以"宫观经济"为主题的文章仅有十余篇，且多数以传统时代宫观经济为题。从实证研究的角度讨论、分析当代道教宫观经济的文章仅有杨德睿的《当代道教宫观经济的转型》一文。②

近 40 年来，宗教在中国日益发展，宗教信徒的数量急剧增加。据不完全统计，中国目前大约有近 2 亿信教群众，38 万余宗教教职人员，约 5500 个宗教团体。③ 在宗教发展的同时，宗教自身因经济因素暴露出的问题也越来越引起广泛关注。

2015 年，佛教界最大的负面新闻是，闻名天下的少林寺方丈释永信被内部举报，一篇实名举报的网络帖子《少林寺方丈释永信这只大老虎，谁来监督？》将少林寺及其方丈推向舆论的风口。正如很多分析人士所说，释永信之所以连续遭遇举报，缘于释永信在少林寺推动的一系列商业化运作。多年来，少林寺快速现代化与世俗化的路径一直备受争议。很多人认为，少林寺的商业化和产业扩张违背其自身的教义，导致宗教更像赢利的工具和手段。④

---

① 何蓉：《佛教寺院经济及其影响初探》，《社会学研究》，2007 年第 4 期。
② 杨德睿：《当代道教宫观经济转型》，《北京农业大学学报》，2009 年，第 3 期。
③ 国务院中国宗教问题白皮书，2018 年 11 月。
④ 参见赵智伟：《少林寺年轻僧人谈释永信风波：和尚也是人呐》，长江新闻网 http://news.china.com/focus/syx/11173021/20150811/20172918.html，20158.11；韩福东：《释永信被举报 少林寺还是"净地"吗》，《新京报》，2015.7.29. http://finance.ifeng.com/a/20150729/13874378_0.shtml。

2015 年，著名电影导演陈凯歌的新作品《道士下山》再次将道教推进舆论漩涡。该影片塑造了几位不同的道士形象，既有看破红尘、清心寡欲的出世老道，也有沉迷酒色和金钱的伪道。影片公映后，有道教界人士向导演提出谴责声明：《道士下山》肆意丑化道士、贬低道教，要求停播电影并向道教界道歉。①

这两则公共事件都指向同一个问题，即传统宗教在现代化进程中，应当如何处理好出世与入世之间和传承性与适应性之间的关系。一方面传统佛、道教教义都宣扬出世，而世人也大多以此为标准来看待宗教。但另一方面，经济是社会生活的基础，无论宗教的教义多么超凡脱俗，宗教人士也首先要满足自己衣食住行的生存基本需求。社会经济生活总是制约着社会生活的方方面面，宗教也不例外。正如美国学者约翰斯通所指："纵观历史，宗教群体一直面临着两难困境。一方面，教会趋向于把贫穷当作一种美德，规劝信徒避免为物质商品及欲望所累。另一方面，任何一种完备的群体都需要维持运转的资金，尤其是当它的组织开始变得有点复杂的时候。这样一来，宗教群体便卷入经济事务而不管它自己是否愿意。"②

在向现代社会转型过程中，到底是什么制约着宗教所选择的经济形态？以及这种选择与当时社会其他形态的关联？宗教界应当如何回应向市场化、城镇化、工业化、信息化、全球化的时代大潮所带来的挑战？如何顺应时代大潮发展变化带来的新的改革要求？因应而生地摆到了各宗教面前。

（二）文献回顾

宗教经济学（Economics of Religion）起源于亚当·斯密等古典自由主义经济学家的研究，他们借助经济分析工具和大量的资料，对教会及其行

---

① 新浪新闻：《道教界要求〈道士下山〉停播 陈凯歌道歉》，2015.7.19，http://news.sina.com.cn/c/2015-07-19/144332123827.shtml。

② ［美］罗纳德·L.约翰斯通：《社会中国的宗教（第八版）》，成都：四川人民出版社，2012 年，第 328 页。

为的决定因素、宗教制度的本质以及宗教的经济和社会影响进行了研究与分析,并使宗教研究成为不断扩张的经济学的一个崭新的领域。根据劳伦斯·R.伊纳库恩的综合,宗教与经济学的研究可以分出三条发展路径:一是应用微观经济学的理论与方法解释个人、组织和文化中的宗教行为方式;二是研究宗教的经济后果;三是借助神学信条和圣典来支持或批评经济政策。[①]

在研讨宗教与经济之间的关系方面,马克思曾直截了当地指出:社会的价值体系,包括宗教价值和宗教规范之类的事物,是受经济因素的制约。但马克斯·韦伯的《新教伦理和资本主义精神》却力图证明与马克思观点相反的一种可能:宗教精神能够影响甚至改变经济发展方式。韦伯认为加尔文新教作为一种神学信仰体系,对作为一种经济组织模式资本主义的产生和成长发挥了重要影响。富有戏剧性的是许多西方学者在对历史资源做了细致考察之后,却越来越发现:历史上,宗教对经济的作用或影响是极其有限的,宗教不太可能使经济走向新的方向。相反,宗教与经济之间主要的或最常见的还是经济影响宗教。[②] 这样,学者的视线又重新回到了马克思的观点上,即宗教以及社会所有规范性的特征都产生自经济因素和经济关系并反映经济因素和经济关系。[③]

但韦伯式的宗教经济理论研究立场仍然拥有很大市场。法国汉学家谢和耐在分析中国的寺院经济时就认为,源于印度的佛教不仅给中国带来一种宗教观念,也带来一整套经济的制度与运行模式,"通过积累供物和商业收入而组成的供品资产,形成了一种共同管理之下的公共财富,是一种'供物的资本化现象'"。[④] 此外,陶希圣、何兹全、黄敏枝、道端良秀等也从经济史、社会史的角度,具体讨论了寺院经济作为社会经济部门及

---

① 劳伦斯·R.伊纳库恩:《宗教经济学导论》。

② [美]罗纳德·L.约翰斯通:《社会中国的宗教(第八版)》,成都:四川人民出版社,2012年,第433页。

③ 唐晓峰主编:《马克思、恩格斯、列宁、斯大林论宗教》,北京:中国社会科学出版社,2013年,第33页。

④ 谢和耐:《中国5—10世纪的寺院经济》,上海:上海古籍出版社,2004年,第232页。

其基本的特征、规模、种类等。总之，韦伯开创了宗教经济伦理的研究范式，讨论宗教伦理对资本主义经济的影响。在此影响下，国内外学者对于佛教寺院经济对社会经济形态的影响讨论颇多，[①]但却忽略了经济和社会对宗教的影响。实际上，宗教作为上层建筑，更多地受到经济基础和其他社会形态的影响。

相对寺院经济的研究，只有少数学者简单分析过唐代、明清以及民国时期道教的宫观经济（朱云鹏，1999；杨立刚，1994；杨立志 1998；王芳妮，赖全，2013；胡泽恒，2012）。而对于当下道教宫观经济的讨论则更加稀少。杨德睿（2009）对华东某大都市的宫观进行了实证调查，并总结出该市宫观经济的四种模式，这四种经济模式恰好对应了中国社会由指令性计划经济向市场经济的转型过程。李想（2013）的硕士论文是少有的系统考察某一宫观经济形态的研究。他较为详细地考察了武当山道观的经济状态，考察了一般民众对武当道观商业性经营的态度，并分析了宫观的自养经济对武当道教的影响。

总的来看，对于传统宗教在社会转型过程中出现的种种"负面"问题，一般都简单持道德批判的立场。正如马克思在历史唯物主义中强调，不要对社会现象只是进行简单的道德评价，更应该重视社会现象背后的客观原因。也即是说，社会研究中应该坚持价值无涉的原则。

（三）基本概念

宗教及其本质的认识。改革开放以来，中国社会的宗教状况发生了巨大变化，学者在宗教理论研究方面进行了大量富有成效的探索，但仍然跟不上宗教发展变化的形势，使得理论的解释性与对现实的预测能力仍显苍白。宗教的内涵及其本质是宗教学中最基本的问题，直接影响着人们对宗教的理解，是必须首先厘清的问题。

马克思关于宗教的论述在理论界与政策界影响巨大。但马克思对宗教的论述多为描述宗教某方面的特征，一些学者误把其当作宗教的本质，

---

① 黄云明：《宗教经济伦理研究》，北京：人民出版社，2010年。

导致制订宗教政策时产生偏差。曾经一度被认为是马克思主义关于宗教的作用出自马克思的《〈黑格尔法哲学批判〉导言》："宗教里的苦难既是现实苦难的表现，又是对这种现实的苦难的抗议。宗教是被压迫生灵的叹息，是无情世界的心境，正像它是无精神活力的制度的精神一样，宗教是人民的鸦片。"①后来，列宁又进一步指出："宗教是麻醉人民的鸦片。"②于是人们就对马克思以及列宁的论述产生严重的误解，以为这就是马克思主义的本质论述。必须引起注意的是，马克思、恩格斯以及列宁都不是宗教学家，他们对宗教的论述是出于革命的、实践的需要。因此更多的是站在批判的立场，强调宗教的消极作用，这当然是完全可以理解的，因为马克思主义的基本特性是实践性。正如马克思所说，哲学家们只是以不同的方式解释世界，而无产阶级政党更重要的是改造世界。不过随着社会历史的发展变化，宗教的社会地位及社会功能也悄然发生了变化。尤其在中国，无产阶级的政党已经由夺取政权的革命党发展为代表最广大人民根本利益的革命党，其历史使命与革命时期不同，因此应当结合现实社会的特点不断发展对宗教的认识。

如果站在实证研究的角度来分析宗教在社会生活中的地位与功能，就不难发现：宗教是人们用超自然的力量来应对现实生活中用现实手段无法解决问题的手段。人生苦短，面对生活中的种种无奈，比如面对求而不得的健康、子嗣、爱情、功名等，人们往往会求助于冥冥之中的神灵。面对人生的终极问题，如何在有死的人生中让心灵得到无极的慰藉，往往需要借助于宗教的力量。所以说，宗教是人们借助于对超自然力量的信仰来把握世界和自我实现的方式与手段。

宗教的本质可以被视为是人类与超自然力量的一种交换关系。正如斯达克所说："在有神的宗教中，有两个问题主宰着宗教生活：上帝需要什么？上帝能够提供什么？对这两个问题的答案限定着主导着全部的宗教文化和宗教行为。从本质上说，有神的宗教是由与上帝的交换关系构

---

① 《马克思恩格斯选集》第 1 卷，北京：人民出版社，1995 年，第 2 页。
② 《列宁选集》第 2 卷，北京：人民出版社，第 247 页。

成的。"①离开了交换关系,就无法认识宗教及宗教组织生存的基本逻辑。人们的宗教选择与宗教投入同样适用于经济学的"理性选择理论"。大量的社会科学研究表明,无论在古代还是现代,人们在决定宗教信仰时都是理智的,都是要分析投入与收益、传承与顺应的。

宗教是一种群体性的活动,个人获得信仰往往需要借助于宗教组织。宗教组织与一般社会组织最基本的共性是组织必须建立在基本的经济基础上——神职人员及其家属需要获得经济供养。尽管各种宗教都或多或少地宣称,贫穷是一种美德,并且规劝信徒避免为物质、金钱、欲望所累,但实际上,绝大多数宗教组织都从事许多并非宗教自身所固有的经济活动。比如从拥有的各种不动产的租金中获益,努力从信徒手里获得更多的捐赠,等等。

一、神道设教与传统宫观经济

(一) 道教初创期的宗教经济

东汉末年的社会冲突与人生苦难为道教产生准备了社会条件。土地兼并之风愈演愈烈,大量农民失去土地而成流民;水旱等自然灾害频仍,令贫民难以招架。"争、乱、贫、病",四大社会灾难与人生苦难一向是宗教产生与繁荣的社会根源。被压迫者找不到摆脱苦难的出路,就常常会幻想超人间的力量来拯救他们。把希望寄托于神灵,祈求得到神灵庇佑。

汉安元年(142),张陵在巴蜀地区称获得太上老君新出正一盟威之道,是为道教的起源。道教起源时即具有明显的宗教经济的特征。《三国志·张鲁》记载:"张鲁,字公琪,沛国丰人也。祖父陵,客蜀,学道鹄鸣山中,造作道书以惑百姓,从受道者出五斗米,故世号米贼。"②道教初创

---

① [美]罗德尼·斯达克:《宗教经济学》,《山东财经学院学报》,2011 年第 6 期。
② 《三国志》,北京:中华书局,1959 年,第 263 页。

时解决宗教组织经济来源的办法是要求信奉者和求治病者交纳"五斗米"为"信米",也因此得名"五斗米教"。古代缺医少药,民众有病难治的情形是可以想象的。五斗米道宣称其符箓、咒祝具有法力,可助人消灾祛病。病者按照其指引,饮符水,居静室思过,然后自书姓名、服罪、悔过之意的文书一式三份,一份放置山中,一份埋入地下,一份沉入水中,称为"三官手书",认为这样病即能痊愈。这种带有巫术性质的道法在盛行图谶数术的蜀地颇受欢迎,加入五斗米道者越来越多,五斗米道的经济基础也相应更加牢固。经过一番苦心经营,张陵在蜀汉一带和东都洛阳建立了二十四治(即教区)管理教务,因此,道教经济从始创初期便与当时封建时代自给自足的经济形态十分吻合。

张陵死后,其子张衡、孙张鲁相继嗣教。后世称张陵、张衡、张鲁为"三师"或"三张",张陵为"天师",张衡为"嗣师",嗣者,大长子,即嫡长子。张鲁为"系师",系者,世系,承系。张衡在正史中的记载甚少。张鲁则是早期道教制度化的重要人物,他率五斗米教的教众雄踞汉中二十多年,建立了一个政教合一的割据政权。五斗米道内部设立了金字塔式的等级管理制度。初入道者称"鬼卒",经过一段时间的考验后,其中表现出众、信仰坚定者被任命为"祭酒",也即进入管理层。祭酒各自管理一部分教众,既管教务,也管行政。一方面给请求治病者主持祈祷仪式,另一方面"诸祭酒皆作义舍,如今之亭传。又置义米肉,悬于义舍,行路者时腹取足;若过多,鬼道辄病之"。也即祭酒还要负责建立"义舍"和"义仓"。所谓"义舍"即是供道众借宿,而"义仓"则是提供食物赈救贫困。这些措施深受百姓欢迎,史称"民夷便乐之",朝廷"力不能征"。直到建安二十年(215),曹操统兵十万进攻汉中,张鲁遂降。由于张鲁本有降意,被拜为镇南将军。曹操为瓦解张鲁在汉中的根基,遂令其道众大量北迁。为防止曹操斩草除根,张鲁暗中派其子张盛悄悄回到龙虎山,建安二十一年,张鲁卒。五斗米道却意外地在汉中以外的龙虎山和中原地区得以扎根、传播。

（二）神道设教时期的宫观经济

正一道从产生之初直至晚清，都与统治王朝关系密切。据道书记载，第四代天师张盛回到曾祖父张陵的修道地龙虎山继续传教，自唐宋开始至元代基本确立了统辖天下正一道观的格局，朱元璋"掌管天下道教事"进一步确定了天师道一统的政策。因此，龙虎山道教是正一派的祖庭，不仅地位重要，宫观发展史最具权威，在道教界也最具代表性。透过代表天下道教的龙虎山宫观经济，即可以大体反映正一派道教的整体经济状况。

正一派向来重视宫观经济，视之为立身之基。而龙虎山作为正一派的祖庭，其经济基础主要是依靠官府赐予附带少量信众供奉。据《龙虎山志》记载，北宋徽宗对龙虎山张天师十分优遇，徽宗崇宁以后，三十代天师张继先曾四次应诏入京，屡受褒赐。比如，崇宁四年（1105），徽宗赐张继先号"虚靖先生"，并赐"弋阳县管下步口庄田，计一万三千"给龙虎山上清正一宫。① 崇宁五年（1106），徽宗赐昆玉所刻"阳平治都功印"及金铸老君、汉天师像。不久又赐缗钱大修龙虎山上清宫，"拨步口庄五万以饭其众"，改赐"上清正一宫"额，封或追封其家人、族人。

通过与朝廷交往、符箓科仪活动，龙虎山张天师获得了朝廷的大量财物赏赐。三十一代天师张时修到宋元之际的三十六代天师张宗演，都以道法闻名于世，多次应皇帝之召赴京斋醮、劾治水灾、湖患、蝗灾，从而使龙虎山声名大振，请求做法事者络绎不绝，龙虎山宫观经济实力大为增强。

宝祐二年（1254），敕提举三山符箓兼御前诸宫观教门公事，主领杭州龙翔宫。从此，龙虎山天师道成为江南正一道各派首领。总之，经过几代天师的努力，终于奠定了官方对张天师的恩宠，不仅提高了龙虎山道教的政治和社会地位，也令其获取了充足的经济保障。

宋代龙虎山天师道的发展为它在元代的发展奠定了良好的基础。龙虎山天师道被元代朝廷授权自主给牒度人为道士，并令路设道录司，州设

---

① 娄近垣:《龙虎山志》卷九《嘉泰□年管辖留用光立长生局置庄田饭众帖文》。

道正司,县设威仪司,皆属其管辖。三十六代天师张宗演通过几次觐见元世祖,不仅"天师"头衔得到了朝廷的正式承认,而且获得主领江南道教的职权,比此前只是主领三山符箓范围扩大了不少,不只管龙虎山、茅山、阁皂山,而且扩大到了南方其他符箓道派和丹鼎派。

入明后,至正二十八年(1368),朱元璋召抚四十代天师张正常,授予其"正一教主嗣汉四十二代天师护国阐祖通诚崇道弘德大真人,领道教事"①。这就把张天师的权力从掌江南道教事务扩大到掌全国道教事务。龙虎道从此成为最显赫的道教宗派,龙虎山成为全国道教的中心,天师成为全国道教信徒的精神领袖。

这个阶段龙虎山道教宫观经济也随之达到了一个顶峰。既与历代朝廷大力扶持相关,又与当时封建时代商品经济的繁荣昌盛和国家的长治久安相关。道教与中国社会相适应的程度进一步融合,体现在宗教和社会需求的各个层面均得到较为充分的满足,为社会各界所接纳欢迎。道教在官场和民间左右逢源,体现出一种供不应求的形态。

(三)民间宗教时期的宫观经济

清代贵族信仰的萨满教与道教有较大差异,清政权对道教不感兴趣。清初,朝廷基于稳固政权的考量,大体沿袭明代的惯例对张天师给予一定的重视。进入中期,统治者对道教的重视程度便一代不如一代。乾隆十二年(1747),朝廷停止张天师之朝觐筵席;嘉庆二十四年(1819),朝廷禁止张天师朝觐,完全剥夺张天师的官员身份,使其成为仅具有官衔的方外人士。至此,道教再次变回民间宗教,失去了政权的强有力支持,收入急骤下降,道教的发展陷于停滞,步履维艰。

晚清中国进入半殖民地半封建社会,战争频仍,社会动荡,民不聊生。在混乱不安的社会环境下,道教生存岌岌可危,自顾不暇,更无余力开展弘宗传教的事业。②

---

① 《皇明恩命世录》卷二第一至五章。
② 南怀瑾:《中国道教发展史略》,上海:复旦大学出版社,1996年,第137页。

重新走向民间的龙虎山道教只得开始自谋出路,宫观经济的形态也由脱离官方支持走向完全自养,即与市场进行交换。民国时代,政府认为道教是一种封建迷信,江西都督府甚至直接取消了天师的封号,并且没收其田产。穷困潦倒的天师府为生计考虑,甚至不得不到上海、苏州、杭州等地"卖箓画符,增加收入"。① 他到上海、杭州等地出售符箓,一些求平安、求财的商人、大户也愿意掏钱购买以前难得一见的符箓。

改革开放后全面恢复党的宗教信仰自由政策。天师府道教依托龙虎山丰富的旅游资源,一方面为游客提供宗教文化旅游产品,另一方面则争取更多的皈依信众支持,提升宫观经济实力,龙虎山宫观经济得以焕发新的活力。

二、景区旅游与宫观重建

(一)景区旅游业发展

因追求风水和环境等信仰元素,道教宫观往往与名山胜水为伴。在旅游消费经济兴起的背景下,宗教场所及其所处的山水景观成为重要的旅游资源,以宗教作为卖点的景区已经成为国内旅游业的中坚力量。截至 2012 年,全国 130 家 5A 级旅游景区,以宗教为核心题材的景区占 20%以上。② 包括青城山、茅山、少林寺、法门寺、普陀山以及近年兴起的无锡灵山等宗教文化旅游区的开发,充分印证了旅游产业是"有仙则灵"。

龙虎山是全国首批 5A 级风景名胜区,自然资源和道教文化旅游资源丰富。其自然景观一是"山奇",各种造型独特的孤峰、石柱、峰林、残丘等展示了丹霞地貌的显著特征,集"多、奇、特"于一身,仙女岩、仙水岩、象鼻山等属于其中的珍品;二是"水秀",江西五大水系之信江自此流向鄱阳湖,信江的数支重要支流,泸溪河、罗塘河、丰河等在此构成树枝状

---

① 张金涛主编:《中国龙虎山天师道》,南昌:江西人民出版社,2000 年,第 34 页。
② 国家旅游局:《国家 5A 景区名录》,http://lxs.cncn.com/78515/n184791,2015.2.8。

的天然水系,景区的流泉飞瀑随处可见,溪流清澈见底,四季皆为碧青色,被公认"胜似漓江";三是"林密",山区为阔叶林带,丘陵岗为针阔混交林带,受国家保护的古树名木众多,以千年古香樟、罗汉松、四季桂、百年龟皮松等为典型。① 若是乘竹筏,从上清镇顺泸溪河而下,可领略沿途几十里宛若人间仙境、世外桃源的山水美景。

龙虎山的交通和区位优势十分明显。距离鹰潭市区仅 18 公里。鹰潭是华东地区重要的交通枢纽城市。浙赣、鹰厦、皖赣三条铁路在此纵横交汇,沟通联结了赣、闽、浙、沪。沪昆(上海-昆明)高速、济广(济南-广州)高速以及 320 国道、206 国道等均贯穿全境。鹰潭距离省会南昌 160 公里,2 小时的车程可直达昌北国际机场。由于具有明显区位优势,龙虎山的旅游市场潜力极大,既靠近包括上海、江苏、浙江在内的长江三角洲,又临近海峡两岸的福建、台湾。近年来,上海、杭州、武汉、长沙、南京、福州等地均开通到鹰潭的高铁,为游客进出鹰潭提供了十分便利的交通条件。

20 世纪 80 年代初,鹰潭市委、市政府将旅游业作为发展地方经济的龙头产业,明确提出"旅游强市"的战略发展目标,"在更新、更高层次上开发龙虎山的旅游资源,把丰富的资源优势迅速转化为雄厚的经济优势,把龙虎山旅游业培育成鹰潭经济的支柱产业"②。将龙虎山的形象定位为"中国道教第一山"。

为了发展当地的旅游产业,鹰潭市加快了理顺景区的管理体制。1993 年,将原龙虎山风景区管理局和鹰潭旅游局合并,组成"龙虎山风景旅游区管理局"(以下简称管理局)。管理局集地方行政管理、风景名胜管理为一体,行使县级党政职能。在管理局的主导下,1996 年又成立了"江西省龙虎山旅游(集团)有限责任公司"(以下简称"集团公司"),具体负责龙虎山旅游市场开发与运营。由此,景区的行政管理和经营管理

---

① 姜勇彪,郭福生:《龙虎山世界地质公里地学旅游资源及其特征分析》,《东华理工大学学报》,2009 年第 1 期。

② 沈运煊:《把龙虎山旅游业培育成鹰潭支柱产业》,《江西政报》,2002 年第 11 期。

实现了相对分离。

集团公司成立当年，即开始投资重建"兜率宫"。兜率宫在龙虎山主景区内，坐落于 324 米的仙岩顶，拾 800 级台阶方可抵。宫观坐西朝东，五进而起，占地 670 平方米。该宫正殿正中供奉老子神像，像高 12.3 米，以应老子"道生一，一生二，二生三，三生万物"的思想。

2000 年，重修"正一观"。正一观原为龙虎山著名宫观，在道教史上地位甚高。据《龙虎山志》所记，西晋时期，第四代天师张盛到龙虎山修炼，建"天师庙"以祀祖。北宋崇宁四年（1105），三十代天师张继先奉敕修葺天师庙，徽宗时改天师庙为"演法观"。明嘉靖三十二年（1563），明世宗赐帑重修，并改名为"正一观"。20 世纪 40 年代，该观因失火而毁。

2001 年，重建"上清宫"。上清宫号称天下第一宫，为历代天师高道阐教之所。上清宫也因《水浒传》而闻名于世。《水浒传》第一回《张天师祈禳瘟疫，洪太尉误走妖魔》即是以大上清宫为故事发生地，由上清宫的镇妖井，走出 36 天罡，72 地煞，从而演绎出一场惊天动地的农民起义故事。该书还对龙虎山"上清宫"有一番描述：

> 青松屈曲，翠柏阴森。门悬敕额金书，户列灵符玉篆……附砌下流水潺潺，墙院后好山环绕。鹤生丹顶，龟长绿毛。树梢头献果苍猿，莎草内衔芝白鹿。三清殿上鸣金钟，道士步虚；四圣堂前敲玉磬，真人礼斗。

道书记载，上清宫前身乃为祖天师张道陵在龙虎山炼丹时所修草堂。第四代天师张盛为了开宗传道，在原有草堂的基础上建立了"传箓坛"，每逢三元日升坛传箓。唐代会昌年间（841—846），于此处建"真仙观"。北宋时改名为"上清观"。南宋改为"上清正一宫"。明代对上清宫曾先后有六次重建与修复或增建。清代康熙和雍正年间，朝廷都对上清宫进行过较大规模的重修。经过数代王朝拨款修建，整个宫观建筑群规模庞大，气势恢宏。清中期之后，上清宫未再重修。终因年久失修、管理不善而破败。20 世纪 30 年代，乞丐在殿内生火取暖，不慎引起火灾，整个殿宇楼阁化为灰烬,地面建筑几乎荡然无存,仅剩地基及石碑、石柱若干,后经文物部门挖掘整理成国家级重大考古发现地。

经过重建,兜率宫、正一观和上清宫以龙虎山旅游景点的身份重新面向游客开放。

(二)龙虎山道教的恢复

在兜率宫、正一观和上清宫相继重建,并被作为旅游景点开放的同时,龙虎山的道教也在逐步恢复。改革开放后,社会主义时期宗教存在的长期性被重新认识,宗教政策实现拨乱反正。在国家宗教事务部门和中国道教协会的领导下,从 20 世纪 80 年代初期开始,道教的宫观与教团组织逐渐恢复重建。

1983 年国务院首次颁布全国二十一所对外开放的重点宫观名录,龙虎山嗣汉天师府即位列其中。同年,时任中国道教协会会长黎遇航到龙虎山考察,并先后推荐张金涛、张继禹、张贵华及曾广亮等人入中国道教学院学习。张金涛为六十三代天师张恩溥二女儿张稻香之子,张金涛、张贵华、曾广亮在道教学院学习之后选择回到龙虎山天师府工作,继承和发展道教事业。

嗣汉天师府被国务院确定为全国对外开放的重点宫观之后,其宗教场所地位开始恢复,原来入驻的学校等单位相继迁出,由道教人士接手宫观的管理。从 1985 年开始,由政府出资对天师府进行了大规模维修和重建工作。同年,"贵溪龙虎山道教协会筹备组"正式成立。

1986 年,张金涛当选为中国道教协会理事。1987 年,张金涛出任天师府住持,同年当选为鹰潭市政协常委、市人大代表。1994 年,龙虎山道教协会在江西率先成立,张金涛当选为会长。2001 年,江西省道教协会成立,张金涛任副会长,2007 年第一次换届升任会长至今。2005 年,张金涛即当选中国道教协会副会长。

1983 年,天师府恢复重建时,便开始自主向游客收门票。最初,天师府的门票收入每年仅有 1 万元多元,到 1990 年,遂增加到 5 万多,此后,随着游客的不断增加,门票收入每年都翻倍增长。2006 年,天师府门票收入达到 150 万。天师府虽然恢复了宗教场所的独立地位,但由于天师府的重建是在龙虎山景区主导下完成,部分建设资金亦来源于景区,天师府故顺理成章地要为地方的旅游事业发展大局做贡献。每年,天师府均须将一部分门票收入上交给景区管理局。由此产生天师府与景区管理局的权属关系理顺问题。

宗教活动场所与地方政府之间的利益博弈其实是比较常见的现象,类似问题在嵩山、普陀山、五台山等地都存在。① 矛盾加剧既不利于龙虎山旅游业的发展,也不利于政府做好宗教事务工作。为了理顺管理关系、整合旅游资源,合力打造龙虎山道教名山品牌。2007 年,鹰潭市委、市政府多次召集管理局、集团公司和道协协调,就理顺景区的管理关系进行反复磋商,"要求有关各方以大局为重,以发展为重,打破樊篱向前看"②。经过一年多的努力,终于在 2008 年底达成协议:由集团公司统一收取景区大门票,天师府不再自行收门票;集团公司则将其投资兴建的正一观和上清宫、兜率宫等道教场所移交龙虎山道协管理;集团公司每年从门票收入中,按照一定的基数分成给龙虎山道协,并按一定比例递增。2018 年,旅游集团公司拨付道协补助资金已近 300 万元。

这一改革对龙虎山道教至关重要。龙虎山道协一跃升格为实体,成为实际统辖龙虎山各宫观的管理机构。同时,道协也争取到了相对独立的地位,不再从属于景区的行政管理,可以自主地经营宗教业务,龙虎山道教宫观经济迎来了现代化市场经济的春天。

(三)道协的组织架构及运营

1. 龙虎山道协组织结构

龙虎山道教协会统管全山的道教活动场所,为合法登记的宗教法人。

---

① 网易财经:《信仰的生意:一张图看懂少林寺商业版图》http://money.163.com/14/1113/08/AATUG0KV00253G87.html,2014.11.13,网易。

② 雷纪文、童美德:《江西省鹰潭市理顺龙虎山道教宫观管理体制》,《中国宗教》,2009 年第 4 期。

龙虎山道协设会长 1 名,副会长 3 名,职责划分为:副会长之一兼道协秘书长,分管教务、道教文化研究室、培训、外联、交流;副会长之二分管基建,安全,消防,绿化;副会长之三兼办公室主任,分管后勤,接待,财产。整个道协配备了 6 名副秘书长。

龙虎山道协下设机构包括办公室及四个宫观。办公室内设 4 个部门:基建办公室、教务处、道教文化研究室、财务室。四大宫观天师府、上清宫、正一观和兜率宫,每个宫观均设管委会,管委会主任和副主任同时兼任道协的副秘书长。道协每月召开一次工作例会,每年召开一次全山大会。

天师府管委会共 5 人,其中主任 1 人,副主任 2 人,分别管教务和办公室,另 2 人分别协助 2 位副主任。天师府目前共有道长 18 人,聘用职工 6 人。18 位道长在法事中分二类,一类为经师,一类为乐师。道长在宫观的中心工作是在殿堂值班,负责接待游客和信士,同时兼顾殿堂安全。

正一观管委会共 2 人,主任和副主任各 1 人。全观共有道士 4 人,另有 3 名聘用的职工,负责水电、绿化等工作。正一观因为道士较少,平时聘请了 6 位居士在宫观里帮忙,主要是负责看守殿堂。

上清宫管委会共 2 人,主任和副主任各 1 人。有 4 名道士,2 个聘用职工(报账员、学徒道士),2 个临时工,负责打扫卫生和晚上值班。

2. 道协的生存压力

宫观经济是道协生存与发展的基础。离开宫观经济的支撑,道协的日常工作便无以为继,道人的生活也没有来源。根据道协自己的分类,道协的日常开支主要由以下六块构成:

第一,宫观建筑及其维修支出。基建和维修费用是道协最大的经济开支,花费甚多。上清宫一期为龙虎山景区投资兴建,上清宫归口道协之后,二期工程的建设资金需要道协自筹。上清宫二期的预算资金高达 1 亿多。同时,道协还启动了龙虎山道教学院的建设。道教学院占地 80 亩,与上清宫隔河相对,一期建设总投资即达 5 千多万,分六期工程建设,总建筑面积一万四千余平方米,设教学楼、师生宿舍、养生楼、图书馆、食堂等设施。

第二，道职员工工资福利支出。龙虎山目前有道士 36 人，另外，道协还有 21 位聘用工及 10 余位从事勤杂的临时工。道协的道士自养原则是"收入略高于地方居民，保持小步慢跑"。宫观能够提供体面的收入，道协才可能从当地招收到需要的人才，这也是道协在当地立足的基础。尽管如此，龙虎山道士们自己的评价是"道人的福利不高"。

第三，日常行政管理支出。这项支出包括各个宫观场地水电、工作人员差旅、办公经费、公务接待费以及公车购置运行费，等等。

第四，道教业务开销支出。包括购置法器及服装等。道士们的服装，每 3 年发 2 套，包括 2 套冬装，2 套夏装。仍然不够，则需要道士自己花钱购买。

第五，文化宣传交流活动支出。包括发行龙虎山道教的刊物《道源教宗》、资助出版宣传龙虎山道文化书刊，以及各种教务专业活动研讨、文化讲堂等。

第六，社会公益慈善支出。作为宗教组织，无论是信守教规教义还是历史传统，道协都有积极参与社会公益慈善活动的责任和义务。道协因当前本身财力薄弱，暂时只能不定期做些灾区捐款和地方社会修桥补路、敬老爱幼之类的捐款事项，每年仍有不小支出。

3.宫观的目标责任制管理

宫观要生存和发展，必须要有稳定的经济收入。虽然道协经常可以向各级政府申请项目经费，但这些项目主要是针对文物保护、安全维修和旅游硬件基础设施建设。道协的日常经费必须要靠自己赚取。为此，道协制订了宫观经济的目标责任制管理办法，每年与各宫观管理委员会签署工作责任状，要求完成相应的经济任务指标。宫观当年的经济任务主要是根据前一年的收入情况来定。比如，根据年度各宫观的收入情况来确定下年度的收入任务。总的要求是，每年保持适当幅度的增长。

龙虎山道协确定宫观经济任务和目标责任制的基本思路是：宫观收入要增加，宫观就必须要寻找突破口，分析从哪些方面着手去做。比如，如何更好地招揽香客。各宫观要根据自己的特色开发项目,吸引客源。天师府的经济指标主要从传度法事、科仪法事、长明灯、开年、冲太岁这些方面下工夫。天师府的主要经济任务是宗教法事。正一观重点定位是养生,经济来源和天师府一样,科仪法事是重头,只是少了传度这一块。养生包括辟谷班、养生培训班。上清宫除了科仪法事不能少,主要打造水浒文化,讲好龙虎山道教水浒故事。

三、道教业务拓展

(一) 功德箱

功德箱的收入也即宗教捐赠,又称"香火钱"。正所谓"庙靠香火养活,庙要鼎盛,要靠自身的香火"。增加功德箱收入,一则要吸引客源,二则要让进宫观游客自愿做功德。

龙虎山宫观功德箱收入主要有两种来源:一是针对零散游客,帮助其做功德;二是针对有道教信仰需求的商贾等成功人士。

宗教捐赠的来源及数额这些年来均发生了较大的变化。在 20 世纪八九十年代,凡捐赠 100 元者,名字即可上功德碑;到 2000 年后,捐赠数额达 300 元以上者名字才能上功德碑;2010 年以后,捐赠数额更高达 500 元以上者,名字才能上碑。

2000 年以前,在宫观做功德的以境外游客为主,包括中国台湾、中国香港、中国澳门和新加坡等地区信众。八九十年代,中国台湾、新加坡的信士到宫观里捐款一般达到数千到上万不等。而 2000 年以后,海外信士捐上万元的少,大多捐几千元。台湾的香客、信士过来,一般会组成"朝拜团",朝拜团会把他们自己宫观的神像一起请过来,比如天师、玉皇大帝、真武大帝等。他们来天师府后会做一些道场。然后就会往功德箱里放一些香火钱。但近些年随着台湾经济下滑,台湾香客捐得明显比以前少了。

最近十年来,捐赠者以内地香客为主。如以重修或重建某大殿为由号召捐款,以名字载入祖庭功德碑、成为天师道友会永久会员、成为龙虎山道协会员、成为龙虎山道协的顾问、成为龙虎山道协的荣誉会长吸引捐款等。

(二)科仪法事

道教斋醮是龙虎山特色,斋醮法事是宫观为信士提供的一项主要宗教服务。由于龙虎山道教的知名度极高,道协的科仪法事不仅在宫观内做,也经常到境外做。

龙虎山道士到境外做法事一般由邀请方负责接待,或落地或全程接待。额外支付的费用则视对方经济条件来定。去的最多的是中国台湾。尽管台湾道教界比较复杂,各自为政,有一百多个道教协会,龙虎山天师道仍然在台湾有很高的人气,在台湾多地设置了联络处。

科仪法事更主要是在龙虎山的宫观内做。据统计,仅天师府一年就有 800 到 1000 场道场,平均每天有 2-3 场,有时一天有 20 多场。法事分阳教和阴教两种。阳教法事包括消灾、祈福、平安、求财、求子、求学,多在天师殿举行。阴教法事包括超度、超亡、普度、做七(七七四十九天)、还阴债,一般在救苦殿举行。龙虎山道协的道士分别组成 2 支队伍,每支 10 多人,总共 30 多人。一场小法事的时间一般不超过 1 小时,大的法事则要 2-3 个小时。法事的收费是因人因事而异的,是龙虎山道观的一项主要收入。

传度也是龙虎山道协每年要举办的重要法事。成为正式的道士,必须要经过传度环节。在龙虎山参加传度,每人须交一定费用,包含衣服和法器、书籍等,这些物件由法务流通处在附近的厂子里定做。近几年,龙虎山每年可为 2 千多人举办传度法事。

授箓是龙虎山道协的特权。天下道教唯此一家有权力为道士举办授箓仪式。龙虎山举办授箓仪式要为箓生安排吃、住,并授予其法器、经箓、科书等法物。所以,授箓的成本高达 60%-80%。

因而把握科仪法事经济规律的重点是打开市场，关键是道士要会宣讲，要结合道教的原理和易经风水环境学说，帮助香客排忧解难，点出他们存在的问题，讲明法事的功能，市场就形成了。所以关键是道士要会说，说得清楚。

四、宫观与商业

多年来，龙虎山一直在不知不觉地追逐着"天师"符号的商业价值，包括开发"天师"品牌的系列产品。这其中的成败得失以及对宗教本身的影响，值得仔细探析回味。

将知名宗教场所及其符号打造成商业品牌，其正当性与合理性目前在国内争议颇多。诸如河南嵩山少林寺品牌被运用于开发茶叶、武术表演等。如果抛开居高临下的道德优越感，站在价值中立的立场观察，宗教符号的商业开发是在市场化进程中的一个必然趋势。正如马克思曾经指出过：资本将一切温情脉脉的关系都按进了冷冰冰的现金交易之中。[①]当代法国思想家则更务实地提出了"文化资本"的概念，也即文化符号是可以创造商品价值的。[②]

道教正一派尊张道陵为"祖天师"，其法脉传至民国已至六十三代。如今，"天师"成为龙虎山道教的历史文化资本。综合起来看，龙虎山对于"天师"品牌的经营正在经历三个阶段，形成三类开发样式：一是允许特定的商家以"天师"冠名其产品，开发"天师"系列商品；二是与社会资本合作，在龙虎山开发道教文化旅游项目，如开发"天师林园"；三是自办与宗教、旅游相关的餐饮服务业，延长产业链。从授权到参与，再到自办，这三种品牌经营模式的先后出现，表明龙虎山道教，正日益从被动走向主动。

① 《马克思恩格斯选集》，北京：人民出版社。
② 布迪厄：《文化资本理论》。

（一）品牌授权经营

龙虎山道教恢复发展以来,正是道教文化旅游资源得到逐步开发利用的时期。正一道道士并不要求出家,只要信奉其基本教义教规即可,对居家的商人吸引力较大。随着正一道皈依的商人弟子日益增多,极大地丰富了正一道发展的社会资源,为正一道发展宫观经济创造了越来越多的商业机会。此外,有的商人也想利用道教的社会影响,通过借用道教品牌来扩大自己产品的知名度。

龙虎山道教较早参与开发的商业项目是"灵泉井"矿泉水。《道德经》有云,"上善若水,水善利万物而不争"。水在道教当中有极高的宗教寓意。天师府玉皇殿前的"灵泉井"是当地道士从事宗教活动及生活的取水处。此井已有700多年历史,水质好、无污染,极具商业开发潜力。2006年,当地铁路公司给水段与龙虎山道协达成合作开发矿泉水的协议,由铁路给水段出资成立"龙虎山山泉有限公司",生产"天师灵泉"瓶装水及桶装水。产品定位面向高端市场,每瓶矿泉水定价19元。水源来自天师府的"灵泉井",公司每年向天师府支付相应的费用。"天师灵泉"瓶装水主要在动车上销售,桶装水则向当地超市供应。后来铁路公司改制,铁路给水段被撤并,铁路局与天师府的合作也就停止了。

最近几年,当地酒商找龙虎山道协合作开发"道教文化酒"。投资成立"龙虎山天师酒业有限公司","独家享有张天师祖传的养生秘方",开发以"嗣汉天师府"为品牌的系列白酒、养生酒,包括"道尊""弘道""灵泉""天清"等,价格最贵的市场售价198元,最便宜的88元。在当地市场反映不错,本地的酒店、超市均有销售,道教品牌的市场认同度果然非同凡响。

天师酒的营销模式后来还延伸到其他一些宗教产品及当地特产上。比如,与商家联合推出天师品牌的驱邪符、平安符、黄蜡石印符等。符箓乃道教正一派主要修习方术,在民间影响甚广。符箓术的思想基础是鬼神信仰,据称其符箓有召神劾鬼、镇魔降妖之功效。符箓的使用途径广泛：有用于为人治病者，有用于驱鬼镇邪者，有用于救灾止害者。至于道士作斋醮法事，更离不开符箓，整个法坛内外，张贴、悬挂各式符箓。天师品牌的符箓无疑更具权威和法力，市场行情看涨。

不过，近些年来，"天师"商标在开发使用中也面临着所有权等经济纷争。"天师"商标的经济价值业已体现出来，而"趁火打劫"的风险又几乎为零，想借此捞上一把的也就大有人在。正如马克思强调："如果有10%的利润，资本就会保证到处被使用；有20%的利润，资本就能活跃起来；有50%的利润，资本就会铤而走险；为了100%的利润，资本就敢践踏一切人间法律；有300%以上的利润，资本就敢犯任何罪行，甚至去冒绞首的危险。"①龙虎山本地及外地都有产品自行冠名"天师牌"，比如鹰潭本地曾有"天师牌蚊香"。资本逐利的贪婪本性此时在宗教领域同样表现得一览无遗。"天师"品牌没有注册商标，许多宗教文化的品牌效应在商品经济中没有得到应有的重视和保护，这是宗教经济与现代化融合过程中必须要引起重视的一个问题。

利用天师府影响力，提升社会资本，也是龙虎山道教品牌经营的一项策略。目前，天师府在北京、天津、深圳、上海、南昌、黑龙江以及港台地区均设有办事处。所谓"办事处"实则为道商合作的方式。一般是一些商人借助天师府的名号在大城市推广自己的宗教业务。

有分析说，这些公司之所以打天师府办事处的牌子，"一则因为有信仰；二则有面子，他们觉得光荣、荣幸；三则可以借助天师府提升公司的品牌，展现自己的实力"。而龙虎山道协授权给这些公司，既能扩充天师道的社会影响力，同时也有实际的好处。

此外，道协还通过承包经营的方式运营着其他一些商业资源。如天师家宴（又名宫宝第，属于设在天师府内的宗教饮食文化）。另有店铺出租，一般分2种方式：一是法务流通。该流通处在天师府内，大门口旁，目前对外承包，主要经营法器、经书、典籍、风水的书籍、服饰（法衣、鞋、衣

---

① 《马克思恩格斯全集》第17卷第258页。

帽）、音乐光盘、法事光盘、纪念品、香火等产品，具体出售道人的穿戴装束，法器，法衣，法坛内外的用器。一个小小的上清镇便有 10 多家法物流通店铺，竞争十分激烈。二是临街店铺。龙虎山道协还有 6 个店面，在家属区，临街，店租不高，一个店一年也就几千元，主要也是经营与道教相关的饮食、香火、旅游文化等产品。

（二）招商引资

2015 年初，台湾的"中国世界弘道复兴协会"和香港的鸿星联合集团共同投资成立"龙虎山天师林文化旅游开发公司"，与龙虎山道教协会共同开发"天师林园"项目。项目预计总投资 5 千万美元，占地 980 亩，预计 5 年内竣工。

同年 9 月 19 日天师林园项目动土典礼在龙虎山举行，当地恰逢天师府举办"对台千人专场道教授箓"大型法事活动，台湾地区共有 17 个箓生分团共近千人参加。此次活动规格甚高，台湾方面，海基会董事长林中森等人出席了相关活动，台湾的全体箓生以及海峡两岸的相关官员还共同参加了天师林园项目的动土典礼，可谓盛况空前。

项目之所以叫"天师林园"是因为项目建有天师碑林，为历代天师立碑、记述生平事迹。天师林园项目将市场需求与龙虎山的道教资源紧密结合，以道教文化和祭祀文化为基础打造新产业。项目的内容包括祭祀、养生、购物、餐饮住宿、道教文化旅游以及观光农业等，其中最核心业务是将祭祀活动商业化经营。具体而言，是依靠出租牌位来赢利。据项目所做的前期市场调研，海外华人寻根问祖的意愿十分强烈，许多人愿意去世后灵位回到祖国大陆。但灵位要回到原籍十分困难，即使灵位回到原籍，也可能因为子女在外地而无人打理、祭拜。因此，对于存放、管理、祭拜故去亲属的牌位具有十分广泛的市场需求。天师林园项目的主营业务即是满足这些海外游子的祭拜需求。项目规划可容纳牌位 10 万个，亲属可以亲自来龙虎山祭拜，项目为其提供吃、住、休闲旅游等配套服务。不过由于亲属在外地甚至是海外，大多时候是无法亲自跑来龙虎山祭拜。项目充分利用当前十分流行的"互联网+"的运营模式,提供网络祭拜服务,亲属可委托天师林园举办祭拜仪式,自己则在网上同步观看,其他为祭拜举行的法事则由龙虎山道协提供。

天师林园产品销售渠道主要是借助海外的道教组织,目前全球共有26个国家和地区设立了道教协会,这些道教协会与龙虎山道协均有比较畅通的联系方式。

道教讲究"尊天祭祖"。在道教宫观里供奉牌位,是很大一块经济来源。这个项目简化了现代人的祭祖需求,为稀缺的祭祖市场提供了新颖的供给产品,具有很大的商业价值。天师林园项目极有可能发展成为一种业态,结合"互联网+",变成一种新型服务业。

(三)宾馆服务业(食宿)

为了进一步发展宫观经济,龙虎山道协正在逐步由幕后参与道商经营而转变成直接经营。道协正在筹办成立"龙虎山道商文化发展公司"。公司的主要业务是开发新收购的紧临天师府的22亩土地。这块土地原来规划作为道学院的用地,现在道协准备自己开发建设酒店。

一是可供授箓时,箓生住宿的场地。该酒店拥有一个一千多人的会议室和多功能厅,重点解决箓生举行宗教活动、用餐、讲经,食宿等需求。因为住庙相对箓生而言十分重要,代表了宗教行为的神圣庄严,住宾馆则衬托不出宗教氛围,吸引不了更多的香客、居士。在龙虎山道观内建设酒店主要用途就是用于海内外授箓接待。只有道观自己做,才能真正解决道教内部的宗教需求,加上平时委托专业人士打理,方能提供更加专业化的服务。

二是平时可对外经营。龙虎山的酒店小且不多,俗而不精。游客只愿待一天,不愿住在景区。上清湾酒店70%的客源来自道教。由杨澜和集团公司合作开发的《寻梦龙虎山》大型实景演出项目对留住客源有一定作用。因为留游客住一晚对景区旅游发展意义重大。原来龙虎山是个旅游景点,上午漂流,下午去龟峰(弋阳),景区变景点。现在打造新的景点,一定要把客人留住。

三是可将酒店以养生为主来运营。这些服务又称之为"宗教三产"。因为龙虎山的产业还都刚起步,产业链少,龙虎山的宗教三产还不是很活,没做强,与日益增多的来龙虎山旅游朝拜人员不适应,还有很大的发展空间。

结　论

本文无意通过道德上的评判,简单回应宫观经济模式的"好坏"。而是力图站在价值中立的立场,将宫观经济当作一种客观存在的现象来分析研究。通过对传统宗教的最典型代表龙虎山宫观经济的历史与现实变迁的梳理,我们可以发现一条清晰的变化轨迹,即清代以降宫观经济从官办为主到自养为主。此变化与其说是宫观主动追求,不如说是被时代大潮裹挟和推动。回顾全文,主要得出了以下四点结论:

(一)决定宫观经济基础和形态的内在逻辑除了宗教本身的选择还有其他社会力量。道教原本发端于民间社会,乃为民众借助于对超自然的信仰以应对时局艰辛、人生苦难。而信教之人一旦集结,形成思想统一、内部结构严密的教团组织,即可形成一种力量,历代统治者对于宗教皆十分重视。汉末兴起的正一道,经过魏晋南北朝数百年的冲突与磨合,到唐代李氏王朝将其作为"官方宗教"。利用道教为王朝统治辩护,同时也利用道教教化天下。道教,至少说上层道教为官办,在唐代已经形成定制。这一制度延续到明代,道教上层官办的特点不断被加强。明代,朱元璋更是强调正一道的教化功能。在这段漫长的过程中,道教的上层日益成为王朝政治统治的一部分。龙虎山的张天师被朝廷授予品衔,成为朝廷之命官,统领江南道教。在此阶段,正一道完全遵从于朝廷,以换取政治庇护。因此,龙虎山道教从初创时期其宫观经济的基础和形态与官办结下了不解之缘。

(二)宫观经济与道教的作用力与反作用力关系,符合社会经济形态发展变化的一般规律。在千余年的"官办"阶段,衣食无忧的宫观为道教的兴盛繁荣提供了强大的经济支持,吸引了一批又一批的道教才俊前赴后继地投身道教事业,为道教长期的发展繁衍立下了不可磨灭的功勋。然而清末以来,在西方坚船利炮的威逼之下,中国被迫"师夷长技以制夷"。文化上通过一轮轮的自我批判、自我否定,以求废除"封建礼教"。道教即是在某种程度上被当作传统余毒,被社会主流排斥而日益走向边缘。政治上,龙虎山道教所享受的政治优厚渐次被剥夺,以龙虎山道教为例,从降品,到民国督军剥夺天师称号,再到政治待遇被取消,土地被没收,龙虎山道教的经济来源没有着落,面临着生存的危机。至此,道教一旦失去了政治庇护,原有的宫观经济形态也必将面临新的重大转型。

(三)市场是决定现代宫观经济模式的主要力量。宫观经济模式的背后与其说是宫观自身追求,不如说有强大的社会力量推动。正所谓天下大势,浩浩荡荡,顺之则昌,逆之则亡。正一道在强大的市场化大潮之中,开发宗教资源的市场价值,开拓了新时代的宫观经济模式。这一宫观经济模式也不仅仅是龙虎山道教所独有,许多佛教寺庙以及其他道教宫观也都采用了这种模式。

当然,对这种宫观经济模式,批评者甚众。在这些批评者当中,大多数人认为宗教应当远离金钱,远离俗务,特别是标榜"清静无为""道法自然"的道教,更应当"超凡超俗、逍遥自在"。然而这只是人们的一厢情愿而已。作为宗教界人士,即便其个人应当忍受清贫,作为对信仰的一种考验,但对于整个宗教教团来说,则必须有相应的经济基础,才能生存与发展。

事实上,各种宗教都在创建与自身教义相符、有利于自身组织发展的自养模式。比如,道教宫观是直接从市场当中寻找经济来源,而基督教或许是依靠壮大教徒队伍,依靠教徒的牧养。比如在圣经旧约当中,就直接通过律法的形式规定教徒定捐比例是其收入的十分之一,如果再加上必须捐献的祭物等,教徒承担的捐献比例大约是其收入的20%。新约虽然取消了定捐额度,但也是积极鼓励教徒奉献。对于当前多元化的宗教市场,不应当以某一种宗教为尺度来衡量其他宗教,而应当承认宗教多元化以及宗教经济形式多元化是有其合理之处的。

（四）发展现代宫观经济必须引起重视的几个问题。当然,道教宫观经济的市场化经营模式尚不成熟,问题仍然很多。比如,道士作为一种社会职业分工,如何建构其职业伦理;如何对道教的教义做出更加符合时代和现实的解释,从而缓解教义与宫观经济之间的紧张,使宫观经济模式更具有正当性;如何加强对宫观财产的监管,避免公共财产被侵吞和流失;如何保护道教传统文化和商业品牌价值不被肆意侵犯,等等。道教如何去解决这些悬而未决的问题,还有待继续观察与研究。

佛教中国化成功原因浅析

江西省委统战部二处主任科员　　李雍平

公元前后,佛教沿着贯彻亚洲大陆的丝绸之路传入我国,最早依附于道教,作为方术在社会上层人士和知识阶层小范围传播。经历了两汉、三国、魏晋时期的缓慢发展后,在南北朝日渐兴盛,及至隋唐后进入鼎盛时期,形成了一套中国特色的传播形态、传播方法、信仰体系,并输出到东亚周边国家。佛教为什么能传入中国,在中国社会各阶层中传播,并且成功中国化,成为中国的宗教?本文试图通过分析佛教自身因素,中国的政治、社会、文化环境及印度对中国佛教影响等方面因素对以上问题进行粗浅地探讨。

一、佛教教理契合封建社会需要使其能在中国传播

任何事物都是在一定时间和空间中孕育、产生、演变的,是内因、外因共同作用的结果。2000 年前,佛教作为一种新鲜事物传入中国并成功传播,既是其内在孕育的先天优势的结果,也是当时特定的时势所然。

(一)佛教的出世思想不威胁封建政权,使其能在中国立足。宗教能否被统治阶级接受,关键看宗教是否有利于其统治。外来宗教进入一个国家,短期内是否对现有政权产生直接威胁,是决定其能否生存下来的一个重要因素。

佛教传入中国初期对当时政权的影响。

佛教自创立起,就有"不贪恋名利""不堕入世俗"的出世思想,决定

其组织形式和思想观念都有利于封建社会国家政权巩固。

（1）佛教无自上而下严密的组织形式。佛教传入中国的最初阶段，是以皇室组织高僧开展的佛典翻译、解说、介绍的形式出现。一定程度上讲，佛教是依附于政权组织的。汉魏时期来华的传教者，多为西域和天竺的僧人，其传教依然以个人为主，带有群体性、组织性的传教极少出现。即便后来佛教建立"僧伽""丛林"制度，寺院逐渐增多，戒律也趋于严格，但对"在家二众"的组织凝聚、约束也十分松散。为加强对佛教的控制，南北朝时期，朝廷还设立了管理佛教的机构，如后秦的僧录、北魏北齐的沙门统、昭玄统等，由国家任命僧官，以管理僧尼事务，统御佛教制度，使佛教势力完全在官方的掌控之中。

（2）佛教不提倡偶像崇拜。佛教追求解脱和智慧，倡导众生平等，不追求个人崇拜。释迦牟尼入灭前对弟子的最后开示最能诠释佛教这一理念。"要以自己为明灯，以自己为所依，不以他人为所依；要以法为明灯，以法为所依，不以其他为所依。"

（3）佛教敬奉王权，反对暴力。佛教传入中国时，虽然有佛教徒只跪拜佛祖释迦牟尼，佛门弟子见君王不行跪拜之礼，但这只是礼仪、形式问题，并非实质"沙门不敬王者"。佛教从其印度产生初始就提出了佛法、王法"二法不可违"，具有护法（王法）护国的思想。东晋慧远在其《沙门不敬王者论》中更明确：僧人是"方外之宾"，虽不在形式上礼拜王者，但可以通过自己传播佛法，"助王化于治道"，"协契皇极"。更为重要的，佛教将"不杀生"作为"五戒"之首，反对暴力，倡导慈悲为怀，自然不支持通过战争、暴动等形式推翻现有政权。是故历史上历次起义、暴力斗争极少打着佛教旗帜。

（4）佛教回避阶级矛盾。佛教的苦谛以人的生老病死为最大苦难，认为世人皆同（统治阶级如此，被统治阶段也如此），只有涅槃才能解脱。这彻底回避了阶级矛盾，回避了阶级剥削、阶级压迫是造成底层民众痛苦根源的事实。结合汉末魏晋时期社会看，佛教客观上掩盖了门阀士族为代表的统治阶级对民众的压迫，掩盖了他们贪婪的行径。这显然是有利于统战阶级政权稳固的。

（5）佛教不阻碍国家政令执行。佛教对信众虽然有一系列行为规范，但在兵役、税赋、司法等方面均未造成冲突。南北朝时期，虽然佛教的寺庙经济、僧兵有所膨胀，与王权的冲突有所加剧，经历统治阶层数次灭佛打压后，佛教迅速转变自养方式。自古名山僧占多，佛教远离政治，到人迹罕至地方，不占土地，开荒自耕，隐身于社会，不干预世俗社会，不参与政治斗争，自然无碍于国家政令实施，也不被统治者关注。

（二）佛教化解与儒道思想冲突，使其能被知识阶层接受。一种宗教传入一个国度，除必须被统治阶层接受外，还必须适应当地文化土壤，甚至改造文化土壤，与当地固有文化融合。这一过程是通过知识阶层实现的。

佛教传入中国的 100 多年前，汉武帝在思想文化界首开"罢黜百家，独尊儒术"之政策，确立了儒家思想的正统与主导地位，使得专制"大一统"的思想作为一种主流意识形态成为定型，最终使之成为整个宗法制国家的基础。但此时，道家的"小国寡民，老死不相往来"理念，广泛根植于中国的农业社会，也对于社稷稳定或者休养生息有作用，成为辅助手段，同样是社会的正统思想。佛教一方面，其教义一定程度上契合儒道理念，并通过主观不断调适，使其适应中土文化而立足下来；另一方面，佛教及时弥补儒道天人思想的不足，使其受到知识阶层推崇，不但传教顺利开展，还形成了"儒以治世、道以治身、佛以治心"的三足鼎立的文化格局。

1.佛教积极与儒道思想融合。佛教传入中国后，其教义一度被知识阶层视为夷狄乱言，不被接受。此时，佛教为求生存只好寄养在道教门下，不惜贬低身份，声称佛祖释迦牟尼当年是因为老子点化才成佛，晋朝还出现了一部《老子化胡经》。与道教的成功嫁接，使佛教在中国文化中有了"正名"，正是在老子的庇护下，佛教避开了知识阶层的排斥。另外，佛教与道教许多理念相似，更加巩固了其正统地位。如佛教主张空，与道教清心寡欲的思想非常契合，尤其在魏晋玄学盛行的时代，佛教的传入引起了知识阶层的兴趣。相对于道教，佛教虽然与儒家产生于同一个时代，但其理念却在许多方面相差甚远。如，前者奉行出世哲学，后者主张积极入世。前者提倡人人平等，无"分别心"，后者注重伦理纲常，讲究高低贵贱，等等。佛教的传播和发展从来都仰仗王权和贵族阶级，佛教传教者深知不能触及宗法制国家的主流意识形态，故不直接与儒家抗衡，而是采取迂回的做法，利用儒家学说为自己服务。在与儒家思想一些契合的方面（如心怀众生，悲天悯人；牺牲自己，成全他人，等等），佛教人士通过对儒家学说的了解，把佛教的观点和儒家的理论结合起来讲，试图表明佛教与儒家思想并不矛盾。如东晋郗超作《奉法要》一文，阐述了敬奉佛法的一些要领，如"五戒""十善"，等等，把儒家的伦理结合在自己的佛教理论中谈论，以增强说服力。遇到与儒家学说相抵触的一些方面也尽量避开，不去否定儒家。如对于当时知识阶层指责佛教背道叛经、扰乱人心，东晋名士孙绰就曾作《喻道论》，为佛教的一些理论和行为进行辩驳和解说，因此，虽然佛教与儒家小冲突时有发生，儒士要求限制佛教、甚至取消佛教的呼声从未中止，但大多时间佛儒还是在相互融合中彼此相长，佛教的生存空间未受较大的限制。

2.佛教弥补了儒道思想的不足。洪修平教授在其《儒道佛人生哲学的互补》一文中，就儒家和道教作了深刻而具体的论析：儒家强调从人的社会性着眼，重历史文化传统，崇尚礼乐，主张通过强化伦理，提升人的内在道德，来恢复并重建良好的社会秩序，以实现"大同"社会和人的价值。道家的理论核心是本性自然的"道"。道性自然无为。由于天、地、人同道，"道通为一"，因而天道自然无为，人应该效法天道而自然无为。强调从人的自然性着眼，主张绝圣弃智，绝仁弃义，通过效法自然、返璞归真，以实现精神自由的逍遥人生。从洪修平教授的论述中可以看出，儒家重点在"治国齐家平天下"，处理的是人在社会中如何自处的问题，解决的是人与人之间的关系；道家则侧重于神秘的隐修，处理的是如何顺应自然规律的问题，解决的是人和自然的关系。但儒道在知识阶层关注的一些基本哲学问题上没有回应，一方面在"我要去哪里"，即人死后的归宿问题，儒家言"未知生，焉知死"直接回避了这个问题，道家也以"修道成仙"

作为终极目标,对于"未成仙将何往"没有进一步的明确,儒家道教均未能以超越生死的眼光来审视整个人生。另一方面,在"我是谁"问题上,儒家虽然提出了人的本性"性善"的思想,但是,又与其倡导的人要不断修身、克己、日省等理念矛盾;道教则较含糊地认为人是自然的一部分,鲜有对人本性的具体论述。南京大学法光在《佛教何以与儒道并列而行》中指出,"佛教发挥了其丰富思想内涵中因果报应的轮回说,一切众生皆有佛性等理论,对每个人的生死祸福等人生遭遇作了系统的说明,以超越的眼光来审视现实社会人生的特殊视角,引导人们为善去恶,消除贪欲,从而弥补了儒道的某些不足。"因此,佛教不仅满足了知识阶层对思想义理探讨的需要,也弥补了他们对宗教崇拜信仰的需求。因此,东晋后期,佛教摆脱道教的依附后,就以圆融的思辨模式吸引了知识阶层,在他们心中产生了强烈的共鸣。

3.佛教为知识阶层提供了一个"避世"港湾。东汉末年,统治集团分裂,社会危机日益尖锐。特别是魏晋南北朝时期,社会动荡,战乱不断,统治者对知识阶层高压统治,使他们循吏受挫,心理失落。对君王的失望,加之乱世中生活困苦,知识阶层对现实社会极度厌倦,产生了出世愿望。这种环境下,在意识形态中居于主导地位、主张效忠王权、积极投入社会的儒家思想开始动摇,佛教道教思想乘虚崛起。由于知识阶层关注重点已从政治问题转移到人生态度问题,对精神世界的追求也更加迫切。佛教的教理教义,特别是大乘佛教中的般若学"一切皆空"的思想为他们提供了精神食粮。于是,出现了披着袈裟的士族出家的和尚,如玄学创始人何晏、王弼,发展玄学的"竹林七贤"等均崇尚佛教。(微博《兰兰说天下历史》)

(三)佛教理念契合底层民众心理,使其能广泛传播。一种宗教在一个国家产生影响,占这个国家绝大多数的底层民众接受是一个重要因素。马克思恩格斯认为,宗教根源于社会物质生产方式,根源于人与自然、人与人之间关系的不合理。这说明宗教的存在有自然根源、认识根源和社会根源。具体到某一个宗教为什么能被民众接受,更重要的是分析其社会原因。

1.佛教与中国传统民间信仰结合。W.E.Soothil 在《Three Religions China》中指出,在佛教进入中国之前,除儒道之外,还有一个更为重要的思想信仰形式,那就是掺杂着古老神秘方术以及泛神论色彩的民间信仰体系。它在事实上比儒道更为深入地支配着广大普通民众的心理。佛教在传入中国后逐渐吸收、融合这一信仰体系,从佛教徒的信仰动机可以很好地诠释这点——除少数知识阶层外,普通民众信奉佛教的动机,并非对其教理教义的高度认同,而是依然怀着消灾祈福等与民间信仰类似的信仰动机。

2.佛教入教门槛低。佛教认为人人都具有佛性,都可以修炼成佛,而且禅宗认为处处可修禅,不必非要到寺庙。禅宗六祖慧能倡导“唯心净土,己性弥陀”,指出,“佛是自性作,莫向身外求。自性迷,佛即是众生;自性悟,众生即是佛”。这些理念使得佛教不排斥任何一个人,让每个人都可以通过极易实现的、简单的修行进入西方极乐世界。这无疑对普通民众有巨大的吸引力,受到他们的普遍欢迎。因此,也因此能够长久地在民间传播。

3.佛教反对传统天命观。中国的传统天命观,注重血统,所谓龙生龙,凤生凤,统治者是上天之子,其世代理应富贵,王侯将相世袭也理所当然。生活在社会底层的民众只需维护现有秩序,忠实地接受统治,这使得他们精神上无法翻身。佛教的因果报应理论讲得比较圆满,是一种新的天命观。它不承认富贵继承是理所当然,也不认为处于社会底层的现实无法改变。佛教认为今生的苦是前世的业报,业报是自作自受的;要想后世离苦得乐脱离轮回,就要积善积德,善果是自信自作。总之,这一切都掌握在自己手中。这扭转了传统的宿命论,让人更愿接受,至少在逻辑上给底层民民众找到了心理出路。这无疑既是底层民众接受现实的“麻醉剂”,又是憧憬未来的“兴奋剂”。

4.佛教抚慰困苦民众的创伤灵魂。“被剥削阶级在跟剥削者斗争时的软弱无力,必然会产生对优美的来世生活的信仰,正如野蛮人在跟大自然斗争时的软弱无力会产生对上帝、魔鬼、奇迹等的信仰一样"。这是马克思主义对宗教存在的社会根源的一个重要论述。佛教传入中国的前几百年,社会剧烈动荡,无休止的战争、统治阶层的残酷压迫使底层民众生活艰苦、安全感缺乏。在这种环境中,民众在现实世界中感到无所适从,寄希望于宗教寻求进入理想中的世界。佛教所宣传的"生死轮回""因果报应"的思想,把人们的眼光从痛苦的现实转移到无法验证的来世幸福上,正好成为民众最好的精神慰藉。

二、统治阶层信奉佛教为佛教充分发展创造了条件

佛教中国化的一个重要标志是形成了中国的宗派及一系列中国特色的制度、行为,这和佛教在中国得到了充分发展是分不开的。推动了佛教繁荣发展的因素固然很多,但其中一个最重要的因素,是统治阶层信奉佛教。

南北朝始,出现了大量帝王信奉佛教。后赵帝羯人石勒推崇僧人佛图澄、单道开等人,大兴佛教。氐族的前秦帝苻坚迎名僧道安回长安,集"僧众数千,大弘法化"。匈奴酋长沮渠蒙逊大力兴造佛像,又请来昙无谶译经,促进了佛教的普及。梁武帝萧衍痴迷佛教几乎到了疯狂的程度,先后三次出家,推行僧尼素食等规定,影响至今。武则天伪造《大云经》夺取政权后,在全国各州建造大云寺。统治者无论是真心信奉佛教,还是借佛教加强统治、巩固皇权,都有力推动了佛教繁荣发展。

(一)提供了政治庇护。自从帝王成为佛教徒后,在国家意识形态中,佛教再不是夷族邪说。明元帝明确提出"佛教万善同归,敷导民俗"的口号,赋予佛教"巡民教化,安抚一方"任务。他不只给僧人封官,还授给他们爵位,不少僧人和朝中官员享有一样的待遇。高僧法果最为典型,他的爵位从辅国宜城子、忠信侯,一直授到安城公之号。法果圆寂后又授给他老寿将军名号,还亲自为他主持丧事,并令其子袭爵。当时还有个沙门昙登,百岁布法不衰,明元帝也受他老寿将军称号(曹杰《北魏对佛教

的巨大贡献》）。梁武帝萧衍时期也把僧尼身份高贵化,佛寺等机构享受着极高的待遇。正是在统者的庇护下,佛教可以无阻碍地发展。

（二）提供了经济保障。统治者的支持也为佛教发展提供了经济保障。南北朝时期,在皇帝的倡议下,一些王公贵戚们都以自有家庙为荣,以私养沙门为耀,一时间便斗富比阔,以致不惜倾其家资,争相兴建寺庙。同时,寺庙有大批的田地,租授到农民手里收受租金,且不需向国家交纳赋税。在经济利益的驱动下,越来来越多的人私自剃度,加入僧尼的大行列中来,越来越多寺院建立。据记载,隋朝年间共剃度僧尼 23.62 万名,建寺院 3985 所。贞观年间,唐太宗一次就赏赐少林寺田地四十顷,碾车一具。贞观十九年,玄奘从印度求法回来,朝廷为他组织了大规模的译场。唐玄宗时,佛教更是发展达极盛,寺院之数较唐朝初年增加近一半。正是这种丰富的经济保障下,推动了佛经翻译、宣讲,佛学研究、著述及佛教传播等活动。

（三）提供了人才支撑。一方面,朝廷直接为佛教输入人才、培养人才。后秦姚兴迎鸠摩罗什入长安,集沙门 5000。唐高祖武德二年,就在京师聚集高僧,管理一般僧尼。太宗即位之后,重兴译经的事业,又度僧三千人,并在旧战场各地建造寺院。佛教被朝廷推崇的年代,无所事事的僧尼们最重要的事情就是想方设法把教义通化,同时也在很大程度上把一些异端的、不为中国所接受的东西淘汰。另一方面,在朝廷的带动下,门阀士族大批卷入佛学,他们不仅以自己高深的文化修养领会佛学的精神,并使佛经的翻译进入科学、准确时期,而且进一步将儒道思想融入佛学的教理、教义中。佛教的很多高僧出家前受儒家教育,不但通晓佛学,而且具有很高的文化素养,许多好以风雅会友的士子纷纷与之结交。许多士大夫虽未皈依佛门,却精通佛理,成为不出家受戒的佛门高才,如苏轼、苏辙、黄庭坚等诗文中大量体现佛教思想;王安石还精通《楞严经》,并为之作注。

同时,不可忽视的是,统治者对佛教打压也推动了佛教制度方面的中国化。佛教的广泛传播虽然在精神上抚慰民众,但是却造成了社会财富的大量虚耗,影响政府的兵源、财税收入、土地和劳力。随后"三武一宗"实行大规模的灭佛运动,销毁佛像、佛经,强制僧尼还俗。唐武帝于会昌五年发布诏令拆毁寺宇,勒令僧尼还俗,据统计当时毁寺近5万所,僧尼还俗26万人,收回民田数千万亩。北周武帝灭佛运动确立了沙门必须尊重皇权的政治的原则,使中国在此后近一千年的时间里得以在国家制度上保持了相对于其他地区的优势。魏太武与周武帝灭佛,禅宗因其特殊的教规(自耕自食),在这些运动中损失最小,迅速成为中国佛教的重要宗派。

三、特定历史条件使中国佛教得到了独立演化

宗教本土化过程中,不受传出地影响,在传入地特殊的水土中独立发展,是本土化成功的一个因素。受当时特定的历史条件限制,中国佛教发展较少受印度佛教限制,使其在适应中国的环境中而分道演化。

(一)中国佛教受中心辐射弱,使中国佛教可以独立发展。类似于罗马帝国相当长一段时间是世界基督宗教的中心,阿拉伯帝国是世界伊斯兰教的中心,在佛教传入中国初期,印度仍是世界佛教的中心。自从佛教传入中国后,印度佛教对中国佛教影响就有限,并且处于逐渐减弱中。第一,是由于当时特定历史条件决定的。从通信角度看,当时的中国和印度远隔千山万水,中途自然环境恶劣,交通及其不便,且小国众多,关卡重重。一直以来,无论是印度僧人进入中国传教,还是中国僧人赴印度取经,人次都是极少的。第二,是由印度佛教的分裂决定的。从佛陀开始传道到佛教分裂之前,人们将它称之为"原始佛教"。这个原始佛教大约延续了一百年的时间,佛教内部由于对佛法的理解不同而产生了分裂,由统一的团体分裂成了不同的部派,称之为"部派佛教"。到了大约公元前一世纪左右,又兴起了对许多佛和菩萨的信仰,他们自称"大乘",将自己与那些只修阿罗汉道的僧众"小乘"佛教分别出来,称之为"大乘佛教"。大约到了六七世纪左右,印度的佛教又与恒特罗相结合,慢慢地使自身变得

神秘化,并且自称为"密教"。印度佛教的发展,一直是不停地分裂,结合,结合然后又分裂。几个大的佛教部派从出家受戒的仪式都遵循着不同的制度,因此也形成了各自的"经、律、论"三藏体系(微博"水往云来"《佛教到底是怎样在印度消失的》)。这些不同的体系分散的传承在印度各地,难以形成一个统一的思想权威,故而对我国佛教的辐射作用较弱。第三,是由印度佛教的衰弱决定的。印度佛教鼎盛时期是在公元前4世纪到公元前1世纪,孔雀王朝时期。公元8世纪以后,由于印度教的兴盛,佛教僧团日益衰败,内部派系纷争不已,从而日趋式微。后来又由于伊斯兰教的大规模传播,重要寺院被毁,僧徒星散。公元1203年,阿拉伯人摧毁了佛教的最后据点——超戒寺,标识着佛教在印度的灭亡。与此相对应的是,中国佛教正走向兴盛,正在衰退中的印度佛教自然难以辐射中国的佛教。

(二)隋唐文化大繁荣为佛教中国化输入营养。隋唐二代是中国佛教的鼎盛期,也是佛教的中国化的成熟期。这时期出现之佛教诸宗派,大多另辟蹊径,自造家风,以"六经注我"的精神,"说己心中所行之法门"(赖永海《佛教的中国化与中国化佛教》)。这和当时的文化环境是分不开的。隋唐文化博大精深,全面辉煌,几乎在所有文化部门都有突出的成就,形成我国文化史上的壮观图像。除前文提到的儒道思想对佛教的影响外,其他文化对佛教的影响也不容忽视。第一,隋唐各民族的多元文化,为佛教中国化提供了充足营养。政局的统一稳定。手工业技术和城市商业发展,开放和兼容的对外政策,使当时中国成为世界的中心,来华经商、求学、奉使、求法的境外人员盛况空前,国内各民族也加快交流、融合加剧。各种文化在中国相互碰撞交流,伊斯兰教、景教、摩尼教等宗教也相继在中国传播。相较于同时期的印度,这种百舸争流的文化环境显然更有利于中国佛教在国际视野中审视自己,吸收借鉴,加快演进。第二,隋唐文艺高度发达,深深浸润中国佛教。隋唐代绘画是中国封建社会绘画的巅峰,出现阎立本兄弟、吴道子等大师,对佛教画像产生重要影响。敦煌佛教题材的壁画不少就出于这一时期。唐朝的雕刻艺术同样出众,或造型雄伟,或刻画细腻,都是有很高的艺术价值。龙门石窟的卢舍那大佛和四川乐山大佛都是这一时期的成功作品。隋唐的建筑已达到相当成熟阶段,规模宏大,气魄雄浑,整齐而不呆板,华美而不纤巧,对佛教寺院建筑风格产生了重要影响,甚至周边日本、韩国等东南亚国家至今仍保留有唐式风格的寺院。

(三)差异的地区环境为佛教中国化创造了条件。"橘生淮南则为橘,生于淮北则为枳。"所谓宗教本土化就如一颗种子落入异地发芽成长,它会随着当地的环境而变化。佛教中国化就是佛教随着中国环境的变化而结出的适合中国民族的果实,成了独特的宗教形态(微博"独视角"《为什么佛教在印度没落,却能在中国很好的发展?》)。除前文提到的政治社会文化环境外,中国在其他方面也有不同于印度的特殊的环境。以自然环境为例,印度为亚热带气候,夏季酷热,高度湿润,不适于外出,而中国气候较温和,四季分明,较适宜出行,可能推动佛教在修行方式、服饰风格等方面进行改革。又如,中国南方名山大川多,环境优美,适合佛教徒长期清修,易形成佛教宗派祖庭和圣地。中国南方山多林密的地形地貌,加上地方武装割据,使地区间的生产生活极易隔阂,也可能推动了佛教在各地分化演变,形成鲜明地方特色的宗派。

总　结

回顾佛教中国化的历程,经历了依附道教、独立传播、充分发展、形成中国佛教等一系列漫长的过程。佛教中国化成功的背后,既有佛教自身教理教义中的有利因素,也有当时中国社会需要等外部有利因素,更和另外两个重要因素分不开:一是统治者支持佛教,使其得到充分发展,进而演化成中国的佛教。二是佛教的世界中心——印度,由于特定的历史条件,特别是落后的通信条件,使其对中国佛教的影响有限,给中国佛教一个独立的发展空间。相比较,当前互联网高速发展,信息"秒达",地区之间宗教交流极其方便,任何一个地区的宗教再难以独立进行演化,故而,当今世界宗教全球趋同化易而差异化难。另一方面,各宗教的世界分布格局越来越稳定。可见,佛教中国化的路径,可以为世界各国宗教本土化实践提供借鉴和思考,但是脱离当时特定的历史条件,不可能复制到其他宗教上。

后　记

习近平总书记关于坚持我国宗教中国化方向的重要论述,深刻揭示了宗教生存发展的客观规律,丰富了党的宗教工作基本方针的内涵,发展了中国特色社会主义宗教理论,为做好新形势下宗教工作提供了重要遵循。

历史上,江西宗教为我国宗教中国化做出了积极贡献。近年来,江西宗教工作部门和宗教界认真贯彻落实习近平总书记关于宗教工作的重要论述,在推进坚持我国宗教中国化方向工作方面做出了积极努力,既有理论的思考又有实践的探索。为了促进相互交流、相互启发、相互借鉴,进一步深化理论研究、推动实践发展,将我省坚持我国宗教中国化方向工作引向深入,江西省宗教文化交流协会在省民宗局和全省性宗教团体组织开展了坚持我国宗教中国化方向的理论与实践探索论文征集活动。经过严格评审,选出一批文章,汇集成《学习与探索——江西坚持我国宗教中国化方向研讨文集》。为了更好地体现作者的真实思想,我们在编辑过程中尽可能地保留了内容的"原汁原味",大多只做了删节和文字处理,文中观点只代表作者本人观点。希望本论文集的出版能够为相关人员开展坚持我国宗教中国化方向工作提供一份可供参考的资料,更能为从事相关研究的学者带来新的启发、为他们的研究注入新的元素。

本书的编辑出版,得到了江西省民族宗教事务局领导干部和江西省各全省性宗教团体负责人的高度重视和大力支持,他们纷纷积极撰文响应。中央民族大学宗教研究院院长、中国宗教学会副会长,青年长江学者游斌于百忙之中抽出宝贵时间为本书作序。宗教文化出版社的编辑同志为本书的顺利出版付出了辛勤劳动。在此,一并表示衷心的感谢。

由于水平及时间有限,书中难免存在不少问题和不足,敬请广大读者批评指正。

编　者

2019 年 10 月